POCHES ODILE JACOB

LE DEUIL À VIVRE

DU MÊME AUTEUR
aux éditions Odile Jacob

Deuil et Santé, 1997.
Ronflements et apnées du sommeil, avec Bernard Fleury, Chantal Hausser-Hauw, 1998.

MARIE-FRÉDÉRIQUE BACQUÉ

LE DEUIL À VIVRE

Préface de Rosine Debray

Nouvelle édition

POCHES
ODILE JACOB

15, RUE SOUFFLOT, 75005 PARIS

ISBN : 2-7381-0837-7

À Catherine et Jacques,
mes parents.
À Raphaëlle.

« Autre justification d'une mort obligée et salutaire : la stabilité profonde, constitutive de la vie ou du vivant, ne concerne pas l'individu mais l'espèce. Et celle-ci ne manque pas d'ailleurs d'en bénéficier et de jouer de tout son patrimoine chèrement acquis : la sexualité assure alors le brassage (l'autre dans le même) ; elle garantit à la fois la solide permanence et l'exploitation de tout le stock. Si la vie ne saisissait pas l'opportunité de ce remaniement possible, elle accéderait à la logique du recommencement ou d'une identité misérable. En conséquence, elle recombine. »

François DAGOGNET, *Le Vivant*, 1988.

Je remercie Pierre Aimez, professeur agrégé du service de nutrition de l'Hôtel-Dieu, pour son amitié et son soutien qui ont permis la publication de cet ouvrage. Merci à Bruno Housset, professeur agrégé du service de pneumologie de l'hôpital Saint-Antoine pour ses conseils éclairés dans le domaine de l'informatique. Ce livre n'aurait pas vu le jour sans mes expériences hospitalières dans les services d'hématologie de l'Hôtel-Dieu et de pneumologie de l'hôpital Saint-Antoine. Je tiens donc à remercier toutes les équipes pour leur confiance. Je remercie la Société de thanatologie qui m'a ouvert sa bibliothèque et Annie Mier qui m'a aidée à mieux l'utiliser. Merci à Henriette Fabre qui m'a exposé l'histoire et l'intérêt des actions menées par la FAVEC (Fédération des Associations de Veuves Civiles Chefs de famille). Merci enfin à Jean-Luc Fidel, pour son soutien. L'accompagnement des auteurs n'est pas négligeable non plus !

Préface à la nouvelle édition

Que de chemin parcouru en trois ans ! Quand *Le Deuil à vivre* a paru, en 1992, on parlait peu du deuil en France, à la différence des pays anglo-saxons, où, depuis une vingtaine d'années, des associations, des recherches sur le deuil et les endeuillés se développaient. La publication de mon livre m'a donc valu une importante correspondance de la part de lecteurs qui y avaient trouvé une aide dans leur propre deuil. Ils comprenaient mieux, après lecture, les difficultés qu'ils avaient à accepter la perte d'un être cher, un accident, un handicap, un bouleversement de projet. Par ailleurs, j'ai participé aux travaux de médecins et de soignants sur le douloureux problème de la transplantation d'organes. Enfin, j'ai pu intervenir dans le secteur de la justice, qui affronte souvent le deuil lors d'assassinats ou d'attentats. Peut-être les juges et les experts trouveront-ils une alternative à la récidive des criminels s'ils tentent de comprendre les situations traumatiques vécues entièrement par ceux qui, en utilisant la violence, croient mettre fin à leurs propres blessures.

D'autres résultats concrets ont été immédiatement perceptibles. Une association, Vivre son Deuil, a été créée par la Société de Thanatologie dont je salue au passage l'ancien président, Louis-Vincent Thomas, qui nous a hélas quittés, et le nouveau président, Michel Hanus, qui poursuit son œuvre. Dans le cadre de ce groupe, des actions originales sont entreprises. Elles illustrent tout ce dont le présent livre vous entretient : soutien des endeuillés par des professionnels, mais aussi par d'autres endeuillés ; interventions prévues en urgence en situations extrêmes (attentats, catastrophes), deuil à l'école ou dans les institutions. Des recherches vont être développées pour évaluer l'intérêt de ces travaux. Nos espoirs sont grands et chaque jour vérifiés par l'intense « littérature » sur le sujet dans les revues scientifiques spécialisées.

Les nouvelles d'un monde où la violence envers les faibles ne cesse pas me convainquent aussi, malheureusement, de l'intérêt de notre démarche. Face à ces fléaux toujours renouvelés, il faut faire connaître l'existence de tels groupes et adopter une attitude tournée vers la vie et le respect de l'autre. Ainsi l'Homme s'orientera-t-il, peut-être, vers des idéaux plus pacifiques...

Marie-Frédérique BACQUÉ

Préface

Voici un livre utile, original et courageux, issu du cheminement intellectuel nourri par l'expérience professionnelle de son auteur. Marie-Frédérique Bacqué a suivi un cursus universitaire des plus brillant. Psychologue clinicienne, docteur en psychologie, elle s'est trouvée confrontée à des situations extrêmes dans des contextes différents. D'abord à l'hôpital dans un service de pointe où des patients atteints de leucose aiguë se voyaient brutalement menacés par l'éventualité d'une mort soudaine parfois inéluctable. Leurs réactions comme celles de leurs proches et celles de l'équipe soignante qui se bat avec eux furent à l'origine de ses premiers travaux sur la mort et le deuil. Ensuite, mais à vrai dire ce fut quasi concomitant, en Arménie où, peu après l'effroyable tremblement de terre de décembre 1988, elle participe à une mission humanitaire sous l'égide de l'organisation Médecins du Monde et de l'Institut de Psychosomatique de Paris. Il s'agissait de tenter de venir en aide aux enfants survivants de cette catastrophe en leur permettant d'« élaborer », ou d'« abréagir » les traumatismes bien souvent cumulatifs dont ils avaient été l'objet. La nécessité de faire le deuil d'un parent souvent très proche : père, mère, frère ou sœur, mais aussi d'un sentiment de sécurité fondamentale vis-à-vis des lieux mêmes où ces enfants avaient grandi, se révélait indispensable à la reprise d'investissements tournés vers la vie et notamment vers l'apprentissage des connaissances. La dialectique des mouvements de vie contre les mouvements de désorganisation et de mort semblait chez certains d'entre eux à son acmé, bloquant toute possibilité d'évolution ultérieure. L'aspect sidérant pour la psyché de ces morts innombrables survenues en un temps si court ouvrait la voie à une expression somatique parfois floride. Mais en dépit de la réalité insupportable de cette catastrophe, et des difficultés matérielles considérables qui ont suivi, la vie reprenait, soutenue par l'étonnante vitalité des Arméniens. Quelques entrevues avec le psychologue clinicien suffisaient alors pour que l'enfant exprime quelque chose de sa terreur et de son désarroi à travers ses dessins et la communication verbale filtrée par le traducteur. Un travail de deuil commençait ensuite à se mettre en place. Il ne peut s'agir bien entendu que d'un lent processus d'élaboration dont les vicissitudes suivront le déroulement même de la vie de ces enfants si lourdement traumatisés. Mais la reprise d'une circulation fantasmatique, fût-elle réduite, est un préalable indispensable à toute possibilité de réorganisation.

L'expérience acquise à l'Institut de Psychosomatique (IPSO) de l'Hôpital de la Poterne des Peupliers avec des malades somatiques graves confirme cette manière de voir. Il apparaît en effet que le travail psychique protège le corps contre d'éventuels mouvements de désorganisation somatique. C'est dire toute l'importance des deuils bloqués, gelés, non faits ou insuffisamment élaborés dans la genèse, l'installation, voire l'aggravation d'une maladie somatique chez un individu donné.

Les psychanalystes sont depuis Freud, on le sait, les spécialistes du travail du deuil. Et les sujets qui s'adressent à eux sont en général la proie d'une souffrance psychique qui les pousse à demander de l'aide pour réduire leurs difficultés intérieures. L'engagement dans un processus d'élaboration concernant nécessairement les deuils et pertes en tout genre dont leur vie a été affectée s'en trouve grandement facilité. Tout autres se révèlent les malades somatiques chez lesquels aucune demande d'aide psychologique n'est formulée et qui parfois même affirment ouvertement leur hostilité à une telle approche. C'est pourtant à réduire leur intolérance à tout éprouvé d'angoisse ou de dépression qu'il faut parvenir si l'on souhaite favoriser une réorganisation psychosomatique. Marie-Frédérique Bacqué, sensibilisée à cette approche psychosomatique originale, a cherché à l'introduire à l'hôpital dans les services de pointe où elle travaille tout comme elle l'a utilisée en Arménie avec les enfants et leurs familles. Très au fait de la théorie psychanalytique qui sous-tend cette pratique avec les patients malades somatiques, elle a voulu élargir son point de vue en y ajoutant des références anthropologiques et épidémiologiques susceptibles d'intéresser un plus large public. De fait, la capacité pour un sujet de s'engager dans un réel travail de deuil est directement liée aux caractéristiques de son organisation psychique. Il s'agit en réalité des données de son économie psychosomatique générale. Mais celles-ci sont dépendantes de son environnement comme de son histoire. Ainsi la tolérance ou l'intolérance aux manifestations de tristesse voire de désespoir qui devraient normalement suivre la perte d'un être aimé sont-elles largement influencées par ce qui est socialement attendu. Notre société actuelle, qui prône le droit à la santé, ne veut pas entendre parler de la mort. C'est pourtant le seul événement dont on sait qu'il est inexorable et qu'il n'épargnera personne. La mort des êtres proches qui nous sont chers accompagne le déroulement de notre vie jusqu'à son terme ultime. Le savoir et pouvoir y penser peuvent constituer une protection avant coup, favorisant l'expression de la tristesse et sa progressive élaboration à travers le travail du deuil lorsqu'on y est réellement confronté. Ce qui est vrai pour nous et nos proches l'est aussi pour ce « personnel à risque » que sont les équipes soignantes dans les services hospitaliers. La réflexion autour de la mort et du deuil peut favoriser l'expression d'affects d'angoisse, de peur, de tristesse, de désespoir. La mise en mots de ces éprouvés bouleversants réalise une première distanciation par rapport à la violence du ressenti. Elle permet aussi une première identification de ces orages intérieurs, rendant possible leur reconnaissance chez autrui.

L'expérience psychanalytique déjà longue qui est la

mienne me montre qu'à l'instar de ce qui se passe entre la mère et son bébé, c'est la capacité de l'analyste à reconnaître puis à nommer les états affectifs qui submergent son patient qui permettra à ce dernier, dans un deuxième temps, d'en devenir lui-même capable. C'est sur un modèle analogue que des psychologues cliniciens bien formés peuvent réduire progressivement l'intolérance générale aux éprouvés et à l'expression de l'angoisse de la mort et de la tristesse du deuil. Loin de se complaire dans un ressassement morbide, il s'agit tout au contraire de reconnaître les à-coups tragiques du destin humain pour mieux saisir les extraordinaires possibilités de réorganisation qu'il comporte également. Car si le travail psychique protège le corps contre d'éventuels mouvements de désorganisation somatique, c'est bien parce qu'il évite la pesée inconsciente de problématiques non élaborées qui sapent l'élan vital. Le droit à la santé devrait se transformer en devoir de rester en bonne santé avec la nécessité de tout mettre en œuvre pour y parvenir. Il va de soi dans cette perspective que l'obligation de développer un appareil psychique performant, c'est-à-dire capable de traiter les affects, notamment liés à la mort et au deuil, devrait être au premier plan.

Le livre de Marie-Frédérique Bacqué est susceptible de favoriser ce développement. Il s'inscrit dans la réalité actuelle des services hospitaliers confrontés à ce phénomène nouveau : mourir à l'hôpital plutôt que chez soi, et à présent : mourir jeune, frappé par une épidémie injuste comme c'est le cas de nombre de sujets atteints par le sida. Il propose une réflexion claire, précise et documentée pour aider à supporter puis à surmonter les inévitables pertes qui accompagnent le mouvement même de la vie.

Rosine DEBRAY

Avant-propos

Est-il normal d'être déprimé après une rupture amoureuse ou la perte d'un être cher ? Combien de temps cela dure-t-il ? Peut-on parler de la mort aux enfants ? Doit-on résolument nier un pronostic mortel ? Toutes ces questions font l'objet d'un même tabou. Elles ne sont confiées, sur le seuil de la porte, qu'en toute dernière extrémité au médecin ou à un autre professionnel de la santé. Alors qu'autrefois le deuil était inclus dans le patrimoine culturel de tout groupe social, il a été progressivement refoulé aux limites de l'indécence ou de l'horreur absolue. Difficile en effet pour une civilisation qui prône des valeurs de productivité et de consommation de comprendre le deuil autrement que comme un passage à vide.

Pourtant, le deuil est « normal ». Qui plus est, il est nécessaire à tout individu, s'il veut éviter les conséquences non négligeables de l'attachement rompu. Inutile donc de tenter de le reporter ou de l'annuler par quelque artifice : c'est un passage obligatoire, qui prend du temps.

Ce temps est non seulement incompressible, mais il semble universel. Dans la plupart des cultures, il correspond en moyenne à une année, pendant laquelle l'endeuillé est soumis à toute une série de rituels qui l'excluent du groupe et le signalent à la fois comme dangereux et fragile. Ces coutumes, aussi contraignantes soient-elles, ont de multiples fonctions. Elles évitent au groupe le « désordre » que constitue la mort en son sein et elles ménagent la santé mentale de l'endeuillé en le rassurant par une gestuelle obligatoire et commune à tous. Enfin, elles offrent un statut à celui qui peut avoir tout perdu avec la disparition de son parent ou de son compagnon.

Qu'elles relèvent de la religion ou du mythe, toutes ont pour effet de préserver l'espoir de celui qui reste. Elles le protègent du terrible sentiment de finitude que l'être humain tente sans cesse de sublimer en établissant une lignée. Car sans la mort, la reproduction et la sexualité n'ont plus de nécessité pour l'espèce...

Le travail psychique à l'occasion du deuil reste pourtant, pour les générations actuelles, pénible et tourmenté. Il semble même parfois tellement insurmontable qu'il est purement et simplement évacué. Cette perte de familiarité avec le deuil et la mort s'explique facilement par le triomphalisme de notre XXe siècle. La mort, refoulée au mieux, revient cependant sous une autre forme, plus ponctuelle, plus brutale également. Elle est souvent représentée comme aléatoire (pour les victimes des grandes catastrophes ou du terrorisme), expéditive (guerres « modernes ») ou lointaine (augmentation de la longévité, mais aussi succès médiatiques des interventions des missions humanitaires auprès des pays en voie de développement). Elle n'est plus qu'effraction dans une situation générale de bien-être. Dès lors, comment pourrait-on mieux l'accepter, puisqu'elle reste malgré tout la condition même de notre existence ?

La réhabilitation du travail de deuil paraît le seul moyen de tolérer non seulement la mort, mais aussi les ruptures, les échecs, bref, les différentes pertes subies tout au long de la vie. Il est nécessaire de penser le deuil plutôt que de le réprimer. Pour l'individu en effet, il permet d'établir des liens entre l'avant et l'après, entre les éléments psychiques séparés par la rupture. Or un deuil vécu comme un traumatisme est beaucoup plus désorganisant qu'une perte acceptée ou au minimum imaginée comme de l'ordre du possible.

Seule la déliaison progressive des représentations, des émotions et des sentiments attachés à l'objet aimé leur permettra l'accès à la sphère du souvenir. Il semble donc logique que l'intensité de ce travail de deuil limite, pour un temps, les investissements affectifs, professionnels et sociaux de l'endeuillé. Cependant, le refus actuel de reconnaître cette étape indispensable conduit les « malades du deuil » directement chez le médecin, à qui ils confient leur dépression ou leur mal de vivre. Certains omettent même de fournir l'information qui expliquerait la symptomatologie du deuil. Ils se voient donc prescrire, parfois trop rapidement, antidépresseurs et anxiolytiques, alors que la possibilité de verbaliser leur souffrance leur permettrait de commencer leur travail de deuil. Non admise, la perte d'un être cher peut, au même titre que bien d'autres ruptures bousculant la vie d'un sujet, révéler autant de troubles psychologiques, somatiques que comportementaux.

C'est donc le système de santé qui recueille les aléas du travail de deuil. L'institution médicale ne se substituerait-elle pas à l'ancienne communauté religieuse ? Face à la perte des rituels, l'aménagement de la mort et du deuil est plus que jamais nécessaire. Toutefois, une des variables principales du problème s'est modifiée, celle du lieu du décès. Aujourd'hui, les progrès de la médecine développent, jusqu'à la fin de la vie, l'espoir d'une rémission. La mort, désormais, se produit à l'hôpital dans 70 % des cas. Et, comme d'autres pays européens le montrent, ce pourcentage va encore augmenter car l'urbanisation croissante est incompatible avec l'accompagnement généralisé des mourants à leur domicile. Une transition se dessine cependant. Les excès de l'acharnement thérapeutique ont entraîné le développement des soins palliatifs plutôt que la voie obstinée vers la survie, au détriment de la qualité de vie. Mais les unités de soins palliatifs créées dans un premier temps ne constituent, à notre avis, qu'une phase intermédiaire. En effet, pourquoi instituer un ghetto supplémentaire pour les mourants et leurs familles ? Il n'est certes pas possible de revenir aux scènes d'antan où l'agonisant se voyait défaillir dans les bras de toute une communauté compatissante. De même les rites de jadis ne retrouveront-ils pas leur place. De nouvelles adaptations doivent sans doute voir le jour.

Commençons donc par nos hôpitaux, en y offrant

l'accueil des familles et les signes permanents de la dignité avec laquelle doit être reçu le patient, même s'il renvoie à la médecine le sentiment d'échec ressenti à l'égard du malade non accessible à la guérison. Cette troisième voie, qui se profile entre l'unité de soins palliatifs et la médicalisation de la mort à la maison améliorera sans doute aussi les conditions de travail et de réflexion des professionnels de la santé confrontés aux problèmes du deuil. Tous le disent, ils ne tiennent pas à remplacer le cercle de la parenté ou des amis auprès du mourant. Eux aussi ont donc besoin de comprendre les raisons qui poussent certaines familles à abandonner leurs malades chroniques ou à refuser un diagnostic mortel.

L'image d'une médecine toute-puissante les contraint en effet à tenter de répondre aux malades qui leur demandent non seulement un savoir pratique sur la mort, mais aussi des réponses existentielles. Surmenage et incertitude par rapport à leur idéal initial traduisent bien souvent une usure aboutissant au « syndrome d'épuisement professionnel ». Plus que jamais, la réflexion mais aussi la construction de règles déontologiques et éthiques font partie des mécanismes de protection complémentaires à l'évolution des techniques et des pratiques.

Autant d'exemples qui démontrent que la connaissance du deuil et son acceptation sont indispensables dans notre société où la mort est omniprésente (médias, potentiel militaire, manipulation du génome humain) et où, étrangement, son abord « domestique » est plus que jamais rejeté. Seule cette proximité acceptée constituerait un frein aux expériences les plus dangereuses menées par l'homme pour la maîtrise de son univers.

Aborder sans préjugés la délicate notion de deuil est donc précieux, par-delà l'amélioration de la santé et du bien-être des individus. Sa compréhension permettra à notre civilisation une prise de responsabilité pour les générations futures et une plus grande solidarité entre individus. À cette condition, elle abordera plus sereinement la constitution de sa propre mémoire et atteindra alors une relative maturité.

Première partie

PAS DE DEUIL SANS RITUEL

Lorsque l'on veut différencier l'être humain des autres espèces, on invoque tour à tour la bipédie, l'utilisation d'outils élaborés, la constitution de civilisations... Les pratiques funéraires composent aussi une caractéristique unique de l'homme. On les retrouve très en amont, dans la préhistoire et dans toutes les ethnies : elles sont universelles. Ces pratiques, parfois très dissemblables, adoucissent un événement douloureux de l'existence, la perte d'un parent, d'un conjoint. Elles ont, outre leurs significations diverses, plusieurs objectifs comparables, au même titre que les différents « passages » de chaque individu, d'une étape de la vie à une autre. Le signalement de l'événement au sein d'une communauté annonce les conséquences de la perte pour l'endeuillé : exil, tâches spécifiques.

Comme pour la puberté ou le mariage, cette rupture solennisée permet aussi, malgré la contrainte, l'acceptation d'un statut différent dans la société. De la même façon que l'interdit de l'inceste pourrait soumettre les hommes à l'exogamie (ne pouvant s'accoupler avec leur mère, leur sœur ou leur fille, ils devraient prendre femme à l'extérieur du groupe), les coutumes qui entravent parfois la vie de l'endeuillé auraient non seulement un impact indirect sur sa santé mentale et physique, mais contribueraient également à l'harmonie du groupe. L'équilibre d'une société serait en effet mis en danger par des croyances beaucoup plus inquiétantes que la simple « contamination » morbide de l'endeuillé par le défunt qu'il vient de quitter. Il s'agit, principalement, de l'interrogation de l'après-mort.

Toutes les civilisations tentent de répondre à cette question et tranquillisent les hommes par leurs affirmations. Est-il donc significatif de consacrer un ouvrage au deuil et au travail mental qu'il nécessite, alors que l'Occident est en proie au vide de la désaffection religieuse ? Les différentes confessions connues imposent un modèle se substituant déjà aux rites animistes et panthéistes antérieurs. Mais sommes-nous capables d'apporter, rationnellement, nos propositions, pour remplacer les croyances permettant de faire face à la mort, si incompréhensible ? D'explication rationnelle, en ce qui concerne la mort, il n'y a qu'illusion. Et le mythe de la santé préservée par la Science, qui parfois prend des allures de nouvelle religion, se trouve contredit par la demande de création de structures collectives répondant au besoin de prise en charge du deuil.

Quelles sont les grandes évolutions de l'Occident et, plus directement, de la France à ce sujet ? Quelles conséquences, la diminution, voire la disparition de l'accompagnement des endeuillés par la collectivité ont-elles sur la société ? Tentons tout d'abord de situer le contexte historique de notre approche.

CHAPITRE PREMIER

Naissance de l'individu et refus croissant de la mort

La guerre mondiale modifie les représentations de la mort

La légèreté est sans doute la façon la plus simple de lutter contre la mort.

Le lendemain de la Seconde Guerre mondiale marque, dans la vieille Europe et aux États-Unis, le début de l'ère de la consommation. On se rue dans les magasins pour oublier le gigantesque raz de marée de violences morbides qui vient de ravager l'ensemble des nations engagées dans le conflit. On ne rêve que d'oublier des préoccupations aussi angoissantes que se nourrir, se réchauffer, se protéger. Les grandes peurs d'anéantissement retrouvent les thèmes habituels propres aux périodes de paix : on ne craint plus de penser ou tout simplement d'exister. Car terrible est la certitude transmise par les documents d'époque. Les reportages filmés sur la libération des camps de concentration, les témoignages comme ceux de Primo Levi le répètent : l'homme a pu produire la mort à l'échelle planétaire. Ce n'est certes pas la première fois que plusieurs nations se voient menacées par un même envahisseur. Mais ce qui est nouveau, c'est la révélation indubitable, preuves à l'appui, du terrible potentiel mortifère de l'homme, unique responsable dès lors de l'avenir de la terre et de ses habitants.

Pour Louis-Vincent Thomas (fondateur et président de la société de thanatologie, auteur de nombreux ouvrages sur le sujet, dont une *Anthropologie de la mort*), cette première moitié de siècle mouvementée et ses pertes catastrophiques en vies humaines ont produit un appauvrissement graduel de l'imaginaire de nos civilisations. La mort, pourvoyeuse de tant d'images flamboyantes ou arides, mais depuis toujours riche en représentations, est dorénavant la mort brute, sans fantasme, ni fioriture. Elle évoque surtout le néant, car les principales religions ont aussi laissé une part de leur crédibilité dans les grands charniers de Verdun ou d'Auschwitz. Leur peu de réaction face à l'inhumanité sans retenue des conflits mondiaux au cours de la première moitié du XXe siècle a ébranlé les esprits qui se sont désormais détournés de leurs convictions antérieures.

Le vocabulaire s'appauvrit : un indice de déni croissant de la mort

« Un homme que l'on menait au gibet disait "qu'on se gardât de passer par telle rue car il était à craindre qu'un marchand lui fît mettre la main au collet à cause d'une vieille dette". Un autre disait au bourreau "qu'il ne le touchât pas à la gorge de peur de le faire tressaillir de rire tant il était chatouilleux". Un autre répondit à son confesseur qui lui promettait qu'il souperait ce jour-là avec Notre-Seigneur : "allez-y, vous, car pour ma part je jeûne". Un autre ayant demandé à boire, et le bourreau ayant bu le premier, dit qu'"il ne voulait pas boire après lui, de peur d'attraper la vérole". Chacun connaît le conte du Picard auquel, étant à l'échafaud, on présenta une garce en lui disant que s'il voulait l'épouser il aurait la vie sauve ; lui, s'étant aperçu, après l'avoir un peu regardée, qu'elle boitait : "Attache, attache ! dit-il, elle cloche !" »

Le langage reste l'un des meilleurs indicateurs de l'évolution d'une société. Montaigne en sait quelque chose, lui qui rapporte avec tant d'humour ces propos dans ses *Essais*, dont une grande part traite de la mort, de la maladie et de la douleur. Mais en 1572 seuls les traits aigus décochés contre une mort souveraine prêtent à sourire, à défaut de l'« apprivoiser » comme notre cher humaniste tente de le faire. Que de changements depuis...

Le mutisme progressif autour de la mort, dans le premier quart du XXe siècle, révèle un traumatisme collectif, après les hécatombes de la guerre de 1914-18. Les expressions qui évoquent la mort et le deuil sont alors singulièrement élaguées. Comme si seul le silence pouvait émerger des champs de bataille, cette raréfaction du vocabulaire, déjà amorcée au début du siècle, témoigne sans doute de la véritable rupture opérée par l'avènement de la mort à grande échelle [1]. L'utilisation de nouvelles armes, le véritable pourrissement, au sens quasi concret du terme, d'une situation insoutenable dans les tranchées, la généralisation de la guerre à toutes les nations, en font un événement global autant que morbide. Le guerrier, s'il était encore un homme d'honneur, devient essentiellement porteur d'une mort sale.

Il fallait le cynisme d'un Céline pour parler de la mort à Verdun et peu d'auteurs utilisent à nouveau la dérision pour évoquer ces années. Le vocabulaire de la mort se limite progressivement à des cercles fermés comme celui des médecins qui la côtoient dans un contexte professionnel, ou plutôt des carabins (étymologiquement, ce mot désigne un petit insecte morticole). Des images savoureuses comme « se faire tailler un costume en sapin », « se rendre au royaume des taupes » ou « remercier son boulanger » disparaissent du lexique usuel des Français. Ces expressions contournaient la mort avec humour, l'effleuraient avec délicatesse puisqu'elle était inévitable. Il semble qu'après la Première Guerre mondiale le jeu ne soit plus de rigueur, tant la mort a manifesté l'insupportable et l'indicible.

La mort de l'homme par l'homme, lorsqu'elle touche l'ensemble de son univers, semble être le signal d'un point de non-retour. Désigner ce point est extrêmement angoissant. Aussi le vocabulaire varié et fleuri ne joue-t-il plus son rôle de soulagement ni de dernière tentative de contrôle d'une mort tant refusée.

---

1. Cl. Duneton (1987).

D'une mort passive et acceptée à une mort maîtrisée mais refusée

Les guerres permettent, selon Edgar Morin, des « régressions fondamentales au sein des sociétés civilisées [2] ». Ainsi, la mort, jusqu'alors repoussée dans les obscures et banales issues d'une vie moyenne, est manipulée, magnifiée et donc dominée pour un temps. Mais comment ne pas soupirer lorsqu'on lit le décompte de Novicow : « En 3 357 années, de 1496 av. J.-C. à 1861, il y a eu 227 années de paix pour 3 130 de guerre, soit 13 années de guerre pour une année de paix [3] » ?

Quelle a donc pu être, au début du siècle, la raison de la modification de notre conscience de la mort, puisque, finalement, la guerre avait été, depuis toujours, tolérée comme une caractéristique de la société humaine ? De Gengis Khân à Napoléon, le fatalisme des peuples avait permis d'accepter de payer le tribut aux impératifs économiques comme aux plus fous désirs de conquête. Mais au XXe siècle, c'est le peuple lui-même qui change, lorsqu'il se dissocie progressivement en autant d'individus singuliers. L'apprentissage de l'individualité permet à l'homme de rompre avec la mort subie. L'idée de sa propre mort, de celle d'un moi aimé et reconnu dans sa singularité, fait que la mort, loi de l'espèce, est refusée comme loi de société. L'homme se « désanimalise » lorsqu'il prend une identité qui le rend unique. Or, avec l'avènement de la fission nucléaire, la guerre totale, la guerre éclair devient le magistral moyen de dominer la mort par sa rapidité et sa radicalité. La vision tragique des cités d'Hiroshima et de Nagasaki réduites en cendres produit un des effets les plus profonds sur ses contemporains. Plus de restes, plus de deuil ? L'irréversibilité des effets de la guerre atomique amène ainsi une prise de conscience, qui laisse les

2. E. Morin (1970), p. 52.
3. *Ibid.*, p. 55.

hommes silencieux devant les pouvoirs qu'elle leur confère. Roger Caillois écrit dans *L'Homme et le sacré* que si la guerre « est inhumaine, c'est assez pour qu'on puisse l'estimer divine ». Ce défi, lancé au divin et resté sans écho, laisse l'Homme seul face à sa mort. La science, mise alors en demeure de pallier ce vide, peut-elle y répondre ?

Les grandes pestes, source de régressions collectives

Si le nombre des années de guerre dépasse amplement les quelques moments de paix, la périodicité des attaques de maladies virulentes ne laisse guère plus de temps à nos malheureux ancêtres, déjà bien mal lotis par leurs conditions d'hygiène et d'alimentation. On estime que la peste, jusqu'en 1721, date à laquelle elle disparaît d'Occident, a persisté à l'état semi-endémique pour émerger par poussées tous les huit à dix ans et ravager parfois 30 à 40 % de la population concernée. La peur qui en résulte conduit aux comportements caractéristiques des sociétés qui redoutent les hécatombes périodiques : expiations collectives, sacrifices de boucs émissaires, vœux de toutes sortes.

La société face à sa mort annoncée

Comparons seulement les attitudes collectives de populations désemparées aux réactions individuelles, face à la perte d'un être cher ou à l'annonce d'une maladie grave. À l'approche de l'épidémie, prévisible par la multiplication des cas, ce ne sont que tentatives de déni, voire de refus de la mauvaise nouvelle. « Il ne s'agit pas vraiment de la peste, dit-on. Certes, on retrouve quelques signes communs avec elle, mais ces fièvres tierces et doubles et même ces bubons guérissent facilement... » L'interdiction des manifestations de deuil facilite l'illusion des cités qui tentent de poursuivre leurs échanges économiques sans admettre l'inquiétante augmentation des décès. La négation du retour de l'épidémie ne peut évidemment pas être prolongée longtemps et fait rapidement place à la révolte devant cette nouvelle manifestation du « courroux divin ». La pénitence, mais aussi la recherche et la punition des « semeurs de contagion » sont autant de tentatives pour assouplir le jugement de Dieu. Enfin, le contrôle de l'air vicié, qui « véhicule les influences malignes de mauvaises conjonctions astrales », fait partie des seuls modes de lutte contre l'épidémie. Comme lors des régressions guerrières, on peut enfin donner libre cours aux tensions trop longtemps retenues. Massacres, pillages, permettent de liquider les exclus de la société : les juifs ou les infidèles, les parias et les Cassandre.

Malgré les efforts, lorsque l'accumulation des cadavres dans les rues et l'interruption des activités habituelles par crainte de la contagion ne permettent plus de masquer la triste réalité, on s'installe dans la dépression. L'abattement, le retrait, la culpabilité, cloîtrent les survivants dans leur logis. Au-dehors règne l'incurie la plus totale : morts sans sépulture, agonisants délaissés, délabrement général de la vie sociale. La dépression s'accompagne fréquemment de sa contrepartie : la réaction maniaque, qui donne libre cours à une excitation débridée. À la moindre accalmie des pestilences, on voit aussitôt se former de grandes processions de remerciements à Dieu et à ses saints, suivies d'un autre genre d'épidémie, mais de mariages cette fois... Ainsi : « À Marseille, dès novembre 1720, c'était une véritable rage. Nous ne fûmes pas moins étonnés, dans ce temps-là, de voir une quantité de mariages dans le peuple [...] La fureur était si grande qu'un des mariés qui n'avait pas eu la maladie du temps épousait fort bien sans difficulté l'autre de qui, à peine, le bubon était fermé ; aussi voyait-on bien des mariages empestés [4]. »

Nos sociétés développent les mêmes mécanismes vis-à-vis du sida, à une autre échelle certes et de façon moins caricaturale. La peste constituait une des maladies les plus « diaboliques » par le nombre de ses victimes, la désorganisation économique et sociale et la terrible impuissance

4. J. Delumeau (1978), p. 140.

dans laquelle elle laissait la médecine, la religion et même les arts. Témoin, Holbein le Jeune, qui représente la Danse macabre en 1530 et meurt lui-même de la peste treize ans plus tard. Le réalisme et le courage ne donnaient pas pour autant l'immunité...

Bien sûr, la peste n'était pas unique à son époque. Elle partageait sa noire renommée avec d'autres maladies infectieuses comme la suette anglaise, le typhus, la variole et la grippe pulmonaire. Chacune a marqué son époque et donné lieu à autant de réactions de protection. L'accalmie qui a précédé le développement du sida n'a pas fait oublier les peurs. Cependant, la diffusion de l'information a montré comment les contrôler, et elle y est relativement parvenue.

À partir de 1832, en effet, après diverses variantes du choléra, de la syphilis et de la tuberculose, les grandes épidémies laissent un certain répit au monde occidental, lui permettant au moins de stabiliser son taux de mortalité. Parallèlement, le XIXe siècle voit se développer de grands courants médicaux comme l'hygiénisme. Celui-ci tente de montrer, à propos de la tuberculose, les liens qui unissent les conditions de santé d'une population à son niveau social. Les découvertes pastoriennes permettent de trouver les germes responsables de nombreuses infections et d'amoindrir leurs effets par des mesures prophylactiques. Les résultats encourageants vont alors se succéder à une vitesse suffisamment grande pour que la médecine sociale soit reléguée au second plan, au profit de la recherche biologique.

La maladie, un défi pour la médecine ; la mort, un échec ?

La maladie devient alors une ennemie, contre laquelle se dresse le corps médical, dans une lutte acharnée. La mort, en revanche, est vécue comme un échec sur le plan scientifique et ce sentiment va s'associer à toutes les maladies anciennement appelées incurables et maintenant dites « chroniques » : vieillissement, cancers, déficiences de tous ordres. Un double mouvement est en train d'apparaître.

D'une part une individualisation de la maladie et de la mort, qui perdent quasiment leur caractère collectif, propre aux grandes épidémies. D'autre part un déplacement de la peur de la mort qui, lorsqu'elle était due aux guerres ou aux épidémies, était néanmoins acceptée, avec le fatalisme que l'on sait. La mort refusée parce qu'elle vient de l'intérieur est refoulée pour ne réapparaître que sous sa forme amoindrie : la maladie. Les représentations du cancer prennent ainsi la place qu'occupaient celles du cadavre au Moyen Age. Elles engendrent une angoisse profonde et un sentiment d'irréversibilité.

Le changement de valeur du « mourir »

Ce que Philippe Ariès appelle « mort inversée »[5], chez nos contemporains, correspond au souhait de plus en plus répandu de mourir sans s'en rendre compte, c'est-à-dire dans son sommeil et le plus rapidement possible. Jusqu'au XIXe siècle pourtant, se préparer à quitter la vie lorsque l'on sentait sa mort prochaine était de la plus haute importance. Maintenant, une mort subite, voire elliptique, devient préférable à une disparition attendue. Quand il ne s'agissait pas d'une maladie contagieuse, le mourant était, avant cette époque, entouré par sa famille et ses amis. Même les notables et les voisins venaient lorsqu'il exerçait un rôle important. Remémorons-nous les gravures du XVIIIe siècle où des familles entières se pâment au chevet du père ou du fils agonisant. Le vieillissement n'étant pas encore assisté financièrement, la plupart des parents âgés finissaient leurs vieux jours auprès des générations plus jeunes. Les maladies étaient interprétées comme les conséquences de « mauvais comportements » vis-à-vis de la religion et de la société. Elles permettaient, grâce à leur représentation « naturaliste » (recherche d'une liaison directe de cause à effet), de projeter l'angoisse de mort sur l'étranger, l'ailleurs.

5. P. Ariès (1975), p. 180.

L'isolement progressif du malade

Avec les progrès de la physiologie et de la pathologie, la médecine de la fin du XXe siècle révèle que l'origine des maladies est multifactorielle[6]. La personnalité du malade, son potentiel génétique, son mode de vie, comme son environnement, sont impliqués dans la recherche des causes de son affection. La maladie est, à son tour, personnalisée et son détenteur responsabilisé. Mais la complexité des pathologies ne favorisant guère l'identification entre malades, le patient ne trouve plus de référence à laquelle comparer son cas.

Ainsi, malgré l'institutionnalisation de la maladie et la reconnaissance de son rôle économique (budget de la santé, importance croissante de ses différents intervenants), le malade subit à son tour la rançon de l'évolution globale de la société : il se trouve isolé. Son isolement à l'hôpital ne contribue pas à faciliter la communication avec sa famille. Celle-ci, cantonnée dans des horaires parfois incommodes, peut difficilement accompagner son agonie. D'ailleurs peut-être refuse-t-elle de s'en donner les moyens psychologiques...

Parce que la mort est souvent nocturne ou très matinale, le malade meurt seul. On est donc passé d'une mort publique et acceptée à une mort très privée, trop peut-être...

---

6. C. Herzlich (1983).

CHAPITRE II

Les modifications des rituels de deuil

Quelles que soient les époques et les cultures, le mort a toujours fait l'objet d'attentions particulières, sauf, comme nous venons de le voir, dans les périodes de débordement lié aux guerres ou aux épidémies.

Maîtriser la décomposition naturelle du corps

L'homme de Néanderthal, les jambes soigneusement repliées, repose dans une petite niche et semble avoir été enfoui dans le sol. Les tombes de la Chapelle aux saints (45 000-35 000 ans) contiennent des squelettes en position fœtale, dont les os colorés en ocre et accompagnés d'armes et de nourriture ont visiblement fait l'objet d'une préparation. S'agit-il déjà de dispositifs funéraires ? Chaque société, puis chaque religion, soumet le cadavre à un traitement, dans le but principal de modifier le cycle naturel de la décomposition. L'inhumation permet d'en éviter la vision cruelle, l'exposition à l'air de l'accélérer, la crémation ou l'immersion de la supprimer radicalement. Toutes ces étapes sont interprétées symboliquement comme un « voyage » vers un autre univers, un retour vers le giron maternel ou encore l'élévation au statut d'ancêtre. Les significations inconscientes sont également universelles, elles restent cependant secrètes.

La crainte du retour des morts

De nombreuses pratiques funéraires ont une signification ambiguë. Qu'ont en commun des groupes aussi éloignés que certains Africains, qui brisent les tibias de leurs morts, les Égyptiens anciens qui aménageaient la vie dans l'au-delà avec nourriture, distractions et esclaves, ou encore nous-mêmes, qui nous efforçons de donner une dernière demeure fleurie et bien entretenue à nos parents ? Le souhait manifeste est de conserver la mémoire des morts, de leur permettre de garder un regard, si possible bienveillant, sur la communauté des vivants. Le désir latent reste surtout d'éviter leur retour. La crainte des morts a, de tout temps, conduit les vivants à délimiter de façon très précise leur territoire.

Outre l'aspect minutieusement réglé des funérailles, la position dans laquelle le mort est conduit à sa dernière demeure est des plus rigoureuses. On notera en particulier l'importance des inversions : « partir les pieds devant » est encore une de nos lointaines expressions rappelant que l'arrivée au cimetière se fait toujours en sens inverse de la position habituelle de la naissance. Ainsi, lors du jugement dernier, le mort est fin prêt pour son nouveau départ. La position du mort elle-même prend une signification fondamentale. Agnès Fine [1] relève que, vers 1880 en Haute-Bretagne, les personnes décédées sans avoir été parrain ou marraine sont ensevelies les mains derrière le dos. De même, dans le Poitou, les bras laissés le long du cadavre indiquent que le défunt n'a pas tenu d'enfant sur les fonts baptismaux, tandis que les bras sont, conformément à la prescription chrétienne, croisés sur la poitrine si le mort a eu un filleul. À Toulouse, au XVIe siècle, on attribuait au nombre important de ses péchés la rigidité particulière d'un cadavre qui empêchait de lui plier les bras.

---

1. A. Fine (1987a).

Les morts en marge font les revenants

Une mauvaise posture, mais aussi une vêture incorrecte, voire un lieu marginal de sépulture, font en général craindre que le mort ne revienne hanter les vivants. Les rites sont précisément censés assurer de « bons morts » et, nous ajouterons même, de « bons deuils ». Au contraire, les rituels non conformes, les morts violentes, les actes répréhensibles non pardonnés, éveillent, dans les légendes, les fameuses « âmes en peine ». De très nombreux contes européens rapportent des histoires de revenants, en quête d'une sépulture plus convenable, errant, au grand dam des vivants, à la recherche du courageux qui leur reconstituera enfin des funérailles honorables. Un récit breton du XIXe siècle évoque un mort enterré par erreur le bras gauche replié sous son corps. Aussitôt, il apparaît au bedeau préposé à l'enterrement et lui demande de recommencer son travail. Il ne laissera le bedeau en paix qu'après la réouverture du cercueil et la remise des choses en place, conformément à la règle [2].

Les enfants non baptisés sont des victimes privilégiées de ces errances, puisqu'il leur manque le « passeport » de la sérénité éternelle. Ils deviennent, dans de nombreuses cultures chrétiennes, les follets, les lutins et même les loups-garous, qui périodiquement réclament leur dû de cadeaux, de nourritures et autres repentirs de la part de ceux qui les ont abandonnés à leur triste sort d'exclus de la communauté religieuse. Tous les morts aux limites d'une société, d'une phase particulière de la vie et même d'un espace, fiancé en instance de mariage, mère allaitant, enfants morts sans baptême, hantent ainsi obscurément les mémoires et parfois aussi les lieux de leur disparition.

Un très beau film muet, *Le Dibbouk*, raconte comment un fiancé juif ashkénaze continue de hanter la jeune femme qu'il allait épouser jusqu'à ce que celle-ci ait

2. A. Le Braz (1928).

accompli les rites nécessaires à son repos éternel. Il met en scène la lutte entre les superstitions traditionnelles et les conseils des religieux, prétendument sages, mais qui ne parviennent pas à se débarrasser de l'amoureux défunt, l'amour de la fiancée empêchant visiblement le fantôme de disparaître définitivement. Aux États-Unis, ce sont les *vanishing hitchhickers*, autostoppeurs déambulant le long des routes où ils ont été tués d'une manière accidentelle et violente, qui sont les revenants modernes de la marginalité[3]. À l'instar de Claude Lévi-Strauss, nous pensons que ces « morts-aux-limites » remettent en cause « l'exigence d'ordre » de nos cultures[4]. Leur absence de situation sociale explicite empêche la constitution d'une mémoire définitive à leur sujet.

Plus près de nous, ce sont les appels de cette mère dont la fille a été tuée par son ami, dans un accès délirant. Elle crie son refus du non-lieu de la justice, qui ne lui permet pas « d'exprimer sa douleur, de partager son sentiment d'indignation et d'épouvante[5] ». Le non-lieu n'implique pas le non-acte. Pourtant, l'absence de sanction crée un doute sur la réalité de la mort de la jeune fille. Cette mère risque d'éprouver des difficultés à accepter sa mort inattendue si la société n'en confirme pas la réalité. L'efficacité des rituels de deuil reste donc aux frontières des conditions de mort habituelle. Ainsi, retrouver le corps du défunt dans son intégrité est de toute première importance.

Pas de corps, pas de mort

On se rappelle des « folles de la place de Mai », mères argentines qui attendaient des nouvelles de leur fils enlevé par la junte militaire du pays. Elles réclamaient non seulement une parole, lorsque la destinée de leur enfant était inconnue, mais surtout son corps, si elles savaient que

3. J.-M. Brunvand (1981).
4. Cl. Lévi-Strauss (1985).
5. *Le Monde*, 17 janvier 1990.

celui-ci était mort. Les parents soviétiques qui vont jusqu'à ouvrir le cercueil de leur fils mort en Afghanistan tentent, de la même façon, de vérifier les affirmations de l'armée sur les circonstances de la mort de leur enfant [6]. Très souvent, à défaut du corps, le rituel du deuil est tout de même accompli par le biais d'un symbole du disparu : bougies pour un prêtre, objets personnels pour les marins pêcheurs disparus en haute mer. En France, le symbole de la flamme du Soldat inconnu permet de matérialiser l'ensemble des soldats retrouvés morts sans identification possible et aussi ceux dont aucun reste ne fut rapporté. Dans la plupart des pays, des monuments et des célébrations ont cette fonction de cohésion nationale autour des morts, qui transmettent ainsi la mémoire historique d'une culture.

La mort, territoire des pouvoirs religieux

Les rituels de deuil ont donc toujours été très investis sur le plan individuel, mais aussi par la communauté dans laquelle ils sont implantés, avec la force que l'on connaît pour les rituels religieux. Ainsi, l'Église catholique qui tenait beaucoup à christianiser la mort et l'au-delà, a-t-elle toujours cherché à garder le contrôle du culte des défunts. Pour des raisons politiques, mais aussi pour des raisons strictement économiques. Au XIVe siècle, dans le midi de la France, l'enjeu des accompagnements funèbres est tel que les prêtres chargés des fidèles d'une paroisse entrent en conflit avec un nouveau type de clergé : les prêtres du purgatoire. Ces derniers proposent aux familles des pécheurs de dire des messes pour le salut de leur âme et bien entendu de recueillir le paiement de cette charge sous forme d'obole mais aussi de biens en nature. Certains vont même jusqu'à la fraude [7]. Les abus conduisent rapidement l'Église à jeter l'opprobre sur ces pratiques, mais la demande des familles endeuillées est telle que la hiérarchie

6. F. Laffont et C. de Ponfilly (1990).
7. M. Fournié (1987).

ecclésiastique est amenée finalement à avaliser la fructueuse récupération du purgatoire [8].

L'enfer n'est donc plus l'ultime destinée des âmes pécheresses. Pour ceux qui ont succombé des suites d'une vie malhonnête, d'une mort violente, inhabituelle, ou qui ont été oubliés par leurs héritiers, le purgatoire constitue une nouvelle chance de trouver le repos éternel. L'Église est mise dans l'obligation de créer rétrospectivement ce lieu intermédiaire pour éviter la spoliation de ses ministres, pour retrouver une part du pouvoir échu aux prêtres du purgatoire et aussi adoucir une représentation trop sévère de la destinée des pécheurs.

Parce que les vivants étaient perturbés par des morts dont le passé les poursuivait, l'instance morale majeure de l'époque rétablit, par le biais des rituels funéraires, l'équilibre entre les deux communautés. Le traitement historique des difficultés du deuil, à l'époque troublée de la fin du Moyen Age, est exemplaire du besoin de trouver une signification à la mort, par l'intermédiaire d'un langage rituel. La mise en place de symboles comme le purgatoire et, parallèlement, l'échange de biens (de l'argent contre des messes) garantissent la santé mentale des vivants et le bon fonctionnement de la société. Les âmes en peine trouvent enfin le repos, leur famille aussi.

Les rituels de deuil montrent clairement leurs objectifs. Ils sont destinés à isoler la mort du territoire des vivants et à permettre aux endeuillés de recouvrer, après un temps, leur place dans la société.

Séparer les vivants des morts

Le temps consacré au deuil est singulièrement équivalent dans la plupart des cultures. Il correspond aux trois étapes décrites par Louis-Vincent Thomas dans *La Mort africaine*. Les rites de séparation permettent aux vivants et aux morts de ne pas se côtoyer, tandis que les endeuillés

8. J. Le Goff (1981).

sont eux-mêmes éloignés du village. Les rites de marge occupent les périodes de transformation du cadavre impur en squelette, plus digne. Enfin, les rites de réintégration permettent aux endeuillés de rejoindre leur communauté.

Le grand deuil, le demi-deuil et toutes leurs variations, qui occupaient les femmes de nos sociétés jusqu'au début du siècle, suivaient exactement les mêmes consignes. Il n'en reste de nos jours que très peu d'échos et le vêtement noir a été banalisé au point de ne plus présenter d'intérêt symbolique ou, du moins, d'être très appauvri. Mais comment les vêtements noirs ont-ils progressivement pris la place de l'expression verbalisée du deuil ?

Philippe Ariès, dans *L'Homme devant la mort*, commente l'évolution des rituels de deuil. À partir du XVIe siècle, le deuil perd son caractère « sauvage » d'émotions échevelées et de pâmoisons. Les vêtements de deuil, et en particulier les vêtements noirs, se généralisent au XVIIe siècle (sauf pour les rois et les princes) : les gestes et les mots sont remplacés par le costume et la coutume. Le deuil permet alors de respecter l'endeuillé qui n'a plus besoin de s'exprimer pour évoquer son état, puisque celui-ci est symbolisé par son habillement. Le vêtement de deuil contraint également la famille du défunt qui n'aurait pas franchement pleuré le disparu à observer un temps de retrait, nécessaire pour l'ordre social. Le respect des morts est donc ritualisé dans un souci de protection des familles, et, surtout, de maintien des structures dans une société soumise à de multiples aléas.

Les pratiques du deuil vont cependant connaître certains extrêmes, car une ritualisation excessive contribue à masquer le chagrin authentique et paralyse des générations entières. Ainsi, avec l'avènement du romantisme et le renforcement de la pruderie dix-neuviémiste, le deuil devient parfois un culte morbide. On tente de communiquer avec les morts, on réalise de véritables cryptes remplies des objets chéris par le défunt. Le rejet ne pouvait donc qu'émerger de la pesanteur de ces rituels. Aussi, avec le XXe siècle, la discrétion, puis la disparition des signes du deuil vont, en l'espace d'un siècle, métamorphoser notre image des funérailles, et, bien entendu, de la mort sous-jacente...

« Si on pouvait tracer une courbe du deuil, on aurait une première phase aiguë de spontanéité ouverte et violente, jusqu'au XIIIe siècle environ, puis une phase longue de ritualisation jusqu'au XVIIIe, et encore au XIXe siècle, une période de dolorisme exalté de manifestation dramatique et de mythologie funèbre. Il n'est pas impossible que le paroxysme du deuil au XIXe siècle ne soit en relation avec son interdiction au XXe. » Philippe Ariès nous convainc, avec sa démonstration quasi mathématique des métamorphoses des pratiques du deuil [9], que l'expression ou la restriction des émotions est profondément liée au contexte historique. Ainsi, les enterrements en France sont de moins en moins « dramatisés » dans leurs apparences. Les costumes des employés funéraires seront bientôt de couleur bleu marine (d'après une déclaration des Pompes Funèbres Générales en 1991), les camionnettes qui transportent le cercueil sont grises et l'on évite le noir au profit de couleurs moins typées.

En Sardaigne, l'anthropologue Marinella Carosso montre la même progression, bien que plus lente, depuis une quarantaine d'années. Le système vestimentaire du village sarde de Desulo signale, grâce à une garde-robe réversible, l'humeur des femmes qui la portent, mais aussi les événements qu'elles subissent. Ainsi, bonheur, sérieux, caprice ou deuil peuvent être repérés dans la toilette des villageoises. Les trois degrés du deuil, grand deuil, demi-deuil et petit deuil, se traduisent par la combinaison sophistiquée de différentes pièces de vêtements et par des modifications de leur couleur. Par ailleurs, le degré de parenté avec le défunt compte, tout comme la durée du temps écoulé depuis le décès. L'infraction à la règle du port du vêtement correspondant à l'état de la femme, surtout si celle-ci est en deuil, provoque un jugement défavorable de la communauté. Si elle ne revêt pas les vêtements de deuil,

9. P. Ariès, *op. cit.*, p. 193.

les commentaires de « dévergondée » fustigent la déviante et la honte la frappe, elle et toute sa famille. Par contre, le port exagéré ou prolongé du deuil est assimilé à un souhait agressif à l'égard du village, qui accuse alors la femme d'« appeler une autre mort ». Le code du deuil est donc extrêmement précis puisque toute modification du rituel déclenche une interprétation de l'ensemble de la collectivité.

Ainsi, au moment du deuil, les habits, en temps normal richement brodés et d'un rouge écarlate, changent : le capuchon qui orne la tête est retourné et les autres pièces sont teintes en noir. Cette inversion, comme dans de nombreuses cultures, montre que l'espace social « bouleversé » par le mort doit être restructuré. Les premiers mois qui suivent l'enterrement sont consacrés aux condoléances. Les femmes en deuil doivent rester à la maison pendant tout ce temps et éviter de pénétrer dans l'espace extérieur, réservé à la communauté. Toutefois, puisque l'extérieur vient à elle pour exprimer sa sympathie, la femme en deuil porte, chez elle, les vêtements utilisés habituellement pour les sorties. Pour paraphraser Marcel Mauss, le deuil, en tant que « fait social total », investit toute l'intimité du sujet et lui donne un statut totalement à part. Ses vêtements le distinguent du reste de la communauté, il est soumis à des interdits et doit vivre en marge. Cette « mortification » correspond symboliquement au « rachat » de la perte vécue par la collectivité.

Aujourd'hui, le temps du deuil s'est considérablement abrégé dans le village de Desulo. Alors que le grand deuil (mort du conjoint) dure encore parfois toute une vie, le demi-deuil (mort des parents consanguins) ne se prolonge plus que rarement dix années et le petit deuil (collatéraux, beaux-parents, parrains), selon l'âge du défunt et de la femme, ne varie plus que de six mois jusqu'à environ cinq ans. Ces prescriptions n'ont de sens aujourd'hui que pour les anciens. L'ouverture du village sur le monde (médias, voyages, échanges économiques) a vidé de leur signification les costumes portés par les femmes. Le deuil créait, et crée encore pour ceux qui en prolongent la tradition, un véritable langage. Il tissait un réseau de liens entre les différents habitants. Le relâchement des liens familiaux est sans doute responsable de la disparition du message, la diminution des pratiques religieuses également.

On ne s'étonnera donc pas de la restriction actuelle du discours sur la mort, car toutes ces règles autour de la disparition et, surtout, leur transgression, donnaient lieu à d'inévitables commentaires et jugements. Ces blâmes avaient pour conséquence l'observation stricte des « lois » du deuil. Ces préceptes ne permettaient-ils pas une sorte de détournement de la tristesse et de l'émotion ? Penser aux interdits, remplir les prescriptions édictées, éviter les médisances constituait peut-être une façon de compenser l'absence du défunt. La richesse du code social présenté par ce village de Sardaigne traduit également ce qui existait encore en France il y a plus d'un siècle.

On peut s'interroger sur la nécessité de transmettre encore aujourd'hui des messages aussi abondants dans des sociétés elles-mêmes débordantes d'informations. En revanche, si les destinataires de la communication sont déjà saturés, les émetteurs n'ont plus les moyens de combler, par une gestuelle ou une conduite, un espace désormais entièrement occupé par la souffrance morale.

Deuxième partie

DEUIL NORMAL
ET PATHOLOGIE DU DEUIL

Le langage, s'il s'appauvrit considérablement lorsqu'il traite de la mort, ne témoigne pas pour autant d'une disparition des significations inconscientes. Ainsi, nous n'avons, en français, qu'un seul mot, celui de deuil, pour exprimer à la fois l'état et les conséquences de la perte d'un être cher, d'une situation ou d'un idéal.

« Être en deuil » qualifie la situation objective, la réalité extérieure de la perte, quels qu'en soient les effets psychologiques. « Faire son deuil » est une définition subjective qui évoque l'importance de la perte et la nécessité de passer par le douloureux travail intérieur de détachement progressif de l'objet aimé. Ce travail de détachement, ou « travail de deuil », est constitué des opérations mentales qui permettent de dénouer progressivement les liens avec l'objet. Objet est ici pris au sens psychanalytique et philosophique du terme. Il désigne, dans la majorité des cas, une personne. Cependant, un investissement affectif équivalent peut être destiné à un animal, à un objet (au sens concret du terme cette fois-ci), ou à une idée (comme sa patrie ou un idéal). Ce qui compte, c'est le caractère fixe et permanent de l'amour porté, qu'il soit fantasmatique ou réel.

Avec le XXe siècle, l'ensemble des signes culturels qui rassérénait l'imaginaire collectif au sujet de la mort s'estompe. Les symboles cèdent progressivement la place aux rationalisations. C'est donc par l'intermédiaire de la pathologie, en particulier de ce que les psychanalystes appellent les « maladies du deuil », que les difficultés de l'individu confronté à la perte d'un être cher peuvent être comprises.

CHAPITRE PREMIER

Le travail de deuil

« Personne, au fond, ne croit à sa propre mort, ou, ce qui revient au même : dans l'inconscient, chacun de nous est convaincu de son immortalité. » Pour Sigmund Freud, la mort de soi, irreprésentable, conduit aux difficultés du deuil de l'autre, tant le refus d'identification nécessite un véritable travail psychique.

Pour en terminer avec la rupture

C'est en 1915, dans un article intitulé « Deuil et mélancolie », que Freud a introduit, pour la première fois, la notion de travail de deuil. Il s'est inspiré d'un article de son élève Karl Abraham, mais avait déjà lui-même relevé, chez une patiente hystérique, le besoin complaisant de se rappeler et de se lamenter sur la perte d'un être aimé. Pour lui, le deuil survient à la suite de la disparition d'un objet d'amour, que ce soit un individu ou une abstraction comme un idéal, la liberté, la patrie.

C'est donc un phénomène normal. Mais, comme tout ce qui suit un traumatisme, une élaboration psychique est indispensable pour opérer une liaison entre les différents événements qui ont submergé le moi du sujet. Ce dernier entre alors dans une période de dépression et de focalisation sur l'objet d'amour perdu jusqu'à ce que « le moi, pour ainsi dire obligé de décider s'il veut partager le destin de l'objet perdu, considérant l'ensemble des satisfactions narcissiques qu'il y a à rester en vie, se détermine à rompre son lien avec l'objet anéanti [1] ». Le moi, pour Freud, sert de médiateur entre les pulsions internes du sujet et la réalité du monde extérieur. Il est le siège des mécanismes de défense conscients et inconscients élaborés pour se protéger de l'angoisse. C'est donc à son niveau qu'a lieu le travail de deuil.

Un modèle pour la psychanalyse

Le rêve et le deuil constituent pour Freud des modèles privilégiés pour conceptualiser la psychanalyse : « Après que le rêve nous a servi de prototype normal des troubles d'âme narcissiques, nous allons tenter d'éclairer l'essence de la mélancolie en la comparant avec l'affect normal du deuil [2]. » En effet, si Freud s'intéresse au deuil, c'est pour mieux comprendre la mélancolie, et par là même les psychoses, qu'il ne voulait pas exclure de son champ théorique. Depuis longtemps, on observait que le deuil pouvait conduire à une dépression grave. Freud remarque l'analogie entre les précurseurs de la mélancolie et les réactions à la perte affective. Pour cette raison, il va être amené à traiter du problème du deuil.

Aux limites de la mélancolie

L'article de Freud sur le travail de deuil établit donc, point par point, une comparaison avec la mélancolie. Celle-ci est un état pathologique grave caractérisé par une humeur dépressive douloureuse, un désinvestissement total pour le monde extérieur, une inhibition et une perte de l'estime de soi. Le pessimisme généralisé du mélancolique va jusqu'à se traduire par une attente délirante du châtiment ou une tentative de mettre fin à ses jours. Or le deuil grave conduit aux mêmes effets : humeur dépressive,

1. Cité par J. Laplanche et J.-B. Pontalis (1967).
2. S. Freud, *O.C.*, livre XIII, p. 261.

perte de l'intérêt pour le monde extérieur, culpabilité. En cela, le deuil ressemble fort à un état pathologique.

Cependant, la différence fondamentale réside dans le fait que le deuil ne mène pas à la dévalorisation extrême du moi mélancolique. Par ailleurs, dans le deuil, l'objet perdu est bien réel, tandis que le sujet qui présente un accès mélancolique n'a, en général, rien perdu de conscient. Ainsi, à la suite d'un deuil, le monde devient pauvre et vide en l'absence de la personne aimée, alors que dans la mélancolie c'est le moi lui-même qui s'appauvrit, devient indigne et mérite d'être puni. Des reproches, souvent spectaculaires, sont fréquemment mis en scène par le mélancolique délirant qui déplore ses fautes et semble ne manifester aucune gêne, tant il est aveuglé par son narcissisme exacerbé. Chez l'endeuillé, on ne retrouve rien de tout cela, mais plutôt un retrait de la société qui montre combien il lui est devenu difficile d'y retrouver des satisfactions. Cependant, progressivement, le temps va jouer en sa faveur pour rompre définitivement les liens par lesquels il était attaché à l'objet. Le deuil normal sera considéré comme achevé lorsque le sujet pourra reprendre une relation affective ou bien un investissement équivalent en termes d'énergie libidinale.

Freud établit une gradation entre deuil normal, deuil pathologique et mélancolie. L'état de deuil constitue, en quelque sorte, une dépression normale, bien qu'il puisse être décrit selon le modèle habituel de la sémiologie médicale. Le deuil normal est donc lié à des causes bien discernables, il présente des signes caractéristiques et trouve sa résolution d'une façon à peu près constante, après un délai relativement régulier. Dans le deuil pathologique au contraire, l'ambivalence du sujet à l'égard de l'objet perdu le fait se sentir coupable de sa disparition et modifie le deuil en le différant ou en en allongeant la durée. Dans la mélancolie enfin, le moi s'identifie avec l'objet perdu et déclenche une recherche de sanction qui peut aboutir au suicide.

La psychanalyse suit ici le modèle causaliste médical plutôt que le modèle causaliste religieux. Concourt-elle involontairement à la médicalisation du deuil ? Quoi qu'il en soit, les travaux de Freud ont provoqué un grand intérêt chez les psychanalystes, qui ont mis en évidence de nombreuses « maladies du deuil ». Ainsi, Hélène Deutsch, dans son article de 1937, souligne que c'est l'absence d'affliction qui est anormale à la suite d'une perte grave et qui risque d'entraîner des troubles psychiques. Avec elle, est donc confirmé le passage obligatoire par la souffrance liée à la reconnaissance de la réalité de la perte, c'est une phase nécessaire pour intégrer la permanence de l'absence.

Des premières blessures aux futures séparations

Daniel Lagache reprend, en 1938, les travaux ethnologiques les plus récents. Il élargit alors la notion de deuil à l'ensemble des rites de passage imposés par la vie collective, lors de la naissance, de l'initiation et du mariage. « La mort d'autrui nous fait prendre conscience de la réalité interhumaine en ce que cette mort est ressentie comme une blessure personnelle : le but du deuil est d'accomplir un clivage entre le mort et les survivants. Ses moyens consistent à transposer sur le plan humain le fait biologique, c'est-à-dire à tuer le mort. »

L'analogie du deuil avec toutes les étapes de la vie courante redonne ici une place cyclique à la mort. La vie n'est plus envisagée comme un axe linéaire, mais comme une sinusoïde, rythmée par des ruptures qui constituent autant de morts suivies d'autant de renaissances. « Tuer le mort », voire le manger comme dans les sociétés cannibales, qui tentent d'incorporer, de cette façon, les vertus de leurs parents ou de leurs ennemis, trouve son équivalent fantasmatique dans le concept d'introjection, défini par Sandor Ferenczi dans sa *Psychanalyse,* en 1909. Ce processus psychique permettrait à l'endeuillé de faire passer du « dehors » au « dedans » les qualités inhérentes à l'objet perdu et ainsi à ne plus avoir besoin d'un élément ou d'un symbole du disparu pour en conserver la mémoire.

Pour Melanie Klein, tout deuil est une reviviscence d'un

deuil originel, lié à la première séparation maternelle [3]. Chaque nouveau deuil réactiverait les angoisses ressenties lors de cette première perte. L'introjection du premier objet d'amour est donc fondamentale puisque, pour peu qu'il ait été insuffisamment bon avec le petit enfant, ce dernier lui sera redevable de la qualité des deuils ultérieurs. La dépression est, selon Melanie Klein, occasionnée par la première perte fantasmatique de l'enfant, elle-même due à la reconnaissance de l'ambivalence déclenchée à l'égard de la mère. Le petit enfant se trouve en effet, dans ses premiers mois, dans une illusion totale. Sa mère lui est totalement réservée, elle n'est que ce « bon objet » susceptible de lui apporter réconfort et bien-être. Seule la découverte progressive d'un univers plus vaste par le nourrisson va lui permettre d'accepter les départs successifs de sa mère occupée ailleurs. Face à cette découverte, l'enfant développe deux types de réactions : un sentiment de persécution, qui engendre chez lui des fantasmes agressifs, et un sentiment de tristesse, qui suit l'émission de ces pensées agressives. La phase dépressive est donc une étape décisive dans la maturation du psychisme de l'enfant. Elle survient avec la désillusion qui touche l'image idéale de la mère. Elle permet aussi un contrôle des pulsions agressives, qui, sans cela, conduiraient à la destruction du « mauvais objet » chez l'autre, mais aussi chez soi.

Le travail nécessaire pour constituer un « avant » et un « après »

Le psychanalyste américain Ernest Lindemann définit le travail de deuil par toute une série de petits événements qui vont progressivement modifier l'habitus de l'endeuillé. Toutes les tâches partagées avec le défunt devront être « démontées » en pensées et en souffrances *(thought through* et *pained through)*. Le sujet pourra donc graduellement les assumer seul, puis envisager de les partager avec

3. M. Klein (1940).

un nouveau partenaire. Seul l'endeuillé peut se désinvestir *(to decathect)* de l'objet disparu : la souffrance est alors la garantie de ce détachement. Lindemann est le précurseur des travaux anglo-saxons sur le deuil. Il avait pour objectif d'intégrer le savoir élaboré par la psychanalyse au sein d'études psychologiques, sociologiques et médicales qui utilisaient la méthode scientifique. La compréhension des mécanismes mentaux à l'œuvre dans le deuil s'élargit donc désormais à la recherche des conséquences d'une perte affective sur la santé de l'individu et sur les modifications de son environnement.

CHAPITRE II

Le deuil normal

Pour la psychanalyse, le deuil est un phénomène normal même s'il prend à son début tous les aspects d'une affection pathologique. La capacité à faire son deuil dans le cadre des multiples pertes de sa vie est une expérience majeure pour l'enfant : elle permet au psychisme de parvenir à maturation et, par la suite, d'intégrer les conséquences des deuils ultérieurs.

LES DEUILS DE L'ENFANCE

Le deuil réveille l'un des premiers traumatismes mis en sourdine par l'amnésie qui suit, chez l'enfant, la résolution de la crise œdipienne. Entre trois et cinq ans, la perte de la toute-puissance de l'enfant sur sa mère et sur l'environnement proche est la première rupture annonciatrice de bien des difficultés.

Le sevrage : la toute première épreuve

La fin de l'état fusionnel du nourrisson avec sa mère se solde par le sevrage, puis par la reprise, pour la mère, d'activités indépendantes de celles de son enfant. C'est sans doute la première épreuve dont l'issue favorable préjuge de toutes les autres à venir. La mère reste en général à proximité de l'enfant, même si ce dernier doit renoncer définitivement au type de relation qu'il a entretenu avec elle juste après sa naissance. Ce premier deuil initie l'enfant à ceux qui viendront.

Comprendre la mort reste néanmoins pour lui extrêmement complexe, tant l'absence de l'objet perdu prend un aspect radical. C'est seulement aux environs de l'âge de huit ans que l'enfant réalise l'irréversibilité et l'universalité de la mort des êtres vivants. Jusqu'à cinq ans, la reconnaissance de la vie est en effet liée à la mise en mouvement : tout ce qui est animé est vivant. Il assimile la vie aux différentes fonctions élémentaires comme manger, boire, dormir. La mort prend alors pour caractéristiques l'immobilité et l'arrêt de ces actes primordiaux. Elle ne semble pas encore inéluctable pour l'enfant de six ans, et celui-ci croit souvent pouvoir revenir en arrière.

Françoise Dolto décrit l'étape suivante dans la découverte de l'absence et surtout l'intégration de la permanence de l'absence, qui a lieu un peu plus tard : « Pour l'enfant qui découvre la mort [...] elle est une frustration d'agressivité musculaire et d'agressivité affective plus grande que les autres : immobilité forcée, magiquement très, très, très longue et absence de l'être aimé (donc castration affective très, très, très longue)[1]. »

Dire la mort à l'enfant

Le sentiment d'abandon qui résulte de la perte d'un être aimé est d'autant plus important pour l'enfant que les adultes autour de lui refusent d'en parler. On pense à Edgar Morin qui se rappelle ses réactions à dix ans lors de la mort subite de sa mère[2]. La famille n'ose rien dire à l'enfant, qui n'est pas convié à assister à l'enterrement. On prétexte un voyage maternel, puis un départ définitif « au ciel ». Son père, Vidal, qui n'a pu révéler directement à

1. F. Dolto (1971), p. 158.
2. E. Morin (1989), p. 158.

son fils la triste vérité et surtout sa propre détresse, ne comprend pas les difficultés de ce dernier pour partager son chagrin : « Vidal fut atterré que son fils se soit tu et n'ait manifesté aucun sentiment. Il attribua cette indifférence à la bêtise. Vidal ne comprenait pas non plus pourquoi son fils, pourtant âgé de seulement dix ans, s'enfermait si fréquemment et longtemps dans les cabinets. Parfois, il le questionnait à travers la porte : "Ça va ? Tu as mal au ventre ?" Le fils arrêtait ses sanglots muets, répondait que tout allait très bien. Il attendait que ses yeux soient secs pour sortir, et Vidal scrutait alors ce visage indifférent et tranquille [...]. L'année suivante, Vidal trouva incompréhensible que son fils refuse d'aller au cimetière avec sa famille pour l'anniversaire de la mort de sa mère. »

La notion de la mort chez l'enfant, même si elle demeure confuse, fait l'objet d'une connaissance inconsciente. Ginette Raimbault l'a fort bien démontré dans son livre sur les enfants malades (1977). L'enfant qui meurt, comme celui qui perd un être cher, voit sa souffrance majorée par le silence de son entourage. Cette incapacité à communiquer la nouvelle, de la part de sa famille, découle de l'idée selon laquelle l'enfant ne peut pas comprendre car il est trop jeune. Elle est aussi liée à la culpabilité des adultes, pour qui la mort est injuste pour l'enfant. Ou bien encore ils idéalisent l'enfant au point de ne pas vouloir lui faire vivre la réalité des choses.

Pourtant, lorsqu'elle se produit dans l'environnement proche de l'enfant ou lorsqu'il s'agit de la disparition d'un de ses parents, la mort comme telle, et pas seulement l'absence, peut être révélée de façon authentique. La présentation franche du décès, suivie de la proposition d'aller voir le défunt, est perçue par l'enfant comme un réel intérêt à son égard. À cette occasion, il exprimera spontanément ses émotions et se sentira accompagné dans son chagrin par les « grandes personnes ». Les culpabilités et les secrets réciproques seront ainsi limités au maximum. L'enfant pourra à son tour faire son deuil, non sans poser de nombreuses questions aux adultes, questions qu'ils préféreraient éviter, tant elles soulèvent parfois de problèmes justes. La vision du corps permet d'éviter le développement de fantasmes de mort trop angoissants, car, contrairement à ce que l'on croit habituellement, l'enfant n'est pas choqué par le cadavre. Il a en revanche besoin de réponses précises et sûres, sur les points qui l'intéressent : « A-t-il froid ou faim ? A-t-il mal ? » sont les interrogations les plus fréquentes. La clarté des explications données a une vertu calmante sur l'enfant. Si elles lui permettent d'envisager l'avenir avec une certaine gravité, elles ne le bloquent pas, comme le feraient ses propres hypothèses émises dans un contexte de solitude et d'abandon.

La mort pour l'enfant introduit les différents paramètres qui président au deuil normal. D'abord, l'acceptation du caractère irréversible de la perte et de l'aspect obligatoire du deuil qui doit, malgré les résistances, se faire un jour ou l'autre. Puis, la reconnaissance du passage par la souffrance et la peine pour rompre progressivement les liens avec la personne perdue. Enfin, l'intégration du premier traumatisme psychique de séparation.

LES ÉTAPES DU DEUIL NORMAL

La nouvelle du deuil : la sidération

On croyait donc l'irréversibilité de la mort admise par l'adulte... Il n'en est rien, du moins dans les moments qui suivent immédiatement l'annonce de la disparition d'une personne aimée. « Ce n'est pas possible, je ne peux pas y croire ! » Premières paroles étouffées, mais aussi parfois premiers cris marquant le refus absolu d'adhérer à l'information. On voudrait pouvoir revenir en arrière, retrouver le temps où l'on ne savait pas... Ces cris, ces exclamations constitueraient, selon Michel Hanus (1976), une tentative de régression immédiate à la situation du nourrisson. Celui-ci croit, sa mère s'étant éloignée, la faire réapparaître par ses appels de détresse. De façon tout aussi instinctive, on voit surgir des tentatives de recherches, d'abord comportementales : fuite en avant, actes courageux et dérisoires de ceux qui retournent sur les lieux du sinistre (accident, incendie), puis verbales et enfin symboliques (quête de souvenirs et d'objets).

Déni et révolte

À l'état de choc physique avec sidération de toutes les fonctions organiques (perte totale de l'appétit et du sommeil), succède une phase de déni et d'incrédulité qui a pour rôle de protéger l'individu contre l'impact trop massif de la nouvelle.

En premier lieu assommé et paralysé, le sujet frappé par le deuil retrouve une sorte d'énergie du désespoir pour rechercher le disparu. Lorsque l'aspect vain de ses tentatives peut enfin parvenir à sa conscience, il reste hébété, victime alors d'une immense fatigue et d'une intense douleur intérieure.

L'ensemble de ces réactions, d'abord chaotique, trouve cependant bientôt un dénominateur commun avec les larmes. On ne pourra parler de l'installation du travail de deuil que lorsque les pleurs commenceront.

Dépression

Face à un deuil, pourtant, tout le monde ne pleure pas, car des facteurs biologiques et culturels semblent contribuer à l'évitement des larmes. Ainsi, les femmes pleurent en moyenne cinq fois plus que les hommes. Outre les raisons sociales, l'hypothèse d'un facteur biochimique expliquerait cette sérieuse différence. Les larmes, riches en prolactine, hormone favorisant l'allaitement, apparaîtraient, dès l'adolescence, beaucoup plus fréquemment chez les filles alors que, jusqu'à la puberté, elles ne pleurent pas plus que les garçons.

Que les larmes affluent en quantité n'est pas, à notre avis, le plus important. L'expression des émotions semble bien plus fondamentale pour le travail de deuil. Les larmes, au même titre que les cris ou l'agitation, permettent une décharge des tensions en réalisant le contrecoup de la mauvaise nouvelle. Il existe cependant une gradation dans l'efficacité de cette décharge : le fait d'agir sur le plan moteur semble toujours moins efficace que la « voie mentale » d'expression de la détresse. Cela dit, ces étapes peuvent fort bien se succéder dans le temps. La nature de la contrainte que s'impose l'individu ou son milieu l'amènera parfois à payer le prix de la remise à plus tard d'affects qui exigent une extériorisation immédiate pour être mieux acceptés.

La phase la plus importante du deuil est le véritable état dépressif réactionnel qui s'installe avec le retour du principe de réalité. Les signes habituels de la dépression se partagent trois domaines essentiels : somatique, intellectuel et affectif.

Parmi *les altérations somatiques,* des troubles de l'appétit et, le plus fréquemment, une anorexie transitoire révèlent la perte du plaisir et de l'intérêt à manger. La fatigue, intense, mène à une apathie générale et à un désinvestissement des occupations antérieures qui prennent soudain un aspect dérisoire. L'insomnie est habituelle et peut être aussi rapportée au rôle anxiogène de l'obscurité, tandis que les rêves perturbent l'endeuillé par leur caractère répétitif lorsqu'il y a eu traumatisme. La frustration qu'ils provoquent tourne parfois au cauchemar : il y retrouve le disparu vivant, mais un détail empêche systématiquement une réunion. La nuit est le moment de solitude le plus fréquent et le plus douloureux, surtout lorsque l'endeuillé entretenait une relation amoureuse avec le défunt. Une réactivation ponctuelle du désir sexuel risque alors d'augmenter sa culpabilité, quand l'ensemble de la libido devrait être globalement à son niveau le plus bas [3].

Les altérations intellectuelles découlent d'un affaiblissement des performances cognitives avec diminution de

3. M. Torok (1968).

l'attention et de la concentration, pertes de mémoire à court terme qui souvent renforcent l'isolement du sujet.

Enfin, *les troubles de la sphère affective* se caractérisent par une humeur triste et une sensibilité accrue à tout détail tragique ou évocateur du disparu. Cette hypersensibilité conduit l'endeuillé à fondre en larmes à tout moment. Il donne alors l'impression d'une certaine versatilité de ses sentiments, lorsqu'il passe, sans transition, de la douleur de l'abandon et du manque à l'exaltation de ses souvenirs. La culpabilité, bien que moins destructrice que dans la mélancolie, fait regretter à l'endeuillé de n'avoir pu prévenir l'accident, ou éviter l'issue fatale. Elle amène parfois la révolte contre la conjonction d'événements ayant abouti à la mort de l'être cher. L'inhibition est spectaculaire, tant l'endeuillé donne l'impression d'être ailleurs, dans son univers, et la plupart du temps encore avec le défunt. Seule, cette concentration dont il fait preuve, dans son isolement, montre le travail psychique auquel il se livre, pour se détacher de son objet. Très progressivement, il va lui falloir mentalement reprendre tous les actes accomplis en commun, tous les souvenirs, pour réduire la quantité d'énergie qui y était attachée. Le grand nombre de ces opérations mentales justifie la longueur du travail de deuil. C'est pourquoi il ne peut être effectué si l'on en brûle les étapes.

Mort physique, mort psychologique

Pour se livrer à ce désinvestissement, l'endeuillé abandonne son monde antérieur, qui lui semble désormais pauvre et vide sans le défunt. Cependant, cette brusque confrontation avec soi-même peut s'avérer dangereuse car, dans le même temps, des phénomènes normaux, mais inhabituels, risquent de perturber la réalité au point que l'endeuillé se croit parfois devenu fou. L'impression nette du défunt, conservée dans la mémoire visuelle de celui qui partageait ses habitudes, laisse parfois croire à des hallucinations. L'obnubilation donne ainsi la certitude passagère d'entendre la voix du défunt, de reconnaître sa silhouette (la croyance aux fantômes et aux esprits trouverait ici une base concrète).

Tous ces épisodes font l'objet d'un rapide contrôle de la réalité mais provoquent une douleur morale d'autant plus grande qu'ils apposent, à chaque fois, le sceau de l'irréversibilité par la déconvenue qu'ils provoquent. La « mort psychologique » de l'autre est donc beaucoup plus longue que sa disparition physique. Elle seule, cependant, va conduire à l'abstraction du disparu au sein des représentations mentales du survivant. L'intériorisation de ses qualités mais aussi, progressivement, de ses défauts, prouve, seule, le retour du primat de la réalité, avec la possibilité de nouveaux attachements.

Adaptation

Cette période commence effectivement lorsque l'endeuillé se reconnaît une identité de veuf ou de veuve et accepte son nouvel état sans l'objet perdu. Les vêtements de deuil et autres signes distinctifs facilitaient, jadis, l'intégration de cette identité. De nos jours, elle est moins claire pour le sujet, comme pour son entourage. L'univers de l'endeuillé, dont la période dépressive s'estompe, est alors accessible à un réaménagement : l'accumulation des photos disparaît, les souvenirs sont classés, les objets personnels peuvent être donnés, l'espace du mort est réutilisé par les vivants.

Les signes de la dépression aiguë s'évanouissent et l'inhibition fait place à la vitalité qui incite aux projets, rencontres et sorties. Ces changements concomitants laissent parfois une impression d'euphorie et de liberté, au départ vécue avec une certaine culpabilité, puis progressivement acceptée.

Le retour d'une vie socialisée conduit à choisir de nouveaux objets d'amour. Mais la liberté que se donne l'endeuillé entre alors en concurrence avec les interdits culturels. Ainsi, les femmes se remarient moins fréquemment que les hommes. Les nombreux interdits mythiques, puis religieux, semblent rappeler que ce nouveau choix ne doit pas être prématuré sous peine de retrouver le travail de deuil lors d'un trouble quelconque. On garde en mémoire les proscriptions de sortie et de remariage dans différentes sociétés. La plupart laissent un délai relativement long, une année restant la période la plus fréquemment indiquée, avant le retour d'une activité sociale.

Au demeurant, la fin du deuil normal ne se solde en aucun cas par l'oubli. Il restera toujours une trace des bouleversements vécus lors du deuil. Cette « cicatrice » sera particulièrement sensible aux périodes anniversaires de la mort qui montrent parfois une récurrence de certains des tableaux cliniques décrits précédemment. Dans tous les cas, un deuil conduit jusqu'au bout produit une maturation de la personne : elle ne sera « plus jamais comme avant », mais elle peut aussi transformer en enrichissement, affectif comme intellectuel, les épreuves passées.

Freud et ses deuils les plus douloureux

En janvier 1920, Sophie, la fille de Freud, meurt, atteinte par la grippe qui ravage alors l'Europe. Elle laisse deux petits garçons et un mari inconsolable. Freud, bien qu'ayant, deux jours plus tôt, perdu un de ses plus chers amis et patient, écrit : « La brutalité sans voile de l'époque pèse sur nous. Elle sera incinérée demain, notre pauvre enfant du dimanche ! [...] Je travaille autant que je peux et je suis reconnaissant de ce dérivatif. La mort d'un enfant semble être une grave blessure narcissique ; je suppose que le deuil ne viendra qu'après [4] » (cité par Marthe Robert, 1964, p. 187). Quelques jours plus tard, il décrit ses réactions dans une autre lettre : « Je ne sais ce qu'il y aurait de plus à ajouter. Il s'agit d'un événement tellement paralysant qu'il n'incite pas à la réflexion

4. M. Robert (1964), p. 187.

lorsqu'on n'est pas croyant, et qu'ainsi tous les conflits que cela signifie vous sont épargnés. Nécessité brutale, soumission muette[5]. »

En fait, ce n'est pas la mort de sa fille qui va déclencher le deuil le plus douloureux, Freud s'étant, pendant la période troublée de la Première Guerre mondiale, tellement attendu à la perte de ses enfants, surtout celle de ses fils. Mais c'est, trois années plus tard, la mort du fils de Sophie, d'une tuberculose miliaire, à l'âge de quatre ans et demi, qui va, selon Jones, biographe de Freud, déclencher la symptomatologie du deuil, sans déplacement ou remise à plus tard possible. On ne verra Freud pleurer qu'à cette unique occasion, pour laquelle il déclarera un trouble différent des pertes précédentes. Il écrit à Ferenczi, le mois suivant le décès, qu'il souffre de dépression pour la première fois de sa vie. Il semble qu'en effet, la mort du petit Heinz survienne à une période où l'angoisse de mort, toujours très présente chez Freud, prend soudain place dans la réalité. Freud a subi, un mois auparavant, pour son cancer de la mâchoire, la première des trente-trois opérations qui le feront atrocement souffrir pendant les seize dernières années de sa vie. La simultanéité du diagnostic de maladie mortelle pour Freud et la mort réelle de son petit-fils vont le plonger dans une profonde apathie, que lui-même décrit comme « une indifférence compréhensible à l'égard de la plupart des trivialités de l'existence ». Il découvre ainsi que « le travail de deuil s'élabore en profondeur » et ajoute : « Je compte la science au nombre de ces trivialités. Je n'ai pas de nouvelles idées et je n'ai pas écrit une seule ligne[6]. »

Des années plus tard, il déclarera que ce deuil lui a été insupportable et l'a affecté bien plus que son propre cancer ; il avoue même ne plus pouvoir prendre plaisir à la vie. Quelles qu'aient été les projections de Freud sur son petit-fils, la disparition de ce dernier symbolise toute son impuissance à combattre la mort, la perte de ses espoirs,

---

5. E. Jones (1975), p. 22.
6. *Ibid.*, p. 103.

l'injustice de la vie. Il fera encore preuve de courage dans les épreuves qu'il surmontera par la suite, mais il restera à jamais marqué par ce deuil, non sans toutefois le sublimer grâce à l'application de ses propres théories.

Deuils difficiles pour les partenaires de malades chroniques

Voici maintenant une observation plus courante, typique des deuils vécus par les familles dont un membre est hospitalisé jusqu'à sa fin. L'idéal d'une mort chez soi ne peut parfois être réalisé, lorsque le bien-être du patient le rend dépendant d'une équipe entière. Aussi, l'hôpital reste souvent le témoin des derniers instants de la plupart de nos proches.

Thomas C. est un homme de cinquante-neuf ans, en préretraite lorsque l'on découvre, chez ce fumeur invétéré, un cancer du poumon avec des métastases hépatiques. Bien au courant de son diagnostic et prêt à tenter une chimiothérapie, le patient voit son état considérablement amélioré par le traitement qui diminue son essoufflement, spectaculaire lors de son entrée à l'hôpital. Les chimiothérapies se succèdent chaque mois pendant une année, bouleversant le mode de vie de son couple et se traduisant pour Thomas par une inflation de mécanismes de défense obsessionnels. Il téléphone constamment dans le service pour obtenir les numérations globulaires de sa formule sanguine et se montre particulièrement attentif à tous les points de détail, pendant ses hospitalisations. Il soumet ainsi l'équipe soignante à de multiples modifications : changements de chambre ou d'infirmière, vigilance extrême sur les horaires, angoisse lors des changements de médecin. L'intervention du psychologue fait également l'objet d'une tentative de contrôle, puisque le patient annonce qu'étant « chasseur de têtes », il a eu aussi pour mission de recruter et de faire appel à des psychologues pour compléter son examen.

L'aggravation de la maladie va cependant amener Thomas à utiliser d'autres registres de son fonctionnement mental. Une très grande confiance s'établit et va permettre à la famille, comme au patient, une relative prise de distance par rapport à l'hôpital. Pas pour longtemps hélas. Des métastases cérébrales apparaissent et produisent de graves troubles de l'équilibre, ainsi qu'une confusion et une désorientation. Le souci de maîtrise restant cependant une caractéristique du patient, les interventions psychologiques quotidiennes, en cette période de régression, se transforment en jeu de portraits réciproques. Chaque jour, après les présentations renouvelées et nécessaires à cause de la désorientation, Thomas conclut l'information par « bien sûr, je le savais », comme s'il avait simulé une perte de mémoire, bien réelle pourtant.

Les moments de lucidité sont très douloureux pour ce patient qui perçoit parfaitement son incapacité à réaliser le moindre acte élémentaire. Sa femme Hélène est admirable par sa présence, son imagination : elle tente tous les matins, par l'intermédiaire de photographies, de lui remémorer son environnement familier, elle lui confectionne ses plats favoris. Elle lui parlera jusqu'au bout, même pendant les quarante-huit heures précédant sa fin, où, semi-comateux, il manifestera toujours son besoin d'affection. C'est donc la femme de Thomas qui va être confrontée au difficile accompagnement d'un mari aimé, dans un cadre étranger, celui de l'hôpital. C'est vers elle que vont converger les efforts de toute l'équipe afin de lui rendre son deuil futur moins abrupt, après une année d'espoirs puis de déceptions. Hélène va connaître les pénibles fluctuations du deuil chronique : son mari n'est pas encore mort mais il est « supposé mourir rapidement ». Le lendemain de cette affirmation, Thomas va beaucoup mieux et pousse sa femme à croire de nouveau à une rémission. Dans ces conditions, celle-ci est constamment partagée entre les représentations de sa situation prochaine de veuve et la réalité d'une épouse passant ses journées à l'hôpital au chevet de son mari gravement atteint. Une période d'abattement et des difficultés avec ses enfants et son entourage vont pourtant conduire Hélène à un moment de dépression, à l'issue duquel elle comprend qu'elle doit tenter de reprendre une vie personnelle, au minimum. Lors d'un entretien, elle dépeint son mari comme un être extrêmement autoritaire. Ainsi, il ne lui permettrait pas, dit-elle, s'il était conscient, de quitter sa chambre pendant une partie de l'après-midi. Hélène reste donc prisonnière de ce mari, jadis puissant, mais dont l'image s'est considérablement dégradée. Ses enfants semblent également éprouver des difficultés à penser qu'un jour la place à table du père pourra être occupée par l'un d'eux. Ils hésitent pour le moment entre la soumission à un souvenir et le rétablissement d'une continuité qui pousse les fils à devenir père un jour...

Alors que Thomas perd progressivement ses facultés, Hélène aborde le problème de l'enterrement, se demandant avec angoisse comment elle supportera d'aller au cimetière voisin de sa maison. Elle n'ose pas, en fait, évoquer cette situation avec ses enfants, de peur de les choquer par une démarche précipitée. La culpabilité étouffe littéralement Hélène, qui éprouve un certain réconfort en exprimant des souhaits à propos de l'emplacement du caveau, mais aussi en imaginant sa vie « après »... La libération des tensions, obtenue à la suite de cet entretien, lui permet de retrouver l'énergie disponible pour demander à l'équipe des infirmières de l'après-midi de la relayer auprès de son mari afin de prendre un peu de temps pour se livrer à des activités personnelles. Elle a également besoin d'obtenir l'assurance qu'à toute heure du jour et de la nuit elle sera prévenue de l'aggravation de l'état de son mari, pour être présente lors de son dernier soupir. Lorsque ce moment arrive, elle est effectivement avertie et établit un relais avec ses enfants pendant quarante-huit heures. Les infirmières et nous-mêmes passons très régulièrement pendant cette longue agonie nous asseoir auprès de la famille pour parler. Avec Hélène, nous parlons auprès de Thomas dans les mêmes conditions que s'il était conscient, mais sans taire la réalité actuelle de l'accompagnement.

À la mort de Thomas, en fin de matinée, on trouve une famille en pleurs, mais relativement sereine au regard de l'épreuve qu'elle vient de subir. La fatigue est intense, l'accablement aussi, lorsque Hélène et ses enfants évoquent leur arrivée dans le service une année auparavant. Le départ de Thomas est cependant assez calme et il est vrai que le travail de deuil a été amorcé depuis longtemps déjà. L'ensemble de la famille prend le temps de faire ses adieux à l'équipe hospitalière et la remercie pour ses soins. Hélène téléphone quelques semaines plus tard pour annoncer le bon déroulement de l'enterrement et son retour à son domicile parisien, après un séjour chez ses enfants. Nous sommes plutôt rassurés, car nous craignions, qu'elle ne choisisse de s'installer à la campagne, près du cimetière, dans une région qu'elle n'avait pas réellement investie, alors que seul son mari y était attaché par ses loisirs. La dépression est toutefois assez intense mais ne conduit pas au repli entrevu, lorsqu'elle avait atteint son acmé pendant l'accompagnement. La culpabilité reste fixée autour des différences de toujours entre les deux époux, Hélène se reprochant, en quelque sorte, de n'avoir jamais vraiment « fusionné » avec Thomas. Cet argument est plutôt de bon pronostic, car la solitude ne sera vraiment vivable pour Hélène qu'avec l'indépendance. Un couple fusionnel présente, en revanche, beaucoup plus de chances de présenter un deuil pathologique lors du décès de l'un des partenaires.

LE DEUIL ET SES SYMPTÔMES

Il est possible de dresser un tableau récapitulant, de façon quasi exhaustive, les différents symptômes rencontrés lors d'un deuil normal. Cette présentation est fondée sur les observations de nombreux auteurs, dont celles de Lindemann qui étudia plusieurs groupes d'endeuillés. Son étude longitudinale la plus connue porte sur un groupe de rescapés et leur famille du grand incendie du Coconut Grove, un dancing réputé de Boston où 491 personnes trouvèrent la mort en 1942. Parmi eux, figurent des jeunes gens traumatisés par l'incendie, gravement brûlés ou ayant perdu un ami ou un parent dans la fournaise. D'autres auteurs ont contribué à l'augmentation de ce tableau dont nous reprenons en partie les thèmes [7].

(W. et M. Stroebe, traduction de l'auteur)

SYMPTÔMES	DESCRIPTIONS
A – Symptômes affectifs	
DÉPRESSION	Sentiments de tristesse, de chagrin. Dysphorie accompagnée de douleur morale. Épisodes de dépression sévère précipités parfois par des événements extérieurs. Désespoir, lamentations prédominent.
ANXIÉTÉ	Peurs, tensions, appréhensions de la « crise de nerfs », de devenir fou, de mourir, d'être incapable de vivre sans le mort, de la solitude, des soucis financiers et autres domaines auparavant tenus par le disparu.
CULPABILITÉ	Auto-accusation et blâme concernant les événements, surtout avant la mort (autoreproche pour n'avoir pas su l'éviter). Culpabilité liée à son comportement avec le partenaire : n'avoir pas su l'aimer, le protéger, prendre différentes décisions...
COLÈRE ET HOSTILITÉ	Irritabilité envers la famille, les amis qui semblent manquer de compréhension et d'appréciation du défunt. Colère envers le destin, le disparu (qui a laissé l'endeuillé seul, sans pourvoir aux conséquences de l'abandon), envers les médecins, les infirmières.
ANHÉDONIE	Perte du plaisir à manger, à avoir des loisirs, aux événements sociaux et familiaux et à toutes les activités auxquelles participait le disparu, sentiment que plus rien n'est agréable sans lui.

7. W. et M. Stroebe (1987), p. 10.

SOLITUDE	Sensation d'être seul même en présence des autres. Sentiment très intense aux moments où l'autre était particulièrement disponible (soirées, week-ends, et pendant les événements qu'il aurait partagés).
B – Manifestations comportementales	
AGITATION	Tension, incapacité à trouver le repos, hyper-activité, recherche active du disparu, versatilité des actions.
FATIGUE	Réduction du niveau général d'activité (parfois interrompue par des crises d'agitation), difficultés d'élocution et de pensée. Lassitude générale.
PLEURS	Pleurs et yeux humides, expression générale de tristesse (regard las, coins de la bouche abaissés).
C – Attitudes envers soi-même, le disparu et l'environnement	
AUTO-REPROCHE	Culpabilité.
MAUVAISE ESTIME DE SOI	Sentiments d'inadéquation, de faute, d'incompétence et de mépris pour soi.
SENTIMENT DE PERTE D'ESPOIR ET D'IMPOSSIBILITÉ À ÊTRE AIDÉ	Pessimisme sur les circonstances actuelles et futures, perte d'objectif dans la vie, désir de mort et de suicide.
PERTE DU SENS DE LA RÉALITÉ	Sentiment de « ne pas être présent » de « regarder les choses de l'extérieur », que les événements arrivent à quelqu'un d'autre que soi.
SUSPICION	Doute quant aux motifs d'aide et de conseil.
PROBLÈMES INTER-PERSONNELS	Difficultés à maintenir les relations sociales, rejet des amis, retrait des fonctions habituelles.

ATTITUDES ENVERS LE DISPARU	Révolte, recherche, lamentations intenses. Imitation du comportement du disparu, poursuite de ses intérêts. Idéalisation du mort : tendance à ignorer ses fautes, à exagérer ses caractéristiques positives. Ambivalence : alternance de sentiments positifs et négatifs envers la personne décédée. Images du disparu : souvent très vivantes, presque hallucinatoires et provoquant la conviction. Préoccupations liées à des souvenirs tristes ou heureux à l'exclusion de tout autre intérêt.
SYMPTÔMES PHYSIQUES D'IDENTIFICATION	Similarité des symptômes apparents avec ceux du disparu, particulièrement de la maladie terminale (ex. : battements de cœur si la mort a été causée par un infarctus), l'endeuillé peut parfois être convaincu d'avoir la même maladie que celui qu'il a perdu.
MODIFICATION DE LA PRISE DES MÉDICAMENTS	Augmentation de l'utilisation des psychotropes (tranquillisants, etc.), de la prise d'alcool, du tabagisme.
FRAGILITÉ PARTICULIÈRE AUX MALADIES	Surtout aux infections liées à une diminution de l'immunité mais aussi aux maladies liées à la diminution du soin de soi (cancers, tuberculose) et aux maladies liées au stress (par ex. affections cardiaques et dermatologiques).
D – Altération cognitive	
RALENTISSEMENT DE LA PENSÉE	Pensée ralentie et mémoire affaiblie. Fatigue.
E – Changements physiologiques et plaintes corporelles	
PERTE DE L'APPÉTIT	(Parfois l'inverse), modification du poids et parfois perte considérable.

TROUBLES DU SOMMEIL	La plupart du temps insomnie, occasionnellement hypersomnie. Troubles du nycthémère.
PERTE D'ÉNERGIE	Fatigue.
PLAINTES CORPORELLES	Maux de tête, du cou, du dos, crampes musculaires, nausées, vomissements, gorge serrée, goût amer dans la bouche, bouche sèche, constipation, brûlures, indigestion, flatulences, vision brouillée, douleur à la miction, respiration coupée, soupirs, sensation de vacuité abdominale, absence de force musculaire, palpitations, tremblements, chute des cheveux.

CHAPITRE III

Complications et aspects psychiatriques du deuil

Freud a ouvert la voie à l'étude de la pathologie du deuil. Il est cependant resté sur le pas de la porte, laissant le champ libre à d'autres psychanalystes comme Abraham, Bowlby, Deutsch ou Hanus, puis à des spécialistes de la psychiatrie sociale. Plus récemment, le deuil a été considéré en fonction de son caractère stressant. Il est devenu le centre d'intérêt de la psychologie expérimentale et de la physiologie.

Il n'existe pas, pour nous, de fossé entre ces types d'approches. Si les interprétations diffèrent, ce n'est pas tant à cause de la nature du changement (stress ou perte d'objet), que de la capacité du sujet à faire face au processus de changement, grâce à la structure de sa personnalité, à son aptitude à la mentalisation et aux apports de son environnement. Rosine Debray rapporte la mentalisation à « la capacité qu'a le sujet de tolérer, voire de traiter ou même de négocier, l'angoisse intrapsychique et les conflits interpersonnels ou intrapsychiques. Il s'agit en définitive, dit-elle, d'apprécier quel type de travail psychique est réalisable face aux angoisses, à la dépression et aux conflits inhérents à la vie »[1]. Confronté au deuil, seule la mentalisation de l'événement permettra au sujet de retrouver son équilibre. Supporter l'angoisse de mort engendrée par la perte, traverser les conflits qu'elle ravive, céder parfois aux

1. R. Debray (1991).

régressions nécessaires pour limiter les tensions, sont les seuls moyens de retrouver, après le choc, toutes ses aptitudes physiques et psychologiques. Cette faculté de réorganisation est cependant moins fréquente qu'il n'y paraît.

La psychopathologie du deuil peut être décrite selon deux axes : les deuils compliqués et les deuils pathologiques. Les deuils compliqués, dont le déroulement est inhabituel, mettent souvent en défaut la chronologie du deuil, mais sans aboutir à une maladie mentale caractérisée. Les deuils proprement « pathologiques » entraînent une modification grave de l'état mental : décompensation d'une personnalité névrotique ou psychotique (deuil psychiatrique), développement d'un comportement dangereux pour le sujet ou pour son entourage.

LES DEUILS COMPLIQUÉS

Le deuil différé

Dans ce cas, la position de déni initial de la réalité de la perte se prolonge dans le temps. Aucun changement n'est perceptible dans le mode de vie de l'endeuillé, qui s'est à peine arrêté de travailler pour enterrer son mort. Il prolonge ainsi sa présence pendant un temps, de façon quasi hallucinatoire, en agissant comme si rien n'avait changé.

Le film *Tumultes*, réalisé en 1990 par Bertrand Van Effenterre, donne un exemple de deuil différé, chez une femme apprenant que son fils est mort subitement. À la grande surprise de ses trois filles, la mère refuse la mort de son fils et agit de façon délirante, comme s'il était toujours vivant. Elle impose son déni au reste de la famille, dans des mises en scène douloureuses : dresser la table comme s'il était encore là, confectionner ses desserts favoris. Ce n'est que lorsque les trois filles parviennent à avouer à la mère que son fils s'est suicidé que celle-ci revient à la réalité. Le rôle potentiellement pathogène de l'ambivalence dans le deuil est clairement désigné dans ce film. La mère n'a jamais accepté que son fils prenne son autonomie et la quitte pour vivre en adulte dans une communauté. Elle a ressenti une forte hostilité à son égard, hostilité déguisée devant ses filles et son mari. Seule l'information du suicide révèle les conflits existant dans cette famille qui avait toujours voulu passer pour un modèle, sans histoires. L'agressivité envers le défunt, une fois identifiée, permet de lever le voile du mensonge et au deuil de s'accomplir.

Le deuil inhibé

Le sujet ne nie pas l'information de la perte, mais refuse les émotions et la douleur qui y sont liées. Ce sont donc les affects, non exprimés pendant un temps plus ou moins long, qui réapparaissent subitement et parfois de façon difficilement compréhensible, à l'occasion d'un rappel conscient ou inconscient de la disparition de l'être aimé. Ils déclenchent alors le processus du deuil.

Nous avons pu recevoir en consultation, lors d'une mission psychothérapique en Arménie après le tremblement de terre de décembre 1988, un enfant qui présentait un deuil inhibé[2]. Arène, âgé de neuf ans, a perdu son père dans l'effondrement partiel de son immeuble à Kirovakan, une des principales villes de l'Arménie soviétique. Alors qu'il était à l'école, vers 11 h 40 du matin, les secousses telluriques ont provoqué en quelques secondes la mort de vingt-cinq mille personnes. Le petit garçon, dans l'indescriptible panique, est sauvé par son instituteur, puis retrouvé par sa mère, rescapée d'une usine proche. Celle-ci apprend très vite, en voulant rentrer chez elle, que son mari, alors en congé à la maison, a péri dans une partie de l'appartement qui n'a pas résisté au choc. Particulièrement déprimée par la nouvelle et bouleversée par l'ensemble des modifications liées au séisme, elle accepte immédiatement de laisser son fils aller dans une « colonie de vacances » à Odessa, sur la mer Noire. Arène y restera quatre mois.

2. Voir notre article (1990).

À son retour, les conditions matérielles difficiles de l'URSS imposent aux habitants l'hébergement dans les bâtiments encore debout. Arène va donc rejoindre sa mère et sa petite sœur dans une minuscule chambre appartenant au groupe d'immeubles où se trouvait leur ancien appartement. Il a alors en permanence sous les yeux son lieu de vie antérieur. L'absence de réactions d'Arène lorsqu'il apprend la nouvelle du décès de son père motive sa mère à consulter l'équipe de l'Institut de Psychosomatique de Paris associée à Médecins du Monde, en août 1989. Depuis son retour, Arène a changé de comportement ; il est irascible, veut tout commander à la maison, s'agite facilement, présente des insomnies la nuit. Lorsque sa mère le conduit au cimetière, Arène semble indifférent à l'égard de son père mort. Il ne pleure pas mais tient un discours rationnel : « Ne t'en fais pas, nous n'avons perdu qu'un membre de notre famille, tu vas retravailler, nous allons nous en sortir... »

Pendant l'entretien, l'enfant se montre peu loquace et n'arrive visiblement pas à canaliser une énergie qui s'exprime par d'incessants mouvements et une grande difficulté à regarder psychologue et traducteur. En revanche, lorsqu'on lui demande de faire un dessin, il se calme et se met à dessiner avec application. Comme il a évoqué tout naturellement sa mère et son père, nous lui proposons de dessiner une famille. Il ne paraît ni surpris, ni troublé. Nous sommes en revanche très étonnés de constater que le dessin est seulement composé d'un immeuble avec de grandes fenêtres, hérissé d'antennes de télévision. Pas un personnage sur le papier... Par transparence, on distingue seulement un bonhomme griffonné derrière le mur d'une cabane contiguë au bâtiment. Nous demandons donc à Arène où a bien pu passer la famille. Il désigne alors une petite fenêtre à gauche de l'immeuble et rétorque : « Ils sont derrière cette fenêtre. » Cette réponse est inhabituelle chez les enfants de cet âge, qui prennent souvent un réel plaisir à satisfaire une demande de dessin, ce dernier étant très investi, grâce à l'école. Le personnage dans la cabane fait aussi l'objet de notre curiosité. Arène hésite puis explique qu'il s'agit de lui, lorsqu'il était petit et jouait dans un appentis. « Et maintenant, tu y joues encore ? – Maintenant c'est fini, je suis grand. » Nous lui demandons alors si depuis la mort de son père il se sent devenu plus grand, à la manière des adultes.

Arène explique qu'en effet sa mère pleure souvent et ne pense ni aux courses ni aux tâches ménagères. Il tente alors de remédier à ce problème. Ses nuits sont véritablement envahies par tous ces soucis. Son anxiété résulte donc de son incapacité à aider sa mère, mais aussi de son impuissance à remplacer son père auprès d'elle. Les désirs œdipiens refoulés normalement durant la période de latence (pendant laquelle l'énergie libidinale, dirigée vers le parent du sexe opposé est détournée en faveur des acquisitions scolaires) ont subitement réapparu, lors du décès du père. Les souhaits latents pour le remplacer sont normaux chez Arène. Ils caractérisent l'ambivalence des relations d'un fils à l'égard de son père : identification pour devenir grand et séduire des femmes de son âge, mais souhait d'élimination du père pour obtenir immédiatement la jouissance de la seule femme jusqu'alors connue, la mère.

Arène a totalement désinvesti l'école et les activités de ses camarades, il reste solitaire ou veille sur sa mère et sa petite sœur. Ses rêves sont encore liés au tremblement de terre et à la réactivation du complexe d'Œdipe, puisqu'il s'y décrit, avec un autre enfant, poursuivi dans l'école par un « grand bonhomme », évoquant sans doute la sanction paternelle. Il parvient toujours à s'échapper, insiste-t-il pour nous rassurer... L'aspect répétitif du rêve d'angoisse révèle, ici, une tentative inconsciente de maîtrise du traumatisme. Par ailleurs, la présence dans ce rêve de deux personnages d'une génération différente montre les difficultés d'identification d'Arène, partagé entre le désir de ressemblance et la peur du grand « bonhomme » et la recherche de soutien dans le partage de l'épreuve avec un de ses pairs. Nous expliquons et nous rassurons Arène au sujet de ses cauchemars. Il nous propose alors le dessin de sa famille. Son plaisir n'a cette fois d'égal que la qualité de sa réalisation. Le père figure en bonne place aux côtés de la mère, tandis que, très nettement, les deux enfants présentent des attributs de leur génération et de leur sexe (un ballon pour le garçon, une poussette pour la fille). Arène a le souci de préciser qu'il s'agit de sa famille « avant ». Le contraste entre les deux dessins est en effet saisissant. Le premier était bicolore, noir et violet (l'immeuble, les fenêtres et les antennes de télévision formaient un ensemble géométrique d'une grande tristesse), le second est un dessin enfantin habituel, coloré et gai.

Plusieurs séances permettront à Arène de regagner sa place au sein de sa famille sans laisser des responsabilités d'un autre âge l'envahir. Elles conduiront à une reprise des investissements scolaires. La maman sera également soutenue alors qu'elle semblait s'engager sur la voie d'un deuil pathologique interagissant avec celui de ses enfants. Au cours de ces séances, le petit garçon se départira de la restriction exagérée de ses émotions, l'anxiété diminuera et le sommeil pourra reprendre ses cycles habituels.

Le deuil chronique

C'est la prolongation du deuil sans fin... Un exemple célèbre de deuil chronique est celui de la reine Victoria d'Angleterre. Pendant toute sa très longue vie, elle porte le deuil du prince Albert. Bien que dépendante affectivement de son mari, elle aime, en même temps, faire état de son pouvoir. Elle idéalise cependant son mari, le parant de toutes les vertus. Toujours vêtue de noir, elle ne se déplace jamais sans la photo du Prince, qu'elle accroche au-dessus de son lit, surmontée d'une couronne d'immortelles. Toute critique négative à l'encontre du « Royal Défunt » prend l'allure d'un blasphème et mène à la disgrâce immédiate... Au-delà de l'aspect théâtral déterminé par l'étiquette, l'agressivité latente nourrie par la reine vis-à-vis de son mari, consort mais également concurrent, est évidente. La culpabilité à son égard et sans doute à l'égard de tous les hommes qu'elle n'aurait, si elle avait accepté un remariage, jamais laissés gouverner avec elle ou à sa place est une hypothèse intéressante. Confortée dans son rôle social de veuve par une société conservatrice et avide de stabilité, Victoria n'a sans doute jamais pu terminer son deuil. Ce qui ne l'a apparemment pas empêchée de dépasser la longévité moyenne de l'époque. Mais avec quelles pertes d'énergie et de temps !

Ces trois types de deuils compliqués se caractérisent par une modification de la durée ou de l'intensité des phénomènes retrouvés dans le deuil normal. Le déni peut se prolonger, comme dans le deuil différé, et aboutir à une position délirante de l'endeuillé. L'ambivalence s'avère également dangereuse puisqu'elle conduit parfois à la fixation du deuil à une étape donnée, ou au suicide, selon son intensité.

L'ambivalence génératrice d'agressivité

L'agressivité et la révolte excessive sont à la mesure de l'ambivalence éprouvée à l'égard du défunt. L'hostilité antérieure au décès prend soudainement la forme d'une culpabilité intense qui peut très longuement « geler » le deuil et aboutir à de graves complications. L'agressivité est, à ce moment, projetée vers l'extérieur, récriminations et critiques s'adressant alors aux proches du défunt.

Les équipes soignantes qui ont accompagné un patient jusqu'à la fin connaissent bien la surprise éprouvée lorsque, à peine remises de cette difficile période de soutien d'un patient, elles sont accusées injustement par la famille. Cette hostilité correspond parfois à la propre ambivalence des soignants, confrontés à un long et douloureux accompagnement. Si ce dernier est considéré comme un échec médical, le patient risque en effet d'être rejeté, pour l'image de « mauvais soins » qu'il renvoie à l'équipe.

L'agressivité s'oriente parfois vers l'endeuillé lui-même, il s'agit alors d'une complication de la phase dépressive du deuil. Cette phase dépressive peut se prolonger dans le temps et se traduire par des actes irréversibles : isolement, perte des repères sociaux, enchaînement des étapes vers la marginalité. La dépression s'exacerbe aussi dans des tentatives de suicide réussies ou un laisser-aller se soldant par des altérations de l'état physique ou des affections somatiques.

Le résultat final des deuils compliqués est donc bien piètre au regard des deuils normaux. La prolongation dans le temps de l'accomplissement du deuil se paye par une désinsertion sociale et un coût sur le plan de la qualité de vie. L'endeuillé ne retrouve jamais son niveau de fonctionnement mental et physique antérieur. Aucun enrichissement ne semble résulter de cette période difficile qui aurait dû aboutir normalement à une relative maturation du sujet.

La prévention des deuils compliqués

Les deuils compliqués peuvent être évités si l'on prend en compte les facteurs favorisants suivants :

– la nature du lien qui unissait l'endeuillé à l'objet aimé : le deuil est d'autant plus difficile qu'il frappe un objet œdipien, mère ou fille pour un homme, père ou fils pour une femme ;

– l'âge du défunt : le deuil est plus douloureux si le défunt était jeune. Le jeune âge semble favoriser la culpabilité, le sentiment d'injustice et d'anomalie ;

– les circonstances de la perte : plus la perte est inattendue, plus le deuil risque de se compliquer.

LES DEUILS PSYCHIATRIQUES

Les deuils psychiatriques rejoignent la pathologie mentale habituelle. La plupart des auteurs remarquent la prédisposition des personnalités de type narcissique aux deuils compliqués et pathologiques. Celles-ci sont particulièrement sensibles à la perte de leurs objets d'amour et réagissent fréquemment par une dépression. Cependant, les patients qui présentent un deuil psychiatrique n'ont, jusque-là, jamais montré de troubles. Le deuil vient donc constituer un mode d'entrée dans la maladie, une décompensation de leur équilibre, selon la structure de leur personnalité antérieure.

Le deuil mélancolique

Freud pensait que la différence essentielle entre deuil et mélancolie résidait dans la dévalorisation du moi qui est extrême dans la mélancolie. Les auteurs les plus récents ont nuancé cette position pour attester de la présence d'une relative culpabilité dans le deuil normal. En revanche, le conflit lié à l'ambivalence semble présider véritablement à l'entrée dans la mélancolie.

Le deuil mélancolique correspond bien, comme son nom l'indique, à un accès mélancolique : il survient à la suite d'une perte chez un sujet auparavant indemne de toute manifestation cyclique habituelle de la psychose maniaco-dépressive. L'ambivalence, c'est-à-dire la présence simultanée de sentiments d'amour et de haine, provoque des désirs inconscients de mort de l'objet d'amour. Elle entraîne une idéalisation du disparu d'une part et, d'autre part, des reproches agressifs envers soi. Le suicide devient alors l'unique solution pour celui dont le narcissisme est attaqué, la perte de l'objet renvoyant à la perte du moi. L'endeuillé mélancolique estime que, si l'objet l'a quitté, c'est que lui-même n'était pas suffisamment bon pour le retenir et l'aimer. Deuil et mélancolie se rejoignent ici pour aboutir au même résultat. Le deuil de l'objet ne constitue en fait que le catalyseur d'une décompensation mélancolique latente.

Le deuil maniaque

Un accès maniaque lors d'un deuil est relativement rare. Il s'agit d'un état d'excitation psychique et motrice, d'exaltation de l'humeur et d'euphorie morbide, alternant souvent avec des épisodes de dépression, voire de mélancolie. Le deuil maniaque présente certaines différences avec un épisode typique de manie car il existe un temps de latence entre la perte et la réaction maniaque. La perte est souvent déniée, et la cessation de l'accès est rapide. Il aboutit toujours à un état mélancolique car l'inversion de l'humeur est systématique et rapide.

Le deuil maniaque consiste à nier les liens qui unissaient le sujet à l'objet. Cette négation verse fréquemment dans l'hostilité et dans l'agressivité. C'est pourquoi, lorsque la réalité ne peut plus être niée, l'accès maniaque se transforme en dépression grave.

Hystérie du deuil

La réalité du deuil est une incursion brutale dans l'activité fantasmatique habituelle de l'hystérique, en révélant crûment la disparition de l'objet d'amour. Le déni n'étant pas son processus privilégié, l'hystérique va conserver et « cultiver » la représentation du défunt dans son imaginaire. Souvenirs, fantasmes et rêves maintiennent la présence fictive du disparu et l'hystérique tente, par le moyen de l'identification, d'intérioriser son objet. L'identification au défunt englobe aussi bien ses particularités physiques, ses comportements ou les symptômes précédant sa mort. L'hystérique, en s'appropriant les symptômes de la maladie de l'objet perdu, réalise ainsi une sorte de conversion. Il s'agit le plus souvent de symptômes somatiques ayant une signification symbolique pour le sujet.

Le compromis à l'origine de ces manifestations consiste à s'identifier au disparu en revivant sa maladie. Mais l'agressivité plus ou moins consciente à son égard appelle une culpabilité croissante entraînant une punition qui peut aller parfois jusqu'au suicide. Toutefois, les phénomènes d'identification sont très courants chez les endeuillés, sans pour autant déboucher sur une décompensation sur le mode hystérique. Les symptômes corporels les plus fréquents sont les anomalies du rythme cardiaque lorsque le défunt est mort d'un infarctus, les paralysies lorsqu'il a été atteint d'une hémiplégie et surtout les douleurs qui rappellent les localisations de la maladie du disparu. Le suicide tentera ceux ou celles pour qui le sentiment d'abandon est insupportable, tandis que tout deuil réactive, pour ces derniers, le premier échec affectif : celui de l'amour œdipien. Pour Michel Hanus, l'hystérie est en effet, en elle-même, un « deuil œdipien pathologique[3] ». Le premier amour perdu de l'hystérique serait cruellement rappelé à chaque nouvel échec amoureux. À fortiori, chaque deuil déclencherait à nouveau la dépression ou les symptômes censés prendre sa place.

Ariane est une femme de soixante-dix ans, hospitalisée pour des troubles cardiaques. Une insuffisance coronarienne s'est récemment aggravée et elle se trouve en pleurs sur son lit, émergeant à peine derrière un écran signalant la moindre anomalie du rythme de son cœur. Les pleurs augmentent lorsqu'elle évoque son angoisse d'être dans cette chambre, tandis que son mari se meurt, dans un autre hôpital. Le mari d'Ariane est atteint d'un cancer au stade terminal et d'une maladie neurologique. Il est hospitalisé en permanence depuis plus de six mois en raison de troubles graves de l'orientation. Ariane a perdu son père lorsqu'elle avait cinq ans et s'en souvient comme d'un homme d'une grande beauté, « que tout le monde aimait ». Elle s'est mariée très jeune, à seize ans, à l'aube de la guerre. Hélas, son mari, mobilisé immédiatement, a disparu, tué « bêtement », dans un accident à l'arrière du front.

Le deuil semble avoir littéralement sidéré Ariane qui a profité de l'exode pour fuir au hasard, « dans une totale inconscience ». Elle sembla alors présenter une dépression masquée, non seulement parce que les symptômes affectifs étaient relégués au second plan, mais aussi parce que les événements de la guerre se superposaient aux difficultés

3. M. Hanus (1976).

individuelles, tout en les minimisant. Par ailleurs, les privations et la passivité dues à l'occupation allemande avaient, pour elle, des conséquences similaires à l'anorexie et à l'inhibition déclenchées par sa dépression. Ariane développa alors une grave affection respiratoire et passa plusieurs mois dans un sanatorium. Elle semble avoir perdu ses relations familiales et n'a plus aucun investissement sur le plan intellectuel.

À l'occasion de l'un de ces séjours dans une institution médicale, elle a tout de même rencontré un homme beaucoup plus âgé qu'elle, lui proposant le mariage peu de temps après. Sa seconde union a cependant été relativement heureuse. Elle a eu trois enfants, bien que les relations sexuelles avec son mari aient rapidement été abandonnées en raison de l'impuissance de ce dernier. Elle justifie donc la présence d'un amant avec une certaine philosophie (« après tous ces malheurs... ») tout en avouant avec un peu de coquetterie : « Je ne veux pas que vous me croyiez trop innocente... » Elle est en effet extrêmement attachée à son vieux mari, qui, à la manière d'un père, reste bienveillant à l'égard de sa jeune épouse. Elle se montre, par contre, beaucoup moins tolérante à l'égard de l'un de ses fils et n'accepte qu'avec difficulté sa future belle-fille.

Ariane évoque son passé lors des entretiens proposés pour évaluer et améliorer son état dépressif. Sa propre hospitalisation s'étant rapidement terminée, elle tente quotidiennement d'améliorer l'ordinaire de son mari, placé dans un établissement de long séjour. La situation est cependant loin d'être simple : la culpabilité est intense à l'égard de son mari, puisqu'elle et son amant ont désormais la voie libre. D'autre part, avec la mort attendue de son conjoint ou, pour le moment, son agonie, elle revit la perte initiale de son père, pendant l'enfance, puis de son premier mari à la fin de l'adolescence. Plusieurs séances semblent cependant efficaces et permettent à Ariane de partir en vacances dans un meilleur état psychologique. À son retour, elle téléphone pour dire que tout va bien et qu'elle ne voit pas la raison de poursuivre les entretiens.

Mais quelques mois plus tard, le médecin qui la reçoit lui conseille un nouvel entretien psychologique.

Elle se trouve en effet dans un état déplorable. Son mari est mort après une chute et elle présente une dépression profonde : modifications considérables de son état physique, pleurs permanents. Elle se dit « obsédée » par les images de son mari mourant. Poursuivie dans ses rêves par son mari, elle reste de glace face à son ami qui l'a pourtant soutenue, même dans les plus durs moments.

Les analogies avec la perte précoce de son père, puis avec celle de son premier amour sont relativement aisées, en revanche elle ne peut s'empêcher de fondre en larmes lorsqu'elle évoque les difficultés conjugales de ses enfants. Pendant une année, chaque événement douloureux réactive le premier deuil non fait. Elle oscille entre l'angoisse de présenter les mêmes symptômes que ceux de son mari et la culpabilité exagérée, toujours traitée avec une relative complaisance, au sujet de sa « double vie » amoureuse.

La double vie est en effet celle que toute petite fille croit mener avec son père lorsque, le complexe d'Œdipe n'étant pas encore résolu, il laisse le champ libre aux fantasmes de séduction. La petite fille, par ses manœuvres charmeuses, peut donc croire, parfois à bon escient, à la complicité du père face à la rivalité avec la mère. Ariane, dont le développement libidinal est resté fixé à ce stade, n'est jamais parvenue, après la mort de son père, à mener à bien les autres pertes qui lui rappelaient sans cesse son premier deuil œdipien.

L'élaboration de ce deuil princeps n'est pas possible, pendant le temps, trop court, de la prise en charge thérapeutique. L'état psychologique d'Ariane s'est pourtant considérablement amélioré au fil des séances, et s'accompagne de la mise en sourdine de l'état dépressif directement lié au deuil. La reprise de relations socialement reconnues avec son amant (plus que réellement effectives sur le plan sexuel) est perçue par la patiente comme le témoignage d'une amélioration concluante. Son nouveau mode de vie de type conjugal lui semble un rempart suffisamment efficace contre le retour de la dépression, aussi décide-t-elle d'arrêter le travail psychothérapique, non sans envoyer à plusieurs reprises de longues lettres justifiant d'un bien-être dont elle-même semble encore douter.

Le deuil obsessionnel

Chez le névrosé obsessionnel, le développement psychique reste fixé au stade anal. Le stade anal suit, selon Freud, le stade oral, dans l'évolution libidinale. Il se situe approximativement entre deux et quatre ans et va donner ses traits principaux à la personnalité obsessionnelle. Ordre, parcimonie, entêtement caractérisent un sujet qui tente en permanence de dominer son agressivité au moyen de rituels imposés par un surmoi sévère. Le surmoi est une instance de la personnalité décrite par Freud, qui joue le rôle de censeur ou de juge à l'égard du moi. Il correspond à l'intériorisation des exigences et des interdits parentaux.

Le refoulement des pulsions est en effet insuffisant chez l'obsessionnel. La réalité, lorsqu'elle impose la mort de l'objet aimé, réactive aussitôt les désirs agressifs émis à son encontre. L'ambivalence à laquelle est soumis l'obsessionnel entraîne une forte culpabilité car ses désirs de mort se heurtent finalement à la réalisation de celle-ci. Une dépression grave prolonge donc le temps du deuil par rapport à la normale. De plus, l'identification au défunt déclenche des désirs de mort envers lui-même et l'endeuillé obsessionnel est envahi par des reproches permanents, parfois invalidants.

L'apathie de l'obsessionnel a souvent pour conséquence un laisser-aller morbide qui mène à la dégradation progressive de l'individu. L'agressivité retournée contre soi est littéralement distillée, à cause de l'épuisement psychique qui ralentit profondément le sujet. Elle empêche, mais seulement pour un temps, un passage à l'acte suicidaire. Cependant, les conséquences n'en sont pas moins graves, qu'elles aboutissent à la mort ou à un lent repli sur soi, dans la douleur des regrets et les reproches permanents.

Attachement à l'objet et tolérance à la perte

Les différentes caractéristiques des deuils pathologiques ne constituent, en fait, qu'une accentuation des phénomènes normalement rencontrés lors d'une perte d'objet d'amour. Déni et dénégation de la réalité, ambivalence, agressivité et culpabilité se retrouvent sur un axe continu, du deuil normal au deuil morbide. Ce qui transforme ces réactions en perturbations graves du deuil découle aussi de la personnalité des individus qui en sont les victimes. Ainsi les circonstances dans lesquelles le deuil s'est produit, aussi dramatiques soient-elles, ne l'aggravent pas en proportion, comme on pourrait le supposer.

C'est donc au niveau même de la constitution de la personnalité que se situent les facteurs prédisposants de la pathologie du deuil. Ces précurseurs se développent à partir du type de relation que noue le sujet avec ses objets d'amour. La relation d'objet traduit les rapports du moi avec le monde extérieur en termes d'investissement libidinal. Elle se construit sur le modèle de la première relation avec la mère ou son substitut. Dynamique, la relation d'objet devrait, idéalement, être assez souple pour varier selon les situations internes et externes, régressant ou progressant tour à tour, en fonction des circonstances.

Au cours du développement libidinal de l'individu, se différencient, selon Freud, les stades « oral », « anal », « phallique » et « génital ». Les deux premiers président aux relations prégénitales, tandis que le troisième permet, selon les auteurs, le dépassement du complexe de castration qui aboutira au déclin du complexe d'Œdipe, avec le stade génital. Comme l'indique leur constitution antérieure dans la psychogenèse, les relations d'objet uniquement d'ordre prégénital sont établies par des sujets qui ne peuvent aménager souplement leurs pulsions. Ils répondent donc aux frustrations de la réalité quotidienne par des mécanismes de défense de type primaire, caractéristiques des phases orale et anale (déni, clivage, projection). Seul l'attachement solide à un objet, leur renvoyant une bonne image, leur permet un fonctionnement compatible avec leur environnement, au prix toutefois d'une dépense d'énergie psychique considérable en répression d'affects et d'émotions. Ces personnalités vont donc réagir au deuil par une inhibition totale, un refus de la réalité, ou enfin une hostilité intense à l'encontre de leur entourage et d'elles-mêmes. Dans ces conditions, la défaillance, ou pire, la disparition de l'objet, déclenche une « rupture d'équilibre » au sein de la personnalité du sujet.

La relation d'objet prégénitale est fondamentalement narcissique et, par là même, immature : son assise se fonde à partir d'un « autre » structurant. Cet autre n'est pas souvent très différent du premier objet d'amour du sujet, ce qui entraîne dès lors un investissement total de la libido sur lui. La comparaison est immédiate avec l'éprouvé du petit enfant qui croit sa mère dans une entière disponibilité à son égard. Seul un long apprentissage permettra le développement de son autonomie future. Pour les personnalités narcissiques, l'autonomie affective est un leurre et la difficulté de modifier leur dépendance initiale va engendrer une dépression profonde, témoin de leur perte d'étayage.

Les pertes précoces prédisposent au deuil pathologique

Les personnalités narcissiques, confrontées au deuil, risquent une réaction morbide : dépression grave, décompensation somatique ou comportementale [4]. Plusieurs études corroborent ces hypothèses en montrant que les pertes précoces, et en particulier le décès de l'un des parents avant l'âge de onze ans, ont pour conséquence une vulnérabilité particulière à la dépression [5]. Une perte précoce, surtout celle d'un parent, peut « fixer » le sujet à un stade où une relation d'objet génitalisée ne s'est pas encore éla-

4. J. Bergeret (1974).
5. G.W. Brown et T. Harris (1978).

borée. Elle occasionnera alors une réaction dépressive à chaque nouveau deuil. Sethi remarquait ainsi, en 1964, que 62 % des déprimés hospitalisés dans son service avaient vécu au moins une perte dans les six mois précédant le début de leurs troubles.

Cette perte rappelait-elle un traumatisme initial ? Le deuil semble de toute façon un facteur non négligeable dans la décompensation dépressive morbide. Ce n'est donc pas tant la régression provoquée par le traumatisme qui complique le deuil ou le rend pathologique que le degré de fixation aux premiers stades du développement de la personnalité. Le deuil est une séparation qui réactive toutes les pertes antérieures, son bon déroulement dépend de la façon dont elles ont pu être vécues, tolérées et intégrées.

CHAPITRE IV

Les risques du deuil

La pathologie du deuil est multifactorielle

Aux variables physiques (sexe, âge, santé) s'ajoutent les variables socio-culturelles (statut socio-professionnel, religion, soutien familial) et les variables psychologiques (personnalité, relations avec le disparu). La qualité de la résolution du deuil dépend de l'interaction de tous ces éléments.

La tendance actuelle de la médecine réside principalement dans la définition de groupes à risque pour une maladie donnée. Historiquement, l'étude des facteurs de risque du deuil prend place dans un ensemble de recherches portant sur les effets du stress et ses conséquences sur la santé. La notion de stress est issue de la psychologie expérimentale. Le stress mesurait, au départ, la valeur adaptative des modifications physiologiques entraînées par une agression d'origine interne ou externe, venant perturber l'équilibre homéostatique d'un sujet. Depuis, le mot « stress » a été élargi aux agressions de tous ordres frappant l'individu. Le deuil étant la réponse la plus commune au stress majeur que constitue la mort d'un être cher, il est donc logique, pour certains auteurs, de voir dans cet état affectif un modèle d'adaptation à la perte.

Les débuts de la médecine sont ponctués d'observations comme celle de Galien qui, déjà, mentionnait qu'une femme, mélancolique à la mort de son mari, avait développé un cancer... Cette hypothèse est encore loin d'être vérifiée, mais, outre les affections cardio-vasculaires et les autres maladies dites « psychosomatiques », nombreux sont les chercheurs qui ont tenté d'établir un lien entre événements stressants et cancérogenèse. Parmi eux, Ronald Grossarth-Maticek et ses collaborateurs (1982) montrent qu'au-delà du stress certains traits de personnalité entrent également en ligne de compte dans le déclenchement potentiel d'une maladie.

Deux importantes études prospectives réalisées en Yougoslavie et en Allemagne sur un millier de sujets environ soulignent, au moyen d'une analyse multifactorielle, la corrélation de trois facteurs psychologiques avec l'incidence de différentes affections cancéreuses. Les sujets qui présentent un cancer dix années après le début de l'étude sont ceux qui se caractérisaient, lors des interviews initiales, par un sentiment permanent de « perte d'espoir » issu d'un nombre important d'événements stressants vécus. La répression chronique de leurs émotions, c'est-à-dire le blocage des expressions, des sentiments et des désirs, est, pour nos auteurs, corrélée à l'apparition des cancers. Cette étude spectaculaire va donner lieu à de nombreuses tentatives pour retrouver ces résultats.

C'est à ce moment que l'événement stressant « perte du conjoint » sera choisi pour l'étude de ses conséquences. Le deuil va donc désormais figurer, dans certaines études, au même niveau que d'autres événements de vie comme le chômage, le handicap ou la prison. Il reste cependant considéré comme celui qui produit le stress le plus important, susceptible de donner lieu au débordement des capacités habituelles du sujet à « faire face » aux difficultés. Dans ces conditions, l'hypothèse selon laquelle le soutien social constituerait un véritable « tampon » (ce terme, assez inélégant, est la traduction de l'anglais *buffer*) va être développée, mais testée malaisément. En effet, les conséquences négatives du veuvage peuvent à la fois provenir des modifications psychologiques qui suivent la perte, mais aussi de la destruction du réseau social établi et conservé jusqu'alors grâce au rôle actif du conjoint.

Perte d'un proche : un des événements les plus stressants

La perte d'un être cher, en particulier d'un conjoint ou d'un enfant, a été évaluée, en moyenne, comme l'événement générateur du plus grand stress pour l'individu [1]. En 1983, S.J. Schleifer montre, après quatorze mois d'observation, que les réponses immunitaires d'hommes dont les femmes sont atteintes d'un cancer du sein en phase terminale sont nettement abaissées. En 1984, David R. Jones et Peter O. Goldblatt rapportent les conclusions d'une étude longitudinale effectuée sur cinq mille veuves de moins de soixante ans. Elles ont été sélectionnées lors d'un recensement en Grande-Bretagne (1 % de la population a fait l'objet de cette grande recherche épidémiologique).

Ces auteurs trouvent une légère augmentation des cancers après la mort du conjoint, mais celle-ci n'est pas significative. En revanche, ils notent une différence substantielle entre le taux de mortalité des femmes dont le partenaire est mort d'une façon inattendue (accidents, maladies aiguës) en comparaison de celles qui conservent leur conjoint. On note également des décès plus importants chez les femmes dont le conjoint s'est éteint à la suite d'une maladie chronique que chez celles qui n'ont pas perdu le leur. Les auteurs de cette étude concluent, malgré tout, que l'enregistrement des cancers après la mort d'un conjoint n'est que très peu augmenté, si on le compare à celui des femmes qui n'ont pas subi de perte.

L'ensemble de ces résultats nous laisse, au total, sur notre faim... Il semble que le deuil, au même titre que tous les événements stressants, soit à l'origine de modifications organiques, dont certaines touchent le système immunitaire. Mais comment ces altérations provoquent-elles des maladies ? Aucune réponse directe n'est encore formulée à ce sujet. Certaines agressions produisent des réponses immuno-suppressives qui diminueraient nos défenses face

1. T.H. Holmes et R.H. Rahe (1967).

aux agressions internes ou externes. Mais ces mêmes stress, par l'intermédiaire des glucocorticoïdes par exemple, modulent aussi les processus psychiques, et, par là même, les comportements. Ce sont peut-être ces modifications qui sont repérées chez les sujets stressés observés dans les recherches précitées. Aussi, à défaut d'explication causaliste sûre, insistons sur les résultats cliniques. Le psychisme se développe sur un substrat biologique et n'existe pas sans ces bases organiques. Cependant, la souffrance morale exprimée par l'individu ne disparaît pas pour autant qu'elle trouve une explication rationnelle.

Jusqu'à présent, les pratiques sociales du deuil ou les actuelles propositions de soutien psychothérapique permettent l'expression de cette souffrance, par le biais de la verbalisation des émotions. Mais les modalités d'action du soutien psychologique des endeuillés sont encore mal connues. Qu'il agisse directement en palliant la dépression immunitaire liée au stress ou qu'il développe chez le sujet des comportements améliorant son état de santé, le soutien psychologique et social a des effets indubitables. Ses résultats, bien que difficiles à tester, en raison des multiples variables impliquées, sont cependant confirmés par la plupart des études qui vont suivre.

LES VARIABLES PHYSIQUES

Les différences liées au sexe

De nos jours, dans les populations occidentales, les hommes présentent un taux de mortalité supérieur à celui des femmes du même âge. Les raisons de cette mortalité surnuméraire sont liées aux comportements masculins (alcoolisme, tabagisme, accidents), mais elles sont aussi biologiques. Ainsi, la mortalité périnatale est plus élevée chez les garçons. Plusieurs études longitudinales font part d'une plus grande morbidité chez les veufs que chez les veuves. En revanche, si les femmes mariées sont plus déprimées que les hommes mariés, les veufs présentent les signes de dépression les plus intenses mais les plus tardifs. Cette différence se développe avec le temps : deux mois après le deuil, on ne trouve pas de différence entre les sexes. Mais deux à quatre ans après la perte du conjoint, les veufs non remariés sont plus déprimés que les femmes dont le statut marital est le même [2].

a) Solitude des hommes, recours au réseau social pour les femmes

L'explication de ces résultats réside, à nos yeux, dans l'utilisation, par les femmes, de leur environnement social comme soutien. Les hommes manqueraient essentiellement de cet « effet tampon », efficace pour la résolution du deuil. Lorsqu'ils vivent en couple, les hommes voient généralement en leur femme le seul « vecteur » destiné à recevoir leurs émotions. Les femmes se confient beaucoup plus à leurs proches. La perte de l'unique moyen d'extériorisation affectif constituerait alors une carence préjudiciable à l'état de santé global des veufs. Cela explique aussi pourquoi les femmes, s'estimant plus déprimées et habituées à exposer leurs difficultés à leur entourage, consultent plus de médecins que les hommes.

b) Plus de plaintes chez les femmes, mais moins de risques

Les conséquences du deuil sur la santé sont étudiées depuis fort longtemps. Le syndrome du *broken heart*, du « cœur brisé », est bien connu. Le deuil a toujours été redouté, parce qu'il provoquait, au sens propre du terme, une augmentation des maladies coronariennes, des accidents ischémiques et, plus globalement, une pathologie cardio-vasculaire [3]. Cette surmortalité n'est toutefois établie que chez les veufs, et surtout chez ceux qui ne se remarient pas [4]. Ne retrouve-t-on pas alors notre double interprétation ?

---

2. I. Glick *et al.* (1974).
3. C.M. Parkes (1985).
4. M.P. Rogers (1988).

La première, plus psychologique, montre la capacité du sujet à terminer son travail de deuil en trouvant de nouveaux investissements libidinaux. La seconde, plus « psychosociale », privilégie le bon fonctionnement du réseau familial et amical autour de la veuve, alors que le veuf reste plus isolé. Ces deux types de réactions joueraient un rôle protecteur, non seulement de l'équilibre psychique, mais aussi de la santé du sujet. Mais qu'en est-il de la différence des sexes dans ce secteur ?

Culturellement et physiquement, les souffrances féminines ont toujours été mieux tolérées (accouchement, suivi gynécologique) par l'ensemble de la société. Le suivi médical des femmes est, de nos jours, plus régulier et elles ont toujours pu exprimer facilement leurs états d'âme à leur entourage. On peut donc remettre en cause, dans les résultats, le fait que la multiplication des consultations se traduise obligatoirement par un nombre de maladies plus élevé. Il traduit peut-être une moins grande culpabilité à émettre une plainte. Ce mécanisme est également invoqué par les épidémiologistes pour expliquer le nombre deux fois plus important de consultations pour « dépression » par les femmes, en comparaison avec les chiffres masculins. Il existerait donc une meilleure tolérance sociale à la dépression féminine, alors que la virilité semblerait incompatible avec toute baisse de tonus... Par ailleurs, la plupart des études effectuées comparent des veufs ou des veuves, non par rapport à d'autres veufs ou d'autres veuves, mais par rapport à des hommes ou des femmes mariés.

Les veufs semblent ainsi plus déprimés et présentent plus de troubles somatiques que les hommes mariés correspondants, tandis que la différence entre veuves et femmes mariées est moins importante. Les veufs attentent plus à leurs jours que les hommes mariés alors que, si les femmes présentent plus de tentatives de suicide, les veuves, proportionnellement, passent moins fréquemment à l'acte. Ici encore, la place de l'environnement social est certainement discriminante : si la comparaison portait sur deux groupes de veufs et de veuves ayant recours à leur cercle familial et social dans des conditions similaires, la variable sexe verrait son importance diminuer.

Un psychologue norvégien, Atle Dyregrov, confirme non seulement cette différence entre les sexes, mais montre que les variations dans l'expression des émotions résultent de l'éducation très dissemblable des petites filles et des petits garçons. À cette occasion, soulignons que dans les pays scandinaves le deuil ne fait pas l'objet d'un tabou comme en France. Nous allons voir, avec l'expérience suivante, que les interventions de spécialistes ne sont pas rares, dans le cadre de traumatismes collectifs.

Un meurtre a lieu dans une petite communauté rurale et la perturbe fortement. Un jeune garçon de vingt ans, présentant vraisemblablement une schizophrénie, tue successivement son père, sa mère, sa sœur et le fiancé de celle-ci, lors d'un épisode délirant. Or la mère du jeune homme est également enseignante dans l'école du village. Devant le choc affectif général, l'école contacte le service psychiatrique du secteur. Un psychologue est d'abord sollicité pour prodiguer des conseils pratiques aux professeurs, qui ne savent comment rassurer les élèves bouleversés. Ils le sont d'autant plus que certains présentent une « double » relation avec le meurtrier. Le jeune homme était en effet leur camarade de classe, mais sa mère assassinée leur donnait également un enseignement.

Un mois après l'événement, le psychologue administre un petit questionnaire aux jeunes de l'école, dans lequel il leur demande, de raconter leurs premières réactions après la nouvelle. Parmi les trente-trois garçons et trente filles, 80 % décrivent une réaction de choc. « J'ai demandé qui ? Je n'arrivais pas à comprendre. Je restais là, debout près du téléphone et c'était terrible. Tout cela ne me paraissait pas réel. Je n'y croyais pas. Je ne savais pas si je devais rire ou pleurer. Je tenais le récepteur dans ma main en disant : Non, non, non... Je ne savais même pas ce que je disais. J'étais choquée, tout me semblait hors de la réalité comme dans les films et très loin de nous. C'était terrible... » La réponse de cette jeune fille en dit long sur le traumatisme subi. Cependant, tous les élèves indiquent que les funérailles les ont aidés à accepter la réalité des meurtres. La plupart avouent qu'à cette occasion ils ont perdu leur illusion d'invulnérabilité. Certains sont même inquiets pour eux et pour leur famille.

Les différences obtenues entre les réponses des garçons et des filles sont très significatives. Toutes les filles évoquent leurs pleurs et leur tristesse, elles manquent d'énergie et préfèrent ne pas rester seules. La description de leur état est bien plus riche que celle des garçons, puisqu'elles utilisent, en moyenne, quarante-deux mots contre dix-huit chez les garçons, pour formuler leur réponse. Les garçons de la classe dont l'institutrice a été tuée produisent les réponses les plus courtes... Néanmoins, ils figurent certainement parmi les plus traumatisés, car l'identification au meurtrier est plus facile. Les projections agressives, bien normales envers leur professeur, entraînent ici une culpabilité, responsable sans doute du silence des élèves. Toutes les filles disent pouvoir compter sur un ami, à qui elles confient leur tristesse, alors que seuls 40 % des garçons ont le même type de soutien. Les filles parlent de la tuerie principalement avec leurs parents, tandis qu'un tiers des garçons seulement en fait autant.

Ainsi, filles et garçons diffèrent très nettement dans l'expression de leurs émotions, et cela, dès leur plus jeune âge. L'éducation, les jeux des enfants, sont peut-être en cause dans cette distinction. Les filles jouent souvent dans des petits groupes où elles reproduisent les relations familiales (jeu de l'école, de la poupée, du médecin). Elles discutent ainsi beaucoup entre elles. Les garçons, adeptes des sports d'équipe, extériorisent plus leur besoin de mouvements physiques et déchargent leurs tensions au moyen d'un langage codé parfois réducteur. La puissance est en effet attribuée à celui qui surmontera le mieux ses émotions pour « être un dur », le modèle viril passant plus par la force musculaire que par la domination verbale.

Cependant, la valeur de l'expression ou de la suppression des émotions est-elle la même pour les deux sexes ? Seule l'analyse longitudinale des conséquences du traumatisme sur le groupe peut fournir des éléments de réponse.

Il est enrichissant de constater concrètement comment diffèrent les réactions au traumatisme et les mécanismes pour s'en défendre, que l'on soit fille ou garçon. Si les femmes subissant un deuil semblent présenter plus fréquemment de plaintes que les hommes, cela n'implique donc pas de plus grands risques. Au contraire. Les hommes utilisent beaucoup moins, et cela dès l'enfance, leur réseau social (familial ou sanitaire) pour faire face aux difficultés du deuil. La plupart des études citées portent sur des personnes confrontées à la perte de leur conjoint. Celles portant sur la perte d'un enfant, exposées plus loin, ne montrent pas de différence significative entre les sexes, sauf chez les mères veuves ou divorcées, qui présentent un score de mortalité plus élevé. La variable sexe semble donc difficile à isoler en tant que lien de causalité unique, mais constitue un facteur de risque lorsqu'elle est combinée à l'isolement social.

Le rôle de l'âge

L'association classique entre âge, morbidité et mortalité est bien connue. Mais la relation entre le deuil, les pathologies mentales, comportementales et somatiques est plus difficile à établir. Certains travaux présentent une méthodologie peu rigoureuse (absence de groupes témoins, observations cliniques peu nombreuses), mais permettent des réflexions originales. D'autres soulèvent des hypothèses intéressantes mais impossibles à tester, tant l'intrication entre les facteurs est complexe à démêler. Ainsi, les différences entre les endeuillés âgés et jeunes doivent toujours être rapportées à leur génération et à leur culture. Les milieux ruraux, par exemple, considèrent la mort et le deuil d'une façon parfois opposée aux jeunes citadins isolés, sans médecin attitré et coupés de leur milieu familial. L'événement « deuil », lui-même, est beaucoup moins « attendu » par un jeune marié que la perte de son conjoint par une femme de quatre-vingts ans. Jeunes veufs et veuves manifestent donc une réaction de deuil plus intense que les plus âgés.

a) Réactions immédiates chez les jeunes endeuillés

Sanders, en 1981, compare des époux endeuillés deux mois après la mort de leur conjoint, puis de dix-huit à vingt-quatre mois après leur deuil. Vingt et une personnes sont âgées de plus de soixante-cinq ans tandis que vingt-quatre autres ont moins de soixante-trois ans. Deux mois après le deuil, les jeunes présentent une symptomatologie post-deuil paroxystique, avec de nombreuses manifestations de culpabilité suivant un véritable choc émotionnel. Une angoisse importante aboutit parfois même à un état de confusion. Dix-huit mois plus tard cependant, ces réactions se sont relativement amendées et une possibilité de réadaptation voit le jour.

Pour les endeuillés les plus âgés, le déni semble donc plutôt l'emporter dans un premier temps, tandis que la perte de tonus et l'inhibition aboutissent au retrait et à l'arrêt des activités sociales. Les réactions exacerbées chez les jeunes sont bien retrouvées chez les plus âgés mais beaucoup plus tardivement, dix-huit à vingt-quatre mois après le deuil. Ainsi, ce que l'on peut prendre pour un « bon ajustement » au deuil des personnes âgées n'est peut-être qu'une illusion. Ces dernières présentent, en fait, une symptomatologie évoluant à bas bruit et visiblement masquée par le déni. Les jeunes, en revanche, montrent des signes de deuil plus spectaculaires. Ces symptômes touchent la sphère mentale : les jeunes ont alors recours à une importante médicalisation, comportant essentiellement des sédatifs et des antidépresseurs.

b) Réactions moins intenses, mais tardives, chez les endeuillés plus âgés

Les plus âgés répriment sans doute mieux leurs émotions dans un premier temps. Ils restent pourtant fragiles et présenteraient alors, selon Parkes (1975), des troubles physiques. Mais ces troubles ne sont-ils pas liés aux pathologies normales du vieillissement ? Cette analyse incite plutôt à une grande vigilance, en cas d'absence manifeste de difficultés chez les endeuillés âgés dont les affects restent souvent discrets. Les jeunes endeuillés risquent, en revanche, de réagir très douloureusement à une perte dont l'impact est d'autant plus éprouvant que l'événement est peu attendu. Ils doivent être plus particulièrement aidés dans cette situation qui peut, par ailleurs, bien se résoudre.

L'impact de la santé

Une mauvaise santé peut-elle contribuer à engendrer un deuil pathologique ? La proposition inverse a montré que le deuil pouvait entraîner une baisse des préoccupations concernant la santé et donc une augmentation des maladies. Le statut sanitaire étant lié au niveau socio-culturel, l'impact d'une santé déjà vacillante sur le deuil est trop complexe à évaluer. En revanche, le rôle de la santé mentale a pu être relié au risque de deuil pathologique.

Une étude anglaise (Bunch, 1972) établit qu'une atteinte psychiatrique antérieure est plus fréquente chez les endeuillés qui tentent de se suicider après un deuil. Parkes fait l'hypothèse, en 1962 et 1975, qu'une dépression ancienne peut conduire à un deuil psychiatrique, de même que le deuil peut exacerber des symptômes névrotiques. Une pathologie mentale antérieure est donc un facteur de risque de deuil pathologique. Elle a été mise en évidence par les études citées précédemment alors que l'impact de troubles somatiques sur la qualité du deuil n'a pas pu faire l'objet d'une démonstration nette.

LES VARIABLES SOCIO-CULTURELLES

Le statut socio-professionnel

Ici encore, l'épidémiologie nous renseigne sur la relation entre statut socio-économique et santé. Plus ce statut est faible et plus les problèmes de santé mentale et physique, suivis d'une restriction d'activité, sont importants.

Néanmoins, Gallagher (1983) et Sanders (1980) ne montrent pas de différence significative entre risque du deuil et classe sociale. Les endeuillés dont les revenus sont plus faibles répriment cependant plus leurs affects et souffrent d'un isolement plus grand que ceux d'une classe plus élevée. Mais il semble que le statut social ne constitue pas un facteur de risque, sur le plan de la santé comme de la mortalité.

La pratique religieuse

Si la religion peut être traitée comme une variable personnelle, elle reste avant tout culturelle et socio-économique. La plupart des études portent sur les apports subjectifs de la religion. Ainsi, des enquêtes menées par questionnaire ont trouvé, chez les Américains et les Anglais, une majorité d'endeuillés reconnaissant à la religion une aide morale considérable à la suite d'un deuil.

La religion offre un système de croyances réconfortant, mais son intérêt réside surtout dans la présence d'une communauté susceptible d'apporter un soutien objectif, bien plus encore qu'une simple identification entre croyants. Le taux de fréquentation des lieux saints ne semble pas en corrélation avec la résolution du deuil. Sanders indique, en 1980, qu'un échantillon d'endeuillés se différencie, selon sa fréquentation du lieu de culte, par un optimisme masquant peut-être une certaine répression des affects tristes, et aussi par une plus grande désirabilité sociale. Cette désirabilité sociale, ce besoin d'être bien perçu et reconnu par la communauté, diffère significativement d'avec les non-endeuillés.

Plusieurs études israéliennes signalent, en revanche, chez des parents endeuillés que, plus leur niveau social est élevé, moins ils sont religieux. Or, comme nous l'avons vu pour le niveau socio-économique, le haut niveau de vie entraîne un meilleur ajustement au deuil, c'est-à-dire moins de conséquences psychiques et somatiques.

La religion favorise la résolution du deuil en augmentant le tissu social. Une recherche israélienne tente justement de faire le point entre les aspects religieux et socio-culturels [5]. Un groupe de parents de deux mille cinq cent dix-huit soldats tués pendant la guerre de Kippour en 1973 a été comparé à un groupe de parents de mille cent vingt-huit hommes de dix-huit à trente ans, morts accidentellement. L'analyse longitudinale de la mortalité des pères et mères a duré dix ans. Elle a montré que les pères dont le fils a disparu dans un accident ont un taux de mortalité significativement supérieur à ceux dont le fils a été tué pendant la guerre. Les mères ne présentent pas de différence. En revanche, les mères divorcées ou veuves présentent une corrélation nette entre la mort de leur fils et leur taux de mortalité, à court ou à long terme. Comment interpréter les résultats d'une expérience aussi courageuse qu'éloquente ?

Les parents dont le fils est tombé au front partagent les honneurs réservés à ceux qui ont directement contribué à la sauvegarde de la Nation. Le jour anniversaire, déclaré « deuil national », n'en est que le témoignage vivant. Il permet un regroupement identificatoire des parents et constitue un véritable soutien psychologique. Les parents dont le fils a disparu subitement, lors d'un événement non reconnu et non valorisé, sont, par contre, beaucoup plus isolés. La religion est, quant à elle, strictement associée avec la classe sociale et la dimension ethnique : les sépha-

5. I. Levav *et al.* (1988).

rades présentent, en Israël, un niveau socio-économique plus faible que les juifs venus d'Occident. Ces derniers sont moins religieux que les individus issus d'Afrique du Nord et d'Asie. Leur taux inférieur de pathologies somatiques et psychiques semble plutôt dû à leur classe sociale qu'à leur religion. Nous pensons en effet que, malgré une pratique religieuse plus intense, les sépharades suivent la loi épidémiologique du faible niveau de vie impliquant une santé plus fragile.

La religion fait donc partie, au même titre que les composantes biologiques, sociales et économiques, des caractéristiques d'un groupe ethnique. L'exemple des Israéliens donne, de plus, un bon aperçu du rôle favorisant des rituels de deuil, surtout lorsqu'ils sont renforcés collectivement (défense du pays, deuil national).

L'environnement social

On définira par environnement social l'ensemble de la famille, mais aussi des proches, comme les voisins ou les collègues de travail. Dans leur étude faite à Tübingen, les Stroebe signalent que la présence d'enfants en bas âge a un effet positif sur la santé des endeuillés interviewés. Ces endeuillés présentent moins de troubles somatiques et dépressifs que ceux dont les enfants sont déjà grands. Les jeunes enfants contribuent, en quelque sorte, à distraire leurs parents de leur peine. Mais l'hypothèse d'une projection des parents, grâce aux enfants, dans un futur où ils sont censés prolonger la lignée permet de considérer la perte comme moins implacable qu'il n'y paraît, un espoir se mettant en place dans le groupe familial. Les très jeunes mères célibataires déclarent très souvent leur grossesse à la suite d'un deuil dans leur famille. Ce deuil correspond étrangement à la mort de leur père. Est-ce le signe d'un amour filial excessif ? Il se résoudrait alors dans la croyance fantasmatique de sa récupération dans les soins donnés au nourrisson. La déception de ces jeunes mères, procurée par l'incapacité de l'enfant à répondre à leurs attentes, donne rapidement la dimension de l'échec de ce genre de deuil œdipien. L'enfant conçu pour remplacer l'objet d'amour perdu est rarement à la hauteur de celui dont il est censé prendre la place...

D'autres recherches précisent que le support social, pour être efficace, doit émaner de la famille proche, plus que d'amis. La proximité d'habitation des parents est alors le paramètre le plus important, pour la facilité et la rapidité d'action. Enfin, pour renforcer ces résultats, somme toute intuitivement évidents, les endeuillés isolés présentent bien plus de dépressions que ceux entourés par leur famille. Les groupes thérapeutiques ont prouvé l'intérêt du support social pour les endeuillés. Ils permettent une meilleure communication au sein de la famille lorsque celle-ci participe aux séances de remémoration du disparu et ils diminuent globalement les pathologies du deuil.

LES VARIABLES PSYCHOLOGIQUES

La personnalité

De nombreux chercheurs ont tenté de mettre en évidence des traits de personnalité favorisant les deuils pathologiques. Mais, à la lecture de leurs travaux, nous nous heurtons à nouveau aux problèmes méthodologiques évoqués à maintes reprises.

Une personnalité prédisposée au deuil pathologique ?

Pour Parkes (1962), il existe une personnalité « prédisposée au deuil pathologique ». Les veuves dont les réactions ont été sévères lors de pertes antérieures et qui s'avèrent les plus touchées lors de la mort de leur conjoint en sont le témoignage évident. Le sentiment d'insécurité, l'anxiété profonde, la faible estime de soi, la colère et la culpabilité excessive, enfin la difficulté à exprimer son chagrin sont autant de caractéristiques considérées par Parkes comme annonciatrices du deuil pathologique.

Les Stroebe ont tenté de tester la variable « sentiment de contrôle interne » dans leur échantillon de veufs et de veuves, interviewés quatre à six mois après la perte de leur conjoint. Lorsque la perte est brutale, les endeuillés qui ont le moins confiance en leur capacité de maîtrise s'effondrent dans la dépression. En revanche, lorsque la perte est attendue, on ne trouve pas de différence significative entre ceux qui croient dominer leurs émotions et ceux qui pensent se laisser aller.

Le petit nombre des résultats valides obtenu jusqu'à présent conduit finalement à rester très prudent pour affirmer que tel ou tel aspect de la personnalité prédispose au deuil pathologique. La multiplicité des paramètres impliqués, mais aussi les visées « comportementalistes » des recherches anglo-saxonnes nous laissent insatisfaits. Atomiser une personnalité en « traits de caractères », artificiellement dégagés à l'aide d'un questionnaire, paraît fort délicat. La fragmentation de la psychopathologie est cependant une des tendances majeures de la psychiatrie américaine, concrétisée par le DSM-III (Manuel diagnostique et statistique des troubles mentaux, 1983) et ses nouvelles versions. Ce dernier a fait littéralement « éclater » les anciens grands syndromes psychiatriques pour regrouper leurs différents symptômes sur des axes utilisables séparément. Il en résulte autant de questionnaires exploitant chacune de ces dimensions. L'inconvénient de cette méthode reste évidemment son application dans le cadre de la vision holistique d'un problème comme le deuil.

Nous insisterons donc sur le regard critique du lecteur, qui, au-delà de la reconnaissance du travail accompli par les chercheurs précédemment cités, doit rester vigilant quant à la généralisation des résultats. La mort et le deuil constituant des sujets émotionnellement perturbants, le risque est grand de voir la justification scientifique neutraliser les aspects psychologiques du deuil. Elle perdrait alors son objet, la souffrance de l'homme.

Les circonstances de la perte

Deux résultats apparemment contradictoires émergent des travaux effectués sur des conjoints endeuillés. Ce sont, d'une part, les couples dont les membres sont le plus profondément attachés l'un à l'autre et, d'autre part, les couples les plus conflictuels, qui risquent un deuil pathologique.

a) Attachement fusionnel ou ambivalent : un deuil à risque

Les couples qui montrent un attachement excessif, allant jusqu'à la dépendance, sont susceptibles de réagir par un profond choc lors de la disparition de l'un d'entre eux. L'autonomie, seule, permet une véritable répartition des investissements et un afflux d'énergie moins massif sur le couple. En revanche, la multiplication des conflits et l'absence d'assomption de la mésentente conduisent les couples à des sentiments simultanés de haine et d'amour. Comme Freud le disait déjà en 1915, l'ambivalence est l'une des prémices de la dépression grave qui peut suivre le deuil. Ainsi, des époux en instance de divorce, mais qui n'ont pu le réaliser à cause de la mort prématurée d'un des conjoints, sont ceux dont le deuil est le plus difficile. L'attachement important se retrouve en général chez les couples jeunes ou récents. Ce facteur est combiné avec les difficultés matérielles des débuts de la vie de couple. Il ne peut donc être mis seul en cause.

Lundin, en 1984, compare les résultats d'un questionnaire d'adaptation au deuil de quarante-cinq personnes de moins de soixante-cinq ans ayant perdu un parent ou un époux de façon soudaine. Le groupe contrôle est composé d'un nombre à peu près équivalent de sujets, appariés par l'âge, le sexe et le degré de parenté avec le défunt. Le décès intervenait cette fois après une longue et sérieuse maladie, le plus souvent un cancer. Les pathologies déclarées par les deux groupes sont enregistrées à l'aide des fichiers établis par les services d'assurances, pendant une période de deux ans avant et deux ans après le deuil. Un accroissement des pathologies somatiques et psychiatriques est noté chez les individus qui ont vécu un deuil brutal. Alors que le groupe contrôle ne présente pas de modification significative de sa santé après le décès suivant la longue maladie, les pathologies psychiatriques sont particulièrement élevées dans le premier groupe.

Huit ans après le deuil, les participants des deux groupes sont recontactés et 60 % de l'échantillon initial répondent à un inventaire de leur état post-deuil [6]. On ne retrouve plus alors de différence entre les deux groupes sur le plan de leur « ajustement » au deuil. Sur le plan méthodologique cependant, la nouvelle population semble biaisée. Parmi les 40 % de la population initiale n'ayant pas répondu au questionnaire, figurent peut-être en effet ceux qui sont trop malades pour le faire ou psychologiquement trop atteints. Les résultats de la première expérience restent cependant originaux et vont être confirmés par l'étude suivante.

b) Dangers du deuil après une mort subite ou une maladie chronique

Sanders tente, en 1983, de distinguer les effets de l'anticipation de la mort d'un parent, de ceux de la chronicité de la maladie. Quatre-vingt-six participants sont sélectionnés selon la façon dont ils ont perdu un de leurs parents. Trois critères sont regroupés : mort subite du parent, mort moins de six mois après le début d'une maladie chronique, mort à long terme, à l'issue d'une maladie chronique.

Dix-huit mois après un premier entretien, elle évalue la capacité d'adaptation au deuil, à l'aide d'un questionnaire (le *Grief Experience Inventory*), dont les questions portent aussi bien sur l'état psychique que physique. Le groupe dont le parent est mort moins de six mois après le début d'une maladie grave est celui qui s'est le mieux ajusté. Le groupe dont le parent est mort subitement présente la plus

6. S. Zisook *et al.* (1982).

forte culpabilité (réponses « intra-punitives »), accompagnant les répercussions physiques les plus importantes. Celui dont le parent a succombé des suites d'une longue maladie montre surtout des sentiments d'isolement, d'aliénation et de dépression.

Ces résultats confirment bien l'impact néfaste d'une disparition subite. Ils dévoilent de plus, des aspects inédits du deuil chronique. La maladie terminale amène souvent à une situation limite les familles ou les amis qui ont choisi d'accompagner leur parent. Sur le plan matériel, elle bouleverse les habitudes, entraîne des investissements imprévus en temps et en argent. Sur le plan psychologique, elle peut provoquer un stress considérable, d'autant plus grave qu'il se prolonge lui aussi en longueur. Le souci de masquer sa tristesse, d'apporter des nouvelles de l'extérieur, de stimuler, de faire plaisir, sont autant d'efforts pouvant parfois conduire à l'épuisement. Cet épuisement est encore majoré par une atmosphère de mensonge sur l'état du patient ou de délaissement par l'équipe soignante. (Gerber, en 1975, montre bien que les veufs et veuves dont le conjoint est mort à la suite d'une longue maladie présentent un état de santé amoindri par rapport à ceux dont la maladie trouve une issue à plus court terme.) Un biais méthodologique dans l'expérience de Sanders doit toutefois être relevé : le groupe des sujets dont le parent meurt moins de six mois après le début de sa maladie comprend surtout des époux. Le groupe des morts subites réunit des parents dont l'enfant disparaît brutalement. Or la perte d'un enfant de façon brutale est la plus traumatique de nos jours.

Un facteur de risque majeur : le deuil d'un enfant

Le statut de l'enfant, dans les familles occidentales, a bien changé depuis le XIXe siècle. La baisse du taux des naissances a sensiblement modifié la nature du désir de cet enfant. L'enfant précieux revêt les atours de l'enfant-roi, et, à ce titre, son deuil s'avère sans doute l'un des plus périlleux. On parle souvent d'enfant fantasmatique parce que ce dernier est porteur des souhaits les plus grandioses de ses parents. Il sera plus beau, plus riche, il fera ce qu'ils ne sont jamais parvenus à réaliser...

Si cet enfant merveilleux vient à trahir le rêve de ses géniteurs, la déception qui s'ensuit est intense. L'enfant fantasmatique existe, de nos jours, de plus en plus tôt, bien avant sa naissance. Il est même renforcé par les images qu'en donne la médecine : échographies diverses, film du fœtus matérialisé sous les yeux ébahis des parents, qui peuvent repasser les séquences de la bande vidéo sur leur propre poste de télévision. L'imaginaire est à la fois conforté par ces éléments de réalité et bouleversé par une représentation extraordinaire et magique de l'enfant. Les images échographiques grises et blanches de l'anatomie de ce petit être en devenir laissent souvent ses parents perplexes quant à leur commune appartenance. Elles partagent en effet plus leur provenance avec les images des satellites météorologiques qu'avec les habituelles photos de famille, mais puisque la Science l'a dit... La société, quant à elle, insiste sur la responsabilité des parents face à leur progéniture. L'échec sera à la mesure de la culpabilité développée, si l'on n'a pas su mener à bien le développement de l'enfant.

Un père qui a perdu son petit garçon dans un accident de ski raconte comment sa vie, une dizaine d'années plus tard, est toujours entre parenthèses. Obsédé par son travail, il s'y consacre jusqu'à l'épuisement. Hanté par la culpabilité, il répète, d'une façon machinale, les circonstances de la disparition, sans avoir jamais trouvé le moyen de se débarrasser de ce questionnement mortifère. « Et si j'avais fait plus attention et si j'étais allé chercher du secours plus vite... » Un tel envahissement est bouleversant, chez cet homme qui se considère dorénavant comme une sorte de « robot », dévoué à son travail, mais neutralisé sur le plan des émotions. Il se plaint, d'ailleurs, d'éprouver des difficultés à pleurer alors que sa femme, enfermée dans le culte de leur fils mort, « réamorce son chagrin » en se rendant quotidiennement au cimetière.

Le drame de l'enfant qui meurt peut être compris comme l'inadéquation entre une réalité en pleine mutation et les représentations dont il fait l'objet. Nous avons vu combien un enfant est investi d'idéaux divers par ses parents. Quel que soit son âge, jusqu'à la phase adulte, mais parfois longtemps après qu'il a atteint l'autonomie, il ne parvient pas à juxtaposer exactement sa personnalité à l'imaginaire de ses parents. Le hiatus qui subsiste alors va contribuer à la prolongation de la rêverie des parents. Celle qui porte sur l'enfant correspond à la rêverie qui porte sur soi-même. L'insatisfaction de voir la mort mettre fin à la possibilité de se construire une vie radicalement différente s'avère cruelle pour les parents qui échappaient à leur condition actuelle grâce à cette projection.

Le deuil de l'enfant est très douloureux car l'image actuelle de l'enfant mort nous est insupportable. Or le rejet de l'idée de l'enfant mort est entièrement lié au fait que la représentation, et donc la place de l'enfant, sont assez tardives dans notre culture. Il suffit d'évoquer les peintures du Moyen Âge sur lesquelles figurent des enfants. Que remarque-t-on ? Les enfants ont des proportions bizarres, ils ressemblent à des adultes miniatures, ils rappellent les nains ou plutôt les lilliputiens... L'incapacité à représenter un enfant dans des proportions réalistes signe l'impossibilité d'accorder une réelle importance à celui-ci.

La mort de l'enfant était d'ailleurs, jadis, mieux acceptée qu'aujourd'hui. À cause de l'absence de contraception qui multipliait les naissances potentielles, mais aussi à cause d'une mortalité infantile irréductible, liée aux balbutiements de la médecine. Edgar Morin décrit un phénomène équivalent avec la « naissance » de l'adolescence. Pour lui, elle ne prend ses lettres de noblesse qu'au début des années soixante, avec le premier concert « yé-yé » de la place de la Nation[7].

De même, l'enfance a longtemps été ignorée, sauf dans les cas où elle représentait une forme de pouvoir, avec les

7. H. Hamon et P. Rotman (1987).

portraits innombrables du Christ enfant, et la fascination exercée par les petits dauphins et les infantes en attente de régner. La fragilité même de l'enfant empêche notre colère de s'exprimer à son égard, si jamais il nous quitte définitivement. Parmi les différentes réactions normales du deuil, une phase d'agressivité se déclenche souvent à l'égard de celui qui nous a abandonné ou n'a pas permis d'arriver à temps pour le sauver. Cette violence, qui s'exprime rarement directement, tant elle paraît coupable, est encore plus haïssable lorsque l'accusé est un petit enfant. Pouvoir la formuler permet pourtant la prise de conscience de l'ambiguïté potentiellement pathogène si elle reste refoulée.

Le deuil de l'enfant à naître : le deuil d'un fantasme

L'exemple le plus frappant de ces difficultés est celui des interruptions volontaires de grossesse et des deuils périnataux. Ici, non seulement l'enfant n'a que le statut d'un enfant fantasmatique, mais à aucun moment il ne va pouvoir prendre forme dans la réalité, puisqu'il disparaît avant même d'avoir vu le jour. Les interruptions médicales de grossesse, quant à elles, ont lieu à la suite d'un diagnostic anté-natal d'anomalie grave du fœtus. Or les praticiens des services spécialisés dans ces opérations ont constaté que leurs conséquences psychopathologiques sont bien plus nombreuses que celles observées après les IVG (qui déjà ont des suites relativement importantes sur le plan psychologique). Ainsi, les interruptions tardives de grossesse provoquent des deuils compliqués chez la moitié des femmes qui y sont soumises. Contrairement aux grossesses non désirées, elles souhaitaient particulièrement cet enfant et il faisait l'objet d'une élaboration fantasmatique de plus en plus précise. La souffrance de l'interruption ne manquera alors pas d'être exacerbée par la prégnance de l'enfant imaginaire et de gêner à l'avenir toute autre naissance. Certaines équipes hospitalières proposent aux parents [8] non seulement de voir l'enfant mort, mais aussi de l'inscrire sur les registres de l'état civil. En lui donnant une ligne sur le livret de famille, cet enfant prendra une place réelle dans le groupe. Mais, de plus, il sera reconnu comme individu à part entière, porteur d'un nom. Il pourra alors, éventuellement, faire l'objet de rites funéraires. La vision de l'enfant mort donne la possibilité, nous l'avons déjà vu, de s'assurer de la réalité de l'événement. Elle est complétée par les autres perceptions sensorielles (odeurs et éventuellement toucher) qui concrétisent la mort d'un enfant non né. La substitution d'un corps réel à la carence imaginative ou, au contraire, à l'assaut des représentations fantasmatiques engendrées par l'idée d'un enfant mort, peut-être d'ailleurs mal formé, va amorcer le deuil des parents dans de meilleures conditions. Enfin, la vision de l'enfant ne se fait pas isolément et la présence de témoins va faire cheminer les parents vers l'acceptation de la réalité.

Nous avons évoqué dans les premiers chapitres l'importance, pour les vivants, de préserver un espace bien circonscrit pour les morts. Le baptême a longtemps constitué pour les chrétiens la garantie d'un salut dans l'au-delà. Or les enfants morts, avant même d'avoir été reconnus comme membres de la communauté religieuse, ont posé rapidement un problème grave aux parents qui avaient recours à de nombreux subterfuges pour obtenir leur enterrement en territoire sanctifié. Dans le cas contraire, l'imaginaire collectif rapportait que ces enfants erraient dans les limbes ou revenaient sous la forme de feux follets réclamer une appartenance. Sommes-nous encore empreints de ces angoisses ? Ou la coloration religieuse de jadis n'existait-elle que pour anticiper le souci que nous retrouvons encore aujourd'hui : conserver la mémoire des morts, sans utiliser pour cela leurs restes objectifs ? En d'autres termes, la symbolisation du mort est fondamentale, quel qu'en soit le moyen : une tombe, un cénotaphe, ou encore quelque chose lui ayant appartenu. La métonymie observée par Louis-Vincent Thomas, c'est-à-

8. A. Bizot (1989).

dire le déplacement de sens du contenu au contenant (du cadavre au tombeau), est indispensable pour le deuil : elle permet aux vivants de fixer leur chagrin sur un support se substituant progressivement au corps du disparu.

Les équipes médicales qui accompagnent les mères subissant une interruption de grossesse ont bien dû reconnaître le fait suivant : l'angoisse qui parfois terrasse les parents est que le fœtus ne disparaisse à jamais dans une poubelle de l'hôpital. L'absence de sépulture pour un être en voie d'humanisation, sur le plan psychologique, est insoutenable parce qu'elle correspond à l'ouverture béante d'une plaie sur un fantasme, mettant ainsi l'inconscient à vif. Un rituel minimum ou, du moins, la reconnaissance du mort par un petit groupe, même s'il s'agit de représentants de la communauté médicale, permet aux parents de faire le deuil de cet enfant à venir, mort avant même sa naissance, afin de laisser la place aux futurs enfants.

Seule la personnification sociale du fœtus ou de l'enfant mort-né évitera les douloureux « reports d'identité » sur les enfants à naître. Fréquemment encore, les prénoms choisis pour le petit défunt, puis donnés à nouveau à l'enfant puîné, dans un non-dit familial, déclenchent une pathologie de la personnalité. De nombreux psychanalystes ont pour patients des personnes qui portent inconsciemment l'identité d'un enfant décédé avant eux. Presque tous ressentent confusément une impossibilité de ressembler à leur frère (ou sœur) idéal disparu. Paradoxalement, ils tentent toujours en vain de se rapprocher de cet idéal. Y parvenir est cependant mortifère puisque l'enfant idéal est mort. Ne pas y arriver, c'est se confronter en permanence à l'attente insatisfaite des parents qui n'ont pas fait le deuil de l'enfant précédent. « L'enfant de remplacement » est donc en danger car son identité est constamment remise en cause par un double « idéal » (surtout lorsqu'il a été baptisé du même nom)[9]. Pour les parents, c'est aussi le moyen de ne jamais faire leur deuil, puisqu'ils ont donné

9. M. Hanus (1982).

naissance à un « revenant », au sens littéral du terme, qui concrétise la réalité de leur échec. Il était courant, il y a quelques siècles, de redonner le prénom d'un enfant décédé à celui qui le suivait. Mais cela était connu de toute la communauté. On signale même qu'en Wallonie l'enfant portait alors le prénom de René, c'est-à-dire re-né, sinon « ce serait renier le mort qui se vengerait en faisant mourir le nouveau-né [10] ».

L'avancée de la science peut parfois conduire à de tels refus de la mort d'un enfant. Récemment a été signalé le cas de parents décidant de mettre au monde un enfant pour « sauver » un autre enfant atteint d'une maladie grave et nécessitant une greffe [11]. Cette situation est sans aucun doute exceptionnelle consciemment. Mais inconsciemment l'idée de recréer ou de réparer du vivant par soi-même ne relève-t-elle pas du fantasme de l'apprenti sorcier ou d'un pouvoir divin ? Avoir un enfant pour sauver une vie, est-ce une justification nécessaire ? Pourquoi ne pas s'avouer qu'il s'agit, ni plus ni moins, de la possibilité de constituer un « stock » d'organes, en la personne de cet enfant qui possède un génotype peut-être compatible avec celui de son frère ou de sa sœur ?

Si la réalité de cette conception est rare, sa proposition imaginaire étreint cruellement les parents dont l'enfant se meurt d'une leucémie, d'une insuffisance rénale, ou de toute maladie curable au moyen d'un greffon compatible. La pensée qu'ils pourraient faire quelque chose pour guérir leur enfant peut devenir une torture telle pour les parents qu'elle entraîne le développement d'une culpabilité immense. Aussi convient-il d'aborder le problème avec eux et de les dédouaner de ces fantasmes de création d'un enfant comme un produit et non comme un être humain à part entière. L'éthique d'une famille rejoint ici les problèmes de définition d'une société. Ils doivent faire l'objet d'une réflexion prudente car ils touchent directement l'inconscient d'individus, voire même de lignées entières.

---

10. A. Fine (1987b).
11. *Times*, 17 juin 1991.

Troisième partie

DEUIL
ET INSTITUTION MÉDICALE

La création d'unités de soins palliatifs correspond à l'aménagement trouvé en France pour mieux accompagner les mourants et leurs familles. Cette tendance est encore réduite, mais elle se confirme de plus en plus dans les réflexions de multiples groupes de soignants sur les difficultés de la fin de la vie. Le travail de deuil est envisagé à nouveau comme une étape indispensable. Mais il ne fait pas encore l'objet, comme dans le monde anglo-saxon, d'une véritable organisation, avec ses « conseillers », thérapeutes et autres spécialistes. Une solution plus originale et mieux adaptée à la culture française mérite sans doute d'être envisagée.

L'isolement de l'endeuillé, au même titre que celui du mourant, est susceptible d'engendrer non seulement des troubles psychologiques et organiques pour lui-même, mais aussi des répercussions sur toute une lignée familiale. Comment répondre aujourd'hui à la disparition des anciennes cérémonies qui unissaient une famille, une collectivité autour d'un mort et surtout autour des vivants en deuil ?

La médicalisation de la mort est, de nos jours, évidente. Elle répond non seulement à une augmentation du refus et de la peur de la mort, mais aussi à la médicalisation croissante de la vie. Le refus de la mort est plus fréquent dans les grandes villes où les familles sont dispersées. Mais les hospitalisations des mourants (70 % meurent à l'hôpital, en France) reflètent peut-être, outre la solitude, l'illusion que la médecine pourrait encore « faire quelque chose » pour le patient. Enfin, le désir d'éviter les souffrances de l'agonie explique aussi ce recours à l'institution médicale.

Quelles sont les conséquences sur le deuil de la médicalisation de la vie et de la mort ? Depuis que les religions voient leur rôle diminuer, en particulier pour faire admettre la fatalité de la souffrance, la science apparaît comme la ressource essentielle. La médecine, assimilée fréquemment à une science exacte, est d'ailleurs investie parfois de pouvoirs équivalents. L'intolérance grandissante au risque et à la souffrance semble provenir directement d'une conception mystique de la médecine : médecin tout-puissant, médicaments de plus en plus sophistiqués. Il est vrai que, dans la plupart des sociétés primitives, le guérisseur est souvent également le représentant de Dieu. En Occident, le médecin se voit toujours confier les problèmes personnels ou familiaux. Il a encore un rôle de conseiller moral. Michael Balint (1973), lorsqu'il évoque l'aspect thérapeutique du rôle médical, nomme même « fonction apostolique » la façon dont les médecins transmettent, parfois inconsciemment, l'idée que leurs connaissances sont les meilleures et l'obligation de suivre, sans réserve, les prescriptions posées. Aussi voit-on fréquemment s'étonner des patients des effets secondaires rencontrés de telle ou telle drogue, ou de l'échec de tel ou tel traitement. Pour eux, le savoir du médecin ne doit en aucun cas être mis en doute et toute déviation de l'injonction médicale amène culpabilité ou arrêt de la thérapeutique.

L'illusion d'une médecine scientifique trouvant et traitant la cause (unique) de chaque affection contredit fortement l'idée que certaines maladies sont encore incurables ou que certains traitements n'ont pas l'effet escompté. Or, pour de nombreux patients, l'idéalisation de la médecine est si forte qu'ils exigent une guérison totale et immédiate. La certitude d'être atteint par une maladie grave transporte avec elle le sentiment de sa mort prochaine. Mais ce terrifiant sentiment est combattu par des mécanismes de défense d'ordre psychologique, le malade replongeant alors dans un passé qu'il reconstruit tout entier autour de la maladie. Le déni initial de la maladie, c'est-à-dire le refus de la reconnaissance des troubles et de leurs conséquences, est fréquemment conjugué avec l'utopie moderne qui voit dans les progrès de la médecine une lutte contre la mortalité humaine. Or la maladie, comme bien d'autres expériences de la vie, nécessite l'assimilation de multiples contraintes. Jean-Louis Pedinielli (1987) évoque même un « travail de la maladie », comparable au travail de deuil par ses étapes successives d'acceptation de l'impuissance.

L'approche de patients au stade terminal d'une maladie montre ainsi souvent la disparition brutale du rêve d'une médecine parfaite. Pour certains, ce sera la chute vers la dépression. Pour ceux qui continuent à croire coûte que coûte en leur immortalité, le deuil ne sera que plus difficile pour leur famille, lorsque celle-ci, à la mort du patient, verra soudain prise en défaut cette invulnérabilité à laquelle elle avait fini par croire. La révélation d'un diagnostic de maladie chronique ou mortelle produit donc, comme lors de la perte d'un être cher, une véritable rupture. La garantie de la menée à bien du travail de deuil de la santé passe par le processus de détachement progressif des liens établis avec l'objet. Dans le cadre du diagnostic de maladie grave ou chronique, l'objet perdu potentiel est le sujet lui-même, mais dans un état antérieur. Ce qu'il perd, avec la maladie, c'est une certaine autonomie, la forme physique, la beauté peut-être... Ce qu'il perd avant tout, c'est ce fameux « silence des organes » qui correspond à l'insouciance de la santé. Aussi, les mesures de rétorsion sur ce corps « qui a trahi » ne sont pas rares ; nous aborderons ce thème avec la douleur dans le deuil, et la mélancolie aboutissant au suicide. Déni de la maladie, déni du deuil. Mais avec la volonté nouvelle des médecins d'informer leurs patients, on assiste à une meilleure acceptation de leur disparition. Le rétablissement par les équipes médicales elles-mêmes de certains rites autour du deuil prouve encore cependant que, dans la mort aussi, la science entend rester puissante. Pour autant qu'elles soient louables et nécessaires, ces initiatives s'inscrivent parfaitement dans ce que nous appelons la médicalisation de la vie et de la mort. La prise en charge médicale du travail de deuil constitue peut-être une transition entre la disparition des anciennes coutumes et la compréhension de leur utilité. En cela, la médicalisation du deuil est une tentative de rétablissement du soutien collectif lors d'un événement grave... en attendant la naissance d'autres structures.

Peut-on trouver un modèle du deuil aujourd'hui, un protocole type du travail de deuil normal ?

CHAPITRE PREMIER

Impact du diagnostic et deuil de l'invulnérabilité

Le sentiment d'invulnérabilité est étroitement lié à l'impression d'être en bonne santé. La santé est un concept aussi flou que la normalité. Variant avec les époques, cette notion est particulièrement redevable des évolutions de la médecine. La santé dépend à la fois de la subjectivité du sujet (qui peut se sentir en parfaite forme tout en étant porteur d'une maladie asymptomatique, comme une tumeur par exemple) et de l'adaptation au milieu. Ainsi, un homme qui boite peut rester utile dans un bureau où il traite des données, assis devant un ordinateur. Il sera en revanche jugé handicapé à l'armée, en tant que combattant potentiel.

De même que nous refoulons l'idée de notre mort tant que nous ne sommes pas touchés de près par elle, nous ne pensons jamais à la santé tant que nous ne sommes pas malades. Pourtant, la façon dont nous nous représentons santé et maladie influence nos réactions, lorsque notre équilibre est menacé. Anthropologues et philosophes, penchés depuis bien longtemps sur ce sujet, fournissent plusieurs modèles conceptuels de la maladie et de la santé. Les comparer aux modèles élaborés par les malades eux-mêmes permet de différencier l'aspect émotionnel de la maladie de l'approche plus abstraite de la santé.

Georges Canguilhem, dans sa tentative de compréhension du normal et du pathologique, reprend la définition de René Leriche pour analyser ce que recouvre la notion de santé. Si « la santé, c'est la vie dans le silence des organes » d'après Leriche, pour Canguilhem, seule la maladie permet la connaissance des fonctions normales de l'organisme, au moment même où ces fonctions viennent à nous manquer. Canguilhem pense que la santé, en tant qu'« innocence organique », ne peut donner lieu, si ce n'est par défaut, à une discipline, voire à une « science de la santé », puisqu'elle doit être perdue pour qu'une connaissance soit possible[1]. Seuls l'absence ou le dysfonctionnement d'un organe révèlent sa fonction normale.

Ce simple paradoxe caractérise l'évolution vers une conception moniste, c'est-à-dire unitaire, de la médecine de la fin du XIXe siècle, telle qu'elle a été formalisée en particulier par Claude Bernard. Le fait nouveau pour la médecine est que l'état physiologique normal et l'état pathologique se trouvent sur le même axe. Claude Bernard, avec la découverte de la fonction glycogénique du foie, démontre que le glucose est produit normalement par tout sujet bien portant et que son taux est maintenu à un niveau constant. Lorsque le glucose dépasse ce seuil, il n'est plus suffisamment éliminé par les reins du sujet et provoque une maladie qui se signale par une glycosurie. Claude Bernard se prononce alors résolument contre les explications de l'époque qui prônent une utilisation de glucose par le foie d'origine radicalement étrangère au sujet. En effet, auparavant, le phénomène du diabète semblait totalement externe à l'individu.

En quoi Claude Bernard marque-t-il un tournant dans l'évolution des représentations de la maladie et de la santé ? Jusqu'alors, santé et maladie se partageaient le monde, selon un modèle dualiste, comme le Bien et le Mal se disputaient les hommes. Les situer dans des structures déterminées constituait donc la tâche de tous les savants de l'époque. La maladie faisait l'objet d'une conception « ontologique » : elle existait « en soi », pour elle-même en quelque sorte. En mettant l'accent sur la pathologie et l'étude de la fonction des organes, la médecine expérimentale a aboli cette conception.

1. G. Canguilhem (1988), p. 59.

La maladie n'est plus considérée comme radicalement « autre » pour le sujet, elle est réintégrée en son sein, et constitue dorénavant une altération de son fonctionnement global[2]. Pour Claude Bernard, « le passage de l'état normal à l'état pathologique est impossible à saisir et aucune question plus que le diabète n'est propre à montrer la fusion intime de la physiologie et de la pathologie ». Il généralise son procédé, dans ses *Leçons sur le diabète et la glycogenèse animale* (1877), à l'ensemble des états de l'être vivant : « Ces idées de lutte entre deux agents opposés, d'antagonisme entre la vie et la mort, la santé et la maladie, la nature brute et la nature animée ont fait leur temps. Il faut reconnaître partout la continuité des phénomènes, leur gradation insensible et leur harmonie. »

Un corps bien portant et un corps malade sont donc identiques, à cette nuance près qu'ils fonctionnent différemment et que l'on peut espérer évaluer quantitativement ce dysfonctionnement. Autrement dit, la médecine cartésienne postule une différence de nature, une différence qualitative entre santé et maladie, tandis que la médecine expérimentale montre que la différence est quantitative. C'est ce qui explique que la première privilégie l'anatomie (les structures) et la seconde la physiologie (les fonctions).

Des mesures quantitatives au « diktat » de l'objectivité

Mais en postulant que l'anomalie n'existe qu'avec la variation quantitative d'une production, Claude Bernard va préparer le terrain de la grande tendance « biologisante » de la médecine. Les médecins « armés » de leurs nouveaux outils physiques, chimiques ou iconographiques, les adeptes du laboratoire « en kit » ou des formules de tous ordres, vont enregistrer chiffres, valeurs, seuils et tous les paramètres numériques sans lesquels certains ne parviennent plus à différencier le malade du bien portant. Ainsi les débuts de la médecine expérimentale pré-

2. F. Laplantine (1986).

parent-ils le recul de la médecine lésionnelle. Ils remettent en cause l'explication, tentée jusqu'alors, de l'origine d'une maladie par une lésion identifiable au sein d'un tissu ou d'un organe.

Représentations actuelles de la maladie

Si les médecins partagent les modèles scientifiques, ils ne sont pas indemnes de la persistance de modèles plus archaïques. Néanmoins, pour les malades, les conceptions étiologiques de la maladie se répartissent selon des positions assez contrastées. L'exogénéité (maladie conçue comme provenant de l'extérieur) et l'endogénéité (maladie provenant de l'intérieur du sujet) correspondent aux interprétations les plus courantes de l'ensemble des affections actuelles. Il existe bien d'autres modèles de l'étiologie des maladies élaborés par les chercheurs en anthropologie médicale, mais il s'agit alors d'intellectualisations peu fréquentes spontanément chez les malades.

Pour traiter des maladies entraînant un deuil de la « bonne santé », nous allons essentiellement nous référer à des exemples d'affections chroniques et mortelles, car ce sont elles qui nécessitent un véritable travail psychique d'acceptation.

Conception exogène de la maladie

Tout individu apprenant qu'il est atteint d'une maladie grave se livre à une recherche de ses causes. Cette quête intérieure fait partie des mécanismes de défense du sujet pour se protéger de l'angoisse déclenchée alors. La maladie d'origine exogène est provoquée par un élément externe au sujet. Elle survient comme un accident, elle est totalement étrangère au mode de fonctionnement de l'individu.

La conception exogène est actuellement en perte de vitesse pour les cancers, à la faveur des travaux sur le système immunitaire et sur la génétique. Ces résultats déplacent en effet la responsabilité sur le sujet lui-même.

La projection des causes d'une affection sur l'extérieur subsiste cependant sous une forme très puissante au début d'une affection nouvelle et pour les maladies mineures. Elle constitue surtout le mécanisme de protection principal contre la culpabilité et la peur liées à une pathologie mortelle. Dans l'imagerie populaire, on « attrape » un rhume ou la grippe, parfois le cancer. La « crise de foie » est due à l'ingestion d'œufs ou de chocolat, la dépression se rencontre dans les environnements urbains, pourvoyeurs de stress de toutes sortes. L'attribution causale, dans ce modèle, est dirigée vers l'extérieur, vers le « non-moi », ce qui permet, en quelque sorte, d'innocenter le sujet. « La maladie m'est tombée dessus. » « Cette histoire m'a tourné le sang. » Ces expressions, tirées d'entretiens avec des patients, s'appliquaient au cancer il y a encore peu. Elles sont en voie de modification.

Fréquemment, les malades expliquent confusément que la maladie existe en eux à l'état latent et que, subitement, à la faveur d'un facteur externe (le plus souvent un événement stressant), la maladie potentielle se développe. À ce moment, la maladie devient radicalement étrangère. Le chevauchement des représentations externes et internes est à l'origine du trouble psychologique majeur observé parfois lors de la révélation d'un diagnostic de cancer. En d'autres termes, le refus de voir, de comprendre et d'agir, si désarmant pour les médecins, trouve son origine dans la résistance opposée aux représentations de la maladie et de ses origines.

Un « ennemi » typique de la santé au XXe siècle : le cancer

Les maladies cancéreuses vont illustrer les représentations de la maladie retrouvées dans l'accès et le suivi des soins. Bien que l'on mette en évidence des cancers de nature très différente, ces représentations ne manquent jamais d'être énoncées dans les évocations des patients. Elles sont nécessaires pour mettre « un mot sur l'indicible », et font partie du travail de reconstruction psychologique du traumatisme subi par l'individu.

Cancer et chancre syphilitique ont une étymologie commune, ce qui en dit déjà long sur la culpabilisation de la sexualité et du désir qui émerge lors de la révélation du diagnostic. Les cancers génitaux ne sont pas les seuls à être empreints de cette culpabilité. Ainsi, les auto-accusations portant sur le registre relationnel ne sont pas rares dans les « explications » rétrospectives de certains patients. Par ailleurs, la représentation du cancer par un crabe est celle-là même de la constellation du zodiaque. Elle donne une connotation religieuse, voire magique, à cette affection qui semble, pour certains, provenir d'une volonté supérieure à l'individu. Enfin, l'idée du crabe est non seulement employée par les patients mais souvent, à défaut de l'animal, ses attributs vont surtout lui conférer son caractère détestable.

Les descriptions qui suivent sont issues directement de l'imaginaire de patients et de personnes non malades, qui, d'ailleurs, se laissent aller beaucoup plus facilement à des images fantastiques et morbides. Crabe, écrevisse ou autre arachnide, le cancer emprunte souvent ses qualificatifs à ces animaux. Il vit caché, en sourdine. Il est « répugnant » comme tous ces familiers de la vase ou des eaux polluées et ses multiples pattes lui donnent un aspect « grouillant ». D'où la très forte angoisse des métastases, ces émanations du cancer dans d'autres territoires, ces colonisations intempestives et imprévisibles qui débouchent sur ce qui semble le plus haïssable : le cancer « généralisé ». Le cancer, à l'image du crabe qui le représente, n'est pas seulement fort ou inattaquable, mais il est doué de mimétisme, il se déplace très rapidement. Son invincibilité tient à sa faculté de multiplication rapide (de nombreux patients ressentent un sentiment de panique à l'idée même « qu'il puisse revenir »).

Enfin, une dernière possibilité et non des moindres est celle de ses effets douloureux sur le sujet : la douleur est sans doute la caractéristique présentant le plus d'analogie avec celle provoquée par les crustacés. Les pinces, griffes et autres dards sont des instruments de torture utilisés dans les représentations du jugement dernier. C'est sans doute ce qui fait qualifier de « malin » le cancer. Pour Georg Groddeck (1934), le mot cancer, *Krebs* en allemand, correspond aussi à la traduction « panier tressé », qui paraît évidente dans le canevas serré formé par la tumeur cancéreuse avec les tissus alentour. Cette trame tumorale enchâssée dans les tissus sains empêche la réponse médicale à la maladie exogène : à une prolifération anormale bien circonscrite doit répondre une extraction déterminée. La chirurgie semble en effet la seule réponse drastique à l'invasion par un corps étranger. Or l'impossibilité d'une exérèse est souvent vécue, dans notre culture, comme un arrêt de mort. Ainsi ce ne sont pas seulement les effets secondaires des chimiothérapies qui les rendent moins acceptables, mais c'est aussi le sentiment d'une moindre efficacité dans la mesure où leur action semble moins radicale. Une position extrémiste de la conception exogène du cancer consiste à le considérer comme tellement extérieur à soi qu'il en devient invisible. De nombreux auteurs se sont penchés sur ce phénomène du déni, très souvent mis en place pour éviter la représentation du cancer.

Le déni : refus des représentations insupportables

Les médecins se plaignent du manque d'observation de leurs prescriptions par les malades et de délais trop longs entre la découverte par le sujet d'une modification corporelle et la recherche d'un diagnostic. Trancher entre ce qui relève d'un mécanisme de protection de l'angoisse et ce qui semble une position masochiste de non-accès aux soins devient donc urgent.

Quels enseignements tirons-nous des articles scientifiques parus sur le thème de la personnalité des femmes atteintes par un cancer du sein ? Le déni correspond au refus de reconnaître une pensée ou une situation dangereuse pour le sujet. C'est un processus coûteux en énergie (il nécessite la suppression des pensées ou des sentiments désagréables) mais utile, ponctuellement, dans certaines situations graves.

Une protection spontanée dans les situations dramatiques

Bruno Bettelheim a décrit dans *Le Cœur conscient* l'attitude de certains déportés de son camp de concentration qui semblaient « aveugles » au cauchemar se déroulant devant leurs yeux. Ces déportés paraissaient « mieux » supporter privations et tortures grâce à l'écran fictif qu'ils avaient su développer pour échapper à l'angoisse et à la dépression inhérentes à la perte d'identité et au traitement sadique des nazis.

Les travaux effectués chez des malades coronariens conduisent à la même interprétation du déni : « Son but est de réduire une proportion terrifiante de la réalité, afin de permettre au sujet de fonctionner dans de moindres conditions de stress[3]. » En chirurgie, le déni pendant la phase post-opératoire serait le plus efficace pour permettre une reprise progressive des fonctions annihilées lors de l'anesthésie. L'angoisse contribuerait par contre fortement à ralentir la convalescence. Cependant, en dehors de l'épisode aigu d'angoisse, le déni de la réalité ou des affects qui en proviennent doit céder la place à une approche puis à une tentative d'intégration de la nouvelle situation. Parce que le cancer du sein touche l'organe symbole d'une quadruple fonction : féminité, maternité, beauté et érotisme, sans doute est-il particulièrement exemplaire du phénomène du déni, dont il fait parfois l'objet.

Déni prolongé de la maladie :
deuil impossible de l'invulnérabilité

Regardons les résultats d'une étude ancienne, dont le modèle sera repris dans de nombreuses autres tentatives. Elle porte sur cent cinquante femmes consultant un

3. M. Wool et R. Goldberg (1987).

médecin pour un nodule du sein dont la nature est encore inconnue. Les femmes atteintes d'un cancer authentifié après cette consultation volontaire ne viennent que lorsque leur tumeur atteint un diamètre moyen de six centimètres. Les femmes dont le nodule s'avère non cancéreux consultent lorsqu'il mesure en moyenne deux centimètres.

Pourquoi une telle différence ? Lorsque l'on demande à ces femmes les raisons pour lesquelles elles ont tant tardé à consulter, on relève deux types de déni.

a) Le refus de la reconnaissance du cancer par un tiers

Ici, le cancer est pensé comme possible, mais c'est justement pour en éviter la confirmation que les femmes ne vont pas en parler à leur médecin. Jacqueline Lanouzière (1981) qualifie ce mode de pensée de « nominaliste », c'est-à-dire que les choses n'existent que lorsqu'on les nomme. Le même tabou porte, dans de nombreuses cultures, sur le nom du mort récemment décédé, il doit être tu le temps du deuil et, de nos jours, on se surprend encore à baisser le ton de la voix lorsque l'on parle d'un défunt... Doit-on voir ici le lien symbolique entre cancer et mort ou, du moins, le déplacement de l'angoisse de mort à l'angoisse du cancer ? Lors de la révélation de la nature cancéreuse de la tumeur, c'est la parole même du médecin qui devient sujet d'angoisse pour la femme. Avec le mot « cancer », elle va basculer dans un nouveau statut, sans avoir l'impression de maîtriser quoi que ce soit. Les réponses des femmes interviewées à ce sujet renforcent l'impression d'une conception naïve de la maladie, puisqu'elles avouent avoir envisagé la disparition magique du nodule en en minimisant l'importance.

b) La reconnaissance du cancer est « séparée » de la maladie potentielle

L'attitude la plus projective à l'égard de la maladie consiste véritablement à cliver (séparer fantasmatiquement) le sein ou l'organe atteint du reste du corps. Le corps est coupable, traité par la dérision, le sein est hostile, symbole d'une féminité négative. Ces femmes ont souvent éprouvé plus de douleurs ou de gêne au niveau des seins que de douceur et de tendresse. Les auteurs de cette recherche parlent alors du sein comme « organe payeur » ou « symbole de la dette ». Ces mécanismes de défense ne sont pas isolés dans un mode de fonctionnement de la personnalité au demeurant normal. L'enfance de ces patientes a fréquemment été assez rude, elles expriment une dépression chronique liée à de nombreux événements stressants. Par ailleurs, le facteur génétique du cancer du sein peut être invoqué, car les auteurs notent, pour certaines, un antécédent maternel. L'interprétation psychologique élaborée par ces patientes de la perte de leur mère à la suite d'un cancer du sein provoque un sentiment de fatalité, lorsqu'elles s'imaginent atteintes à leur tour par la répétition du destin. Une véritable reconstruction défensive est à l'œuvre ici, alors que la transmission génétique du cancer est sans doute aussi impliquée.

Personnalité et utilisation du déni

Des études plus récentes ont tenté d'étayer l'hypothèse d'une personnalité spécifique chez les femmes présentant un cancer du sein. La méthodologie est comparable et de bonne qualité scientifique puisqu'il s'agit d'évaluations « en double aveugle ». Des patientes viennent consulter pour une grosseur du sein, elles ont un entretien avec un médecin avant même la biopsie exploratrice et avec un autre évaluateur se livrant à une expertise comparable. Pour Michaël Wirsching et ses collaborateurs (1982), la concordance entre les deux évaluateurs est excellente. Quant aux diagnostics, de 80 à 95 % des diagnostics de cancers se révèlent exacts, tandis que 70 % des nodules bénins sont identifiés après le seul entretien, mais avant confirmation par la biopsie. Les caractéristiques psychologiques retrouvées chez les patientes cancéreuses sont partagées par un quart à un tiers des personnes présentant un kyste bénin. La suppression de l'anxiété, l'optimisme et l'autosuffisance apparaissent avec la plus grande netteté chez la majorité des femmes atteintes d'un cancer. Elles semblent moins effrayées à propos de la tumeur et de ses conséquences que les femmes consultant pour leur nodule bénin. Les auteurs parlent même d'une attitude « héroïque », relevant à leur avis d'un « optimisme désespéré ». À la question de la remise en cause de leur autonomie par la maladie potentielle, les patientes atteintes d'un cancer estiment ne requérir l'aide de personne et insistent sur leur indépendance (ce que nos auteurs appellent « autosuffisance »). La tendance à l'altruisme est également remarquable. Les femmes atteintes d'un cancer ont l'étrange volonté de désavouer leurs propres activités afin de se sacrifier pour les autres... Tout cela ressemble fort au déni, déni de la gravité de la maladie, déni des sentiments éprouvés à l'égard d'une maladie grave et donc refus de se livrer au deuil de sa bonne santé antérieure.

Pierre Marty et Claude Jasmin ont publié des résultats comparables dans une étude effectuée, cette fois, sur des femmes françaises (1990). Plusieurs facteurs distinguent, pour eux, la personnalité des femmes présentant une tumeur cancéreuse du sein. Ils retrouvent, chez les femmes atteintes de cancer, des traits de caractère hystériques, une estime de soi exagérée, des deuils récents non résolus. Le refus de manifester leur angoisse explicitement, alors qu'elle existe de façon diffuse, sépare nettement les femmes porteuses d'un nodule bénin de celles chez qui se développe un cancer. La nouveauté, dans cette étude, réside dans l'existence contemporaine de traits de personnalité spécifiques et de deuils récents non résolus. Elle prend part, en cela, à la controverse actuelle entre neuro-immunologistes et psychosomaticiens. Les premiers décrivent les interactions entre système nerveux et neuroendocrinien pour leur attribuer l'étiologie de certaines affections. Les seconds recherchent les facteurs psychologiques en cause dans le déclenchement des maladies. Tous contribuent en fait à l'élaboration d'une nouvelle discipline, la psycho-neuro-immunologie, mais ne semblent pas encore tout à fait parler le même langage...

Pour Marty et Jasmin, les femmes atteintes d'un cancer du sein ont une façon typique de refuser inconsciemment toute altération corporelle. S'agit-il d'une caractéristique de leur personnalité et, dans ce cas, est-elle en cause dans le développement du cancer ? Pour les partisans de la neuro-biologie, cette hypothèse ne peut être prouvée tant que les sujets, malades mais l'ignorant au moment de l'évaluation, risquent de présenter des modifications de leurs comportements, liées peut-être à cette affection latente. Ces modifications seraient alors évaluées lors de l'entretien avec le sujet, car les cancers sont des affections d'évolution lente, mais dont les effets sur le plan cellulaire sont très précoces, et encore mal connus.

Pour nous cependant, l'hypothèse selon laquelle certains sujets fragiles, éprouvant des difficultés à accepter les deuils de la vie, sont ceux-là mêmes qui n'acceptent pas de reconnaître leur atteinte par une maladie pourrait être confirmée. Ainsi, le deuil de soi, le deuil du fantasme infantile d'invulnérabilité, n'est sans doute possible qu'avec l'acceptation des multiples changements de la vie, ce qui n'est justement pas le cas de ces sujets. Deuil de soi et deuil de l'autre exigent donc bien les mêmes qualités : souplesse face aux changements et événements de la vie, possibilité de remise en question et accession à la communication avec autrui pour échanger ses émotions, angoisses et désirs.

Conception endogène de la maladie

À l'inverse du modèle exogène, la maladie est ici perçue par le sujet comme sa propre production. Elle n'est plus étrangère mais dépend du tempérament, de la constitution, du patrimoine génétique ou de la personnalité. La conception endogène des maladies est une des grandes tendances de la médecine moderne depuis ses découvertes sur le système immunitaire et sur la « carte génétique » de l'être humain. À la différence de certaines patientes porteuses d'un cancer du sein et dont l'organe atteint est séparé fantasmatiquement du reste du corps, les cancers sont de plus en plus perçus comme le résultat d'un comportement personnel ou d'une prédisposition familiale. Ces facteurs peuvent, par ailleurs, être présents ensemble et se combiner à une défaillance du système immunitaire, elle-même liée à un débordement défensif de la personnalité. Celle-ci serait alors incapable de faire face à des événements difficiles ou à des difficultés existentielles (ce qui s'appelle plus simplement le stress).

Un exemple subtil de cette conception se retrouve dans les paroles de nombreux fumeurs présentant un cancer du poumon. « Le cancer, affirme une femme avec une attitude de défi, je l'ai choisi. » À cinquante ans, la responsable d'un des services d'un grand magazine expose avec cynisme les conditions de « choix » de sa maladie. Avec une agressivité à peine déguisée, elle renvoie son propre discours à celui qui l'aborde : soignant en blouse blanche, donc non malade, mais aussi, fantasmatiquement, représentant d'un certain ordre, censeur, énonciateur de règles d'hygiène de vie contraignantes. Le médecin et les membres de l'équipe soignante doivent-ils assumer un rôle parental, quand les patients cherchent à satisfaire, de façon infantile, leurs désirs ? N'envisager qu'un temps présent facile, où les comportements restent dirigés vers le plaisir immédiat, est une attitude qui implique d'en assumer les risques... Que pense en effet le patient pris dans les rets de sa demande de soins alors qu'il a lui-même participé à sa chute ?

Au-delà du déni, rapidement inefficace lorsque la douleur vient au premier plan, on assiste à une identification à l'agresseur. En l'occurrence, l'agresseur est le sujet lui-même, mais vécu comme externe à son propre organisme et se moquant bien des avatars de « sa carcasse ». De telles expressions ne sont pas rares chez certains patients qui trouvent dans la dérision une façon de masquer une dépression bien réelle. Ces processus témoignent d'une incapacité à faire le deuil de leurs anciennes facultés, puisqu'il devient plus commode de nier résolument l'attachement antérieur à leur existence. L'agression atteint son niveau le plus élevé lorsque la patiente s'exclame : « Mais moi au moins, j'ai choisi ma mort et j'ai pris du bon temps ! Vous, vous risquez de vous faire écraser à n'importe quel coin de rue ! » Le déni est ici à son comble puisqu'il semble impossible à la patiente de mourir d'une autre affection que de son cancer bronchique. Son sentiment mégalomaniaque de domination de la mort est évident, elle est la Parque qui tire sur ses propres ficelles, et à l'occasion, elle s'avère capable de prédire les autres destinées.

Cette attitude, peu représentative heureusement, montre que la conception endogène de la maladie aboutit à la tentative de la maîtriser totalement. Les patients expriment le souhait de surmonter la maladie, malgré parfois un déclin progressif de leurs facultés. Il y aurait alors déni des implications de la maladie et absence de signalement des conséquences des traitements.

Un autre patient va nous montrer un exemple de déni extrême alors qu'il aborde les dernières heures de sa vie. Philippe est un publicitaire de quarante-cinq ans, présentant encore une fière allure, dans sa djellaba turquoise, véritable rayon de soleil dans le service aux pâles couleurs de l'hiver. Il est adressé par son médecin, inquiété par son comportement et ses projets inadaptés. Il manifeste déjà tous les signes d'une grande insuffisance respiratoire et, à défaut désormais de traitement curatif, il ne peut plus prétendre qu'à des antalgiques pour son retour à la maison. Philippe a un cancer bronchique qui a « échappé » à tout traitement. Il le dit lui-même, il n'a « que la monnaie de sa pièce » : il a « fumé comme un sapeur » et il s'attendait à « payer un jour ou l'autre ». Sa longue tunique perd vite son rôle attractif, lorsque l'on s'aperçoit de sa fonction : masquer la maigreur terrible du patient. Elle semble faire partie d'une panoplie. En effet, le discours de Philippe et son attitude ont le même objectif : transmettre le refus de la passivité et de la régression, signifier la place active du patient dans la vie. Qu'il manipule des haltères ou évoque l'entraînement de son fils pour le championnat de skateboard, qu'il expose ses projets professionnels échafaudés sur son ordinateur portable l'accompagnant à l'hôpital,

Philippe exprime très nettement son refus de mourir. Son refus de la maladie est tel qu'il omet de signaler ses douleurs et adopte un mode de vie spartiate qui lui permet d'éviter toute régression.

Malheureusement, la douloureuse réalité est bien là, la fonction respiratoire du patient est effondrée, sa famille est bien décidée à l'accompagner jusqu'au bout à la maison. Mais un entretien plus approfondi permet d'apprendre que la propre femme de Philippe est elle-même morte d'un cancer une année plus tôt. Lors de cette évocation, Philippe ne se départit pas de son expression générale de déni de ses affects tristes : « Tout ça, c'est de l'histoire ancienne, le tabac dépeuple la profession. Dans la pub, on est très stressé... » En un an, Philippe n'a pas eu le loisir de faire le deuil de sa femme en tombant malade aussi rapidement après elle. À défaut, il montre une attitude d'assomption de toutes les difficultés, tout en s'identifiant de façon euphorique à ses deux jeunes enfants : « Mes gosses, ils sont géniaux ! Je voudrais bien être comme eux, toujours à cent à l'heure ! Vous m'imaginez sur mon skate avec mon tuyau à oxygène ! » Philippe a décidé de rentrer chez lui et refuse les antalgiques. Pourtant, il réprime avec difficulté le rictus-réflexe de douleur qui barre son visage, dès qu'il relâche un peu la tension extrême dans laquelle il vit l'entretien. Devant le refus absolu de toute aide, le patient rentre chez lui pour y mourir deux ou trois jours plus tard.

Si, dans la conception endogène de la maladie, les soignants peuvent assister à une prise en charge de la maladie et de la mort aussi « efficace » que pour ce patient, il n'en est pas de même pour sa famille. En effet, pour des raisons évidentes, il n'est pas question de confronter Philippe à la réalité qu'il refuse obstinément. En revanche, ses propres enfants vont avoir beaucoup de difficultés à accepter la mise en scène jouée pour eux, afin que leur père ne se diminue pas à leurs yeux. Elle va plutôt constituer un obstacle à l'acceptation de la mort paternelle. La représentation endogène de la cause d'une maladie est très adaptée à notre vie de plus en plus solitaire et individualisante. Dans le cadre du deuil, nous savons que s'il est, pour la plupart, beaucoup moins angoissant de mourir en quelques secondes d'un infarctus, il est en revanche beaucoup plus pénible, pour la famille, de vivre une perte « aiguë », à laquelle elle ne s'était pas préparée.

Une autre conséquence exceptionnelle de la révélation d'un diagnostic léthal, alors que le patient est encore dans la phase de déni de la maladie, est la plongée dans la mélancolie. Nous avons décrit les accès mélancoliques survenant à la suite d'un deuil. Dans le cas abordé maintenant, il s'agit d'un état dépressif particulièrement sévère dont la cause, quelle que soit la participation organique ou génétique, est liée à l'hospitalisation ou à la révélation de la pathologie. La maladie, vécue alors comme une rupture traumatique, va constituer le mode d'entrée dans une dépression parfois catastrophique. L'atteinte par une maladie grave, lorsqu'elle est interprétée comme une affection endogène, peut donner lieu à une culpabilité délirante, avec auto-accusation, dépréciation de soi et laisser-aller punitif aboutissant à la mort.

Rodolphe est un cadre supérieur, récemment mis à la retraite, qui entre à l'hôpital avec pour seuls symptômes un léger amaigrissement et une fatigue inhabituelle. Rapidement, un bilan révèle un cancer avancé, ne permettant qu'une radiothérapie, tant la balance effets secondaires/efficacité du traitement est en défaveur de toute autre thérapeutique. Le patient, vu en entretien pendant le bilan, évoque son univers professionnel et ses antécédents ambigus à l'égard de factions politiques extrémistes. Le passage dans l'institution hospitalière semble éveiller certains souvenirs difficiles, en particulier la volonté de s'engager dans la « Division Charlemagne », malgré son jeune âge, vers la fin de la Seconde Guerre mondiale. Le patient paraît se trouver à des lieues de la maladie, comme profitant de la modification de son univers habituel pour se livrer à une réévaluation de son passé. La tentative médicale d'explication du diagnostic est quasiment ignorée, le patient ne réagissant pas à l'évocation de la maladie et de son traitement. C'est seulement à son retour de la première séance de radiothérapie que le comportement de Rodolphe se transforme radicalement. Contrairement à sa première présentation, cet homme, empreint d'une certaine gravité, mais passionné par les efforts effectués pour se remémorer son passé, est dans une profonde léthargie. Nonobstant les effets de la radiothérapie, cet état est inquiétant, d'autant que le patient semble avoir compris l'intérêt de son traitement, bien qu'il n'ait posé aucune question. À partir de cette date, Rodolphe va cesser de s'alimenter, il reste dans son lit, sans bouger, accueillant tous ses visiteurs avec politesse mais sans velléité discursive, totalement indifférent à la maladie et à ses conséquences. Pendant les entretiens, son discours se centre essentiellement sur ses activités délictueuses de jadis, il garde les yeux fermés, son visage est sans mimique, impassible. Il ne présente aucune tristesse, pas une larme, tout en tenant un discours coupable, mais complaisant, sur ses anciennes positions. À la recherche de son identité, le patient se fait apporter des ouvrages traitant de la culture de sa famille disparue, il s'enferme dans son passé, entièrement replié sur « sa faute ». Sa famille est désespérée, car elle semble connaître le danger lié à la réactivation du passé de Rodolphe. Très rapidement, des antidépresseurs sont nécessaires pour tenter de redonner un tonus minimum à ce patient ralenti, s'exprimant désormais avec un filet de voix.

Rien n'y fait, malgré les soins et les tentatives diverses de sa famille, le patient sombre peu à peu dans un état d'épuisement, rendant la radiothérapie dérisoire, face à l'envahissement tumoral qui n'a pas cessé pour autant. D'après sa femme, à aucun moment le passé de son mari n'aurait pu laisser prévoir une telle réaction. Jamais triste ou en colère, il restait essentiellement secret. Jamais malade non plus d'ailleurs, cultivant au contraire une forte musculature et sensible à ses conquêtes féminines. Seuls le début du traitement et, sans doute, les effets de la maladie semblent avoir véritablement déclenché cet accès mélancolique. S'agit-il, pour le patient, d'une confrontation soudaine avec sa mort prochaine ? La vision d'autres patients amaigris et chauves a-t-elle éveillé une culpabilité lointaine ? Pas plus que d'habitude, ne sera relevée la courante comparaison des patients à leurs compagnons de chimiothérapie ou de radiothérapie : « C'est Buchenwald, là-bas. » Ici cependant, une association entre la réalité et le passé fantasmatique du patient (puisque finalement il ne s'était pas engagé dans l'armée allemande) peut être tentée pour expliquer la subite dépression. Le patient se voit en effet soumis au même traitement que les victimes du nazisme et désormais tenu de payer sa faute. Il ne lui reste plus qu'à échafauder sa culpabilité, et c'est ce qu'il demande clairement, lors de nos entretiens. Rodolphe mourra-t-il de sa dépression ou de son cancer ?

La question est importante car elle donne à réfléchir sur les implications d'un diagnostic et sur les effets du « passage forcé » de certains mécanismes de défense. Une « barrière protectrice » était depuis longtemps établie pour protéger cet homme de son ancienne culpabilité. La connaissance de sa maladie révèle la faute et devient le signal du châtiment. Sans opposer plus de résistance, le patient se laisse aller, au mépris des efforts de tous ses proches. La position du moi, chez le mélancolique, rejoint celle, narcissique, du nourrisson. À l'occasion de la régression liée à l'univers hospitalier, elle peut être facilement retrouvée. Par ailleurs, la rupture occasionnée par la révélation du diagnostic et la sanction de la radiothérapie, associée au fantasme d'extermination que Rodolphe avait partagé, pendant son adolescence, semblent à l'origine de sa décompensation mélancolique. Elles rejoignent exactement la différence entre deuil et mélancolie. La mélancolie correspond bien à la dépréciation morbide de sa propre image ; retournant l'agressivité contre soi. Le moi devient vide et se replie vers le passé fautif. Ce que le patient attaque en lui de manière si sévère, puisqu'il se laisse glisser lentement vers la mort, c'est l'image intériorisée d'une représentation haïe. L'ambivalence de Rodolphe porte à la fois sur son admiration de l'idéal nazi et son rejet, en tant que Français, vivant dans une famille réprouvant absolument les horreurs de la guerre. La perte de son image d'homme fort, intégré dans son milieu, s'est sans doute ébauchée à l'occasion de son départ à la retraite. La connaissance de son cancer scelle la certitude de sa déchéance. Pour tenter un ultime effort de survie, il se rattache à son passé, désiré glorieux. Malheureusement, la maladie-punition lui rappelle la charge qui pèse contre lui. Confronté à une intégration imposée et trop brutale de son nouvel état de malade, il s'effondre. La nécessité trop subite de faire le deuil d'un équilibre déjà chèrement payé par son isolement à l'égard de son environnement se brise et il sombre dans l'accès mélancolique.

Quelles possibilités avons-nous pour faire face aux dangers de la révélation du diagnostic, alors que son absence est tout aussi néfaste ? Le médecin a-t-il la possibilité et la capacité de se livrer, pour chacun de ses patients, à une évaluation de sa personnalité ? Est-il possible de trouver toujours une parfaite adéquation entre les représentations de la maladie et de la santé et les possibilités de la médecine ? Les maladies chroniques et mortelles entraînent des renoncements de tous ordres, pour continuer à survivre dans les meilleures conditions. Les soignants doivent-ils être impliqués dans ce travail sur soi, auquel les patients doivent se livrer ? Ou faut-il, au contraire, comme nous l'avons dit en introduction, ne pas augmenter encore la médicalisation de la vie et réserver cette fonction à l'entourage, voire à des groupes de malades ?

La tendance des pays occidentaux semble se diriger vers ces groupes, par ailleurs assez efficaces. Associations de cancéreux, de diabétiques, d'insuffisants respiratoires ne se satisfont pas seulement d'échanger des conseils pratiques ou des guides d'utilisation de leurs appareillages sophistiqués. L'inter-identification entre patients a la fonction essentielle de leur permettre l'acceptation de leur maladie. À l'inverse de la médicalisation de la vie, on irait donc au contraire vers une ouverture de la maladie sur l'extérieur. Elle pourrait contribuer à une meilleure acceptation de la maladie, mais aussi de la mort, mieux accompagnée alors.

CHAPITRE II

Souffrances et douleurs dans le travail de deuil

Les endeuillés viennent souvent chercher eux-mêmes, dans le cabinet médical, les moyens permettant d'éviter la remémoration douloureuse et d'alléger l'angoisse liée à la séparation. Antidépresseurs, arrêts de travail sont autant d'éléments réclamés par le patient et accordés sans autre difficulté par le médecin qui, faute de temps, de formation ou parfois même d'intérêt, ne dispose pas d'autres ressources.

Pourtant, tendre un simple mouchoir, même si le geste s'avère encore utile, n'élude pas pour autant la douleur, cause des pleurs. Les mécanismes habituels du travail de deuil risquent d'être seulement différés ou mis entre parenthèses par les traitements médicamenteux, si une élaboration psychique n'a pas lieu parallèlement. Pire, les symptômes de ce deuil, contenus dans des limites socialement acceptables, émergeront à chaque nouvelle difficulté, *a fortiori* à chaque nouveau deuil. Ils constitueront même parfois, plusieurs années plus tard, une énigme diagnostique, car la cause de ces symptômes sera devenue confuse, lointaine, le patient présentant au médecin qui l'interroge un passé reconstruit, au sein duquel le deuil peut avoir été occulté. La résolution immédiate d'un deuil est donc un leurre. En tronquant artificiellement le temps incompressible du deuil, on mène au contraire l'individu à une dépression chronique ou à des troubles encore plus invalidants que le deuil dans sa phase aiguë.

Pourtant chacun, endeuillé, médecin, chef d'entreprise,

persiste à vouloir réduire cette phase nécessaire (deux ou trois journées de congé sont en moyenne accordées par les entreprises à la suite du décès d'un conjoint ou d'un enfant). La culpabilité pousse le premier à rapidement reprendre ses activités, tandis qu'il cherche à masquer sa dépression pour ne pas donner une vision démoralisante à sa famille ou à ses amis. Ne voit-on pas, aux États-Unis, où les « thérapeutes du deuil » ont pignon sur rue, des consultants s'étonner de pleurer encore trois jours après la mort de leur conjoint de trente ans [1] ! Le deuxième, on l'a vu, opte le plus souvent pour une prescription médicamenteuse qui masquera les signes apparents de la souffrance. Le deuil, médicalisé, ne s'évalue alors qu'en termes d'absence « pour maladie », et seule la Sécurité Sociale est le témoin des effets néfastes de la perte. Le troisième enfin, agissant d'abord dans un souci de productivité et de bonne marche de son affaire, souhaitera au plus vite retrouver son collaborateur aussi performant qu'auparavant. Les impératifs économiques conduisent donc aujourd'hui à interpréter le deuil en termes de diminution de force de travail seulement [2]. Mais il faut également conjuguer ce facteur avec la perte de la signification spirituelle que la religion accordait autrefois à la douleur de l'endeuillé.

Patrick Verspieren le dit bien, le fameux « Tu enfanteras dans la douleur » était aussi une façon, pour l'Église, de faire accepter à l'homme son impuissance face à un monde imparfait et incontrôlable. Donner une expression sacrée à la douleur est déjà une première façon d'accepter les maux qui font partie de la vie, donc de moins souffrir. Le jésuite philosophe se souvient même d'une religieuse qui refusait les analgésiques à la suite d'une grave opération pour, disait-elle, « mieux s'unir aux souffrances du Christ ». La douleur constitue, dans ce cas, une expérience au sens premier du terme. D'ailleurs, elle n'est pas indemne parfois de bénéfices secondaires. Notre monde est sans aucun doute partagé entre ces notions, à la fois matérialistes et judéo-

1. *Le Point*, n° 944, oct. 1990.
2. L.-V. Thomas (1978).

chrétiennes, qui plongent patients et soignants eux-mêmes dans de profondes contradictions, dès lors que le soulagement de la douleur ou de la souffrance entre en jeu.

La douleur physique en effet ne fait pas encore l'objet d'une parfaite prise en charge alors que les antalgiques actuels devraient amener un soulagement relativement adéquat. Paradoxalement, l'expression de la souffrance psychique est, au contraire, rejetée et parfois éliminée de façon intempestive par des sédatifs, alors qu'elle relève surtout d'une écoute de type psychothérapique.

Deuil écourté, douleur écartée, ce sont bien là les deux signes majeurs d'une société qui voit dans la mort seulement un temps mort. Mais le temps du deuil est le temps de la souffrance psychique. Et sans cette expression normale, il dérive tout droit vers des dépressions et d'autres symptômes douloureux inexpliqués.

Douleur et souffrance : des définitions

L'étymologie du mot deuil est claire : *dol* ou *doel* en ancien français désignait la douleur, au sens large. « Deuil » s'est réduit progressivement à l'expression de la douleur devant la mort d'un proche, c'est-à-dire à l'état affectif qui suit la perte. Le terme de douleur est, d'après le dictionnaire Robert, réservé, au départ, à la présence d'une « sensation pénible en un point ou une région du corps ».

Cependant, la douleur peut aussi être « morale » ou existentielle ; elle met alors en jeu des sentiments pénibles d'insatisfaction ou de frustration, aboutissant encore au malaise physique. La douleur, telle qu'elle est envisagée aujourd'hui par les médecins spécialistes, n'est plus l'ancienne « stimulation périphérique » signalant uniquement une atteinte sous-jacente.

Elle recouvre désormais un phénomène neuropsychologique complexe, aux composantes sensorielles, émotionnelles, cognitives et comportementales [3]. La discrimination

3. F. Boureau (1988).

sensorielle permet de situer la douleur, de la qualifier en termes d'intensité, de fréquence et de qualité. L'aspect affectif ou émotionnel de la douleur lui confère sa tonalité désagréable. Elle sera à l'origine de ses conséquences sur l'humeur et sur le niveau d'anxiété du sujet. La composante cognitive réunit l'ensemble des tentatives d'intégration de la douleur dans l'expérience du sujet. Elle résulte également des connaissances qu'a le patient sur sa maladie, connaissances rationnelles délivrées par les médecins, mais aussi connaissance fantasmatique ou issue de situations comparables personnelles. Enfin, les aspects comportementaux de la douleur sont visibles dans les attitudes et postures développées par le sujet souffrant, pour limiter les effets douloureux.

Dans la souffrance, le temps est cette fois engagé. La souffrance n'est pas ponctuelle comme peut l'être la douleur. Elle ne peut s'exprimer que dans la durée, même si son intensité est comparable à l'effraction douloureuse. Contrairement à la douleur, qui peut être localisée, y compris lorsqu'il s'agit de « bleus de l'âme », la souffrance envahit le sujet tout entier. C'est bien sûr cette souffrance et les opérations psychiques entraînées par elle qui sont à l'œuvre dans le deuil.

Dans le travail de deuil, la souffrance dépressive correspond à la nécessité du détachement et à l'acceptation de la réalité de la perte. Il peut donc être comparé à la « perlaboration » de la cure analytique. Là où le sujet en analyse se remémore ses souvenirs refoulés, pour se dégager des mécanismes répétitifs, l'endeuillé dépasse progressivement les ruminations stériles sur son histoire avec le défunt, pour accéder à son intégration et réaliser d'autres investissements. Pour Freud, la perlaboration permet de passer du refus, puis de l'acceptation purement intellectuelle des pulsions refoulées, à une conviction fondée sur l'expérience vécue.

William Styron livre son témoignage, dans son dernier essai, sur cette quête désespérée pour échapper à la souffrance de la dépression. Ce n'est qu'après une hospitalisation (refusée par son psychiatre, visiblement timoré par sa célébrité) qu'il pourra enfin établir la relation entre sa dépression chronique et le deuil non fait de sa mère, disparue alors qu'il était âgé de treize ans. Styron donne une description pathétique et terriblement réaliste de la souffrance de la dépression et de la tentation fatale du suicide. Antidépresseurs et hospitalisation sont ici hautement indiqués pour éviter un geste irréversible.

Seul le soulagement obtenu grâce aux médicaments permet la verbalisation et la compréhension de l'état dépressif. La résolution définitive du deuil passe, pour l'écrivain, par une véritable dépression déclenchée par un événement rappelant, inconsciemment, la perte maternelle. Cette dépression est ici une conséquence morbide du deuil, prenant, parce qu'il a été longtemps différé, un caractère hautement pathologique. Pour Daniel Widlöcher (1988), la souffrance du deuil ne devrait toucher que les souvenirs, les objets, les territoires d'appartenance commune avec le défunt. Or, dans le cas de la dépression réactionnelle à la perte, le processus de la diminution, puis de la disparition de l'énergie fixée sur les pensées et les actions partagées avec le disparu, dépasse, en quelque sorte, son objectif et vient envahir les autres champs d'action du sujet. La dépression serait véritablement douloureuse cette fois, puisqu'elle engendre l'inhibition générale du sujet, pour aboutir à « l'inertie passive du désespoir ». C'est alors que les antidépresseurs jouent pleinement leur rôle, puisque, grâce à eux, la léthargie du patient pourra être levée et céder la place au travail de mentalisation du deuil.

Le travail de deuil se situe donc nettement au cœur même d'une interaction entre douleur, souffrance et dépression. La majorité des auteurs estime entre 40 et 60 % le nombre des patients consultant dans un centre spécialisé pour la douleur et présentant un syndrome dépressif. La présence de douleurs sévères, quant à elle, toucherait 30 à 100 % des patients présentant un syndrome dépressif. La proximité des symptômes douloureux et dépressifs se comprend facilement dans les situations suivantes. Une douleur physique agit sur le sujet d'une manière globale, par la tension générale qu'elle produit. Cette tension empêche le sujet de dormir, de manger, de se sentir relaxé. L'humeur du sujet s'en ressent, il recherche avec anxiété un soulagement, ce qui se traduit par une certaine irritabilité, renforcée encore par la tendance à éviter le mouvement, pour ne pas augmenter la douleur. La douleur devient souvent le point de focalisation des difficultés du sujet. En cela, elle est investie négativement, mais peut constituer également un « bon » moyen de déplacement des autres problèmes.

La douleur est aussi, pour certains, le seul mode de communication de leurs troubles existentiels. Elle est un « équivalent dépressif », lorsqu'elle prend la forme d'un symptôme somatique impliquant une consultation médicale. Il s'agit bien d'une expression masquée de la dépression, puisque le caractère rebelle de la plainte douloureuse prend la place de la tristesse et du retentissement affectif habituel de la dépression. Quelles sont les présentations douloureuses du travail de deuil, susceptibles d'aboutir à une consultation médicale ?

Les douleurs par identification

Nombreux sont les cliniciens qui citent les phénomènes d'identification au défunt comme courants parmi les symptômes du deuil. Lindemann note que traits de caractère et surtout derniers symptômes avant la mort apparaissent, de façon transitoire chez les endeuillés. Karl Abraham, dans ses travaux adressés à Freud, décrivait son trouble lorsqu'il avait remarqué, à la mort de son père très âgé, le grisonnement passager de sa propre chevelure, à la manière de celle du vieillard. Ces réactions d'identification sont parfois spectaculaires lorsqu'elles évoquent parfaitement, mais avec une intensité affaiblie, la maladie terminale du sujet. Elles se reproduisent même à chaque anniversaire du décès : aphonie transitoire ou paralysie rappellent l'aphasie ou l'hémiplégie du défunt. Certaines douleurs chroniques semblent alors remarquablement bien supportées par les patients, car elles remplacent une dépression grave qui ne manque pas d'apparaître lorsqu'elles sont supprimées. Ainsi, une toux persistante inexpliquée chez une femme semble liée à la récente perte de son mari d'un cancer des voies aériennes supérieures. Une dyspnée d'apparition subite mais sans origine organique fait pencher pour un équivalent dépressif, chez la femme d'un patient décédé d'un cancer pulmonaire. L'indifférence de ces patients à leur symptôme, malgré leur consultation, évoque une conversion hystérique. Mais il s'agirait alors d'hystérie « pauvre », car à l'exclusion du symptôme physique évocateur de l'objet perdu, la personnalité des patientes concernées ici n'a rien de l'aptitude à la symbolisation habituelle des hystériques. Nous pensons plutôt à de véritables somatisations douloureuses, remplaçant l'expression mentalisée du deuil. Une confirmation vient à l'appui de cette hypothèse, lorsque ces somatisations surviennent justement après la fin d'un traitement antidépresseur, censé limiter les conséquences émotionnelles du deuil.

Les expiations douloureuses

Ces situations se rencontrent fréquemment chez les personnalités obsessionnelles et masochistes. Leur histoire, et surtout leur enfance, n'est pas indemne d'expérience douloureuse. Celle-ci est assimilée à un véritable moyen de communication, anciennement institué en système d'échange du patient avec son environnement parental. La douleur n'apparaît généralement pas dans le cadre d'un deuil récent, mais s'inscrit dans le contexte d'une véritable maladie. C'est à l'occasion de cette maladie, interprétée comme le prix à payer de fautes passées, qu'un deuil, parfois très lointain, va être réactivé. Ce besoin de « payer », au moyen d'une souffrance, constitue encore une fois un équivalent dépressif, surtout lorsqu'il s'agit d'un deuil.

Il est donc utile d'évaluer, dans les situations de douleurs récalcitrantes, la résolution des deuils antérieurs du patient. Ce dernier est, de plus, à même de donner des informations suffisamment floues sur ses douleurs pour empêcher toute sédation. Paradoxalement, il émettra des plaintes bruyantes à leur sujet et uniquement sur ce thème, plaçant l'ensemble des soignants en situation d'échec devant sa souffrance, tout en sollicitant l'avis de nombreux spécialistes à son chevet. Le système punition-douleur évoque le mode de communication des enfants battus qui ne peuvent attirer l'attention de leurs parents, qu'avec « les verges pour se faire battre ». La douleur rejoint ici la culpabilité dépressive et peut être renforcée par un ascétisme religieux. Certains patients refusent d'ailleurs clairement toute proposition antalgique, surtout les opiacées assimilées alors à la jouissance toxicomaniaque.

La douleur, mieux acceptée que la tristesse

Contrairement aux dépressions masquées où la douleur, au premier plan, est sans commune mesure avec la réalité d'un trouble organique[4], les dépressions à expression somatique, et surtout douloureuse, ont pour point de départ une affection relativement grave. Les patients, confrontés à une menace mortelle, se sont déjà livrés au deuil de leur invulnérabilité ; ils vont être incapables de projeter leur réadaptation, lors de leur guérison. Parmi ces patients, figurent souvent les victimes d'un infarctus du myocarde, ceux qui ont séjourné dans un service de réanimation pour un coma même relativement court. Des greffés enfin, dont le pronostic restait sombre jusqu'à la confirmation de la réussite de la greffe, présentent, alors qu'ils sont guéris, un syndrome dépressif. Ce syndrome dépressif va s'exprimer par l'intermédiaire de troubles somatiques comme une douleur persistante, des anomalies du sommeil, de l'appétit, de la libido. Le « travail de la maladie » est sans doute en cause, comme si le narcissisme, atteint par la trahison du corps, ne pouvait rétablir

4. P. Kielholz (1979).

le sentiment de sécurité interne nécessaire à tout investissement extérieur.

Les enfants, dans ces situations, éprouvent souvent d'importantes difficultés scolaires et surenchérissent parfois dans le registre de la plainte douloureuse. Leurs parents renforcent en général ce comportement, tant leur angoisse de voir rechuter leur enfant est grande. Pour certains patients, la douleur chronique constitue le moyen de proroger la dépendance régressive à l'institution médicale et peut déclencher une véritable « sinistrose ». Cette affection psychiatrique, dénommée aussi « maladie de l'assurance », aboutit parfois à des revendications délirantes à l'égard de la société et à une invalidité prolongée. Ainsi, la difficulté de réhabilitation de certains patients amputés dépasse parfois largement les problèmes neurologiques ou ceux de la rééducation. Le phénomène douloureux au niveau du « membre fantôme » est aussi lié au travail de deuil nécessaire, dans toute atteinte du schéma corporel. Deuil de l'harmonie, de l'ancienne normalité mais aussi de la fonction perdue. Les douleurs de désafférentation doivent donc faire l'objet d'une verbalisation par le patient, de ce que représente l'amputation. Le sentiment, morbide ici, de la castration éprouvée est souvent à l'origine du vécu douloureux tandis que le voyeurisme de la société peut déclencher une certaine complaisance, à l'origine d'une grande ambivalence.

Marcel Mauss a caractérisé par le terme de « thanatomanie » les conséquence physiques sur l'individu de l'idée de mort suggérée par la collectivité, ici familiale ou médicale. La fréquence de plus en plus élevée des thérapeutiques radicales, comme les greffes, qui agissent en termes de « tout ou rien », sur des maladies à pronostic léthal augmente la probabilité de rencontrer ce type de réaction. Les possibilités thérapeutiques semblent encore ici largement dirigées vers la psychothérapie, ou, du moins, la verbalisation des fantasmes de mort, endogènes ou exogènes, intériorisés par le sujet, lors de l'annonce traumatique du diagnostic mortel.

Deuil, dépression, douleur : une interaction subtile

La finesse des tableaux cliniques précédents provoque souvent des difficultés d'évaluation. L'information est principalement responsable de la composante cognitive de la douleur. Une diminution de l'anxiété lui succède généralement, dans la mesure où elle n'est pas assenée au patient. Qu'il s'agisse de la nouvelle d'une perte affective ou de la déclaration d'une maladie grave, l'information provoque non seulement une sidération des défenses mentales, mais conduit aussi à la mise en place d'équivalents de la dépression, ou de justifications secondaires de la douleur et de l'invalidité.

Les possibilités thérapeutiques ont donc pour point de départ la réassurance par rapport au choc initial, l'anxiété chronique ne faisant qu'augmenter la douleur. La part dépressive exprimée dans la douleur peut dès lors faire l'objet d'une tentative d'amélioration. Si l'efficacité des antidépresseurs, dans le cadre des douleurs chroniques, est rarement remise en cause, elle peut être discutée lorsque celles-ci sont en relation avec un deuil. La plupart du temps cependant, la demande de travail introspectif, de type psychothérapique, est très limitée. Le patient, dont la plainte douloureuse reste par excellence somatique, refuse donc la dimension psychologique de ses troubles. La difficulté réside alors essentiellement dans la fixation à la plainte douloureuse, donnant lieu à peu d'associations verbales sur le contexte de son apparition. Le thérapeute devra donc s'armer de patience, pour « absorber » la rumination plaintive jusqu'à ce que l'intégration du principe psychothérapique permette au sujet d'établir une liaison entre douleur et passé. Un nouveau sens, symbolique cette fois, permettra une réinterprétation de la douleur et déclenchera les processus psychiques à l'œuvre dans le deuil.

Lorsque la mentalisation du deuil est décidément impossible aux patients, inaccessibles de prime abord aux méthodes d'inspiration psychanalytique, des techniques comportementales ou corporelles comme la relaxation sont indiquées. Elles permettront parfois d'agir sur des conditionnements secondaires à la situation douloureuse et aboutiront à une meilleure intégration psychosomatique. Ces pratiques répondent souvent mieux aux défenses des patients, à défaut de toute remise en cause de leur structure. Il ne faut pas oublier qu'ici la plainte corporelle est le seul moyen socialisé d'expression des émotions.

La symptomatologie du deuil, par sa diversité, touche donc aussi au registre somatique et peut conduire à des consultations, voire à des hospitalisations sous des prétextes strictement somatiques. L'analyse de l'histoire personnelle du patient et la prise en compte des événements récents subis permettent d'éviter des examens médicaux inutiles, parfois pathogènes et des traitements inadéquats. Certaines douleurs venant se substituer à l'expression d'affects dépressifs liés au deuil, leur disparition, par une sédation artificielle, ne peut faire l'économie du travail mental nécessaire. La confirmation institutionnelle de l'aspect organique de la plainte risque de renforcer le patient dans son deuil pathologique, aussi la solution médicamenteuse rapide et d'une efficacité parfois trompeuse doit-elle faire l'objet d'une réflexion approfondie.

CHAPITRE III

Réduire les risques du deuil

Depuis les années soixante-dix, de multiples tentatives scientifiques se mettent en place pour démontrer l'intérêt de la prévention des deuils pathologiques. Elles ont lieu majoritairement dans les pays anglo-saxons, à la fois pour des raisons culturelles (on ne retrouve pas en Grande-Bretagne un déni de la mort aussi puissant qu'en France), et parce que la médecine du Royaume-Uni n'a jamais repoussé l'abord concret de problèmes de santé touchant aussi aux sciences humaines.

Les femmes, la mort et la tradition

Lorsque l'on se penche sur la littérature médicale parue à ce sujet à partir de 1975, on est d'abord frappé par le nombre de signatures féminines. Cette présence, contrairement aux autres domaines de la médecine, semble perpétuer la place ancestrale de la femme auprès des êtres souffrants et dans le domaine de la mort. Les femmes, dans la plupart des cultures, ont la charge des aspects domestiques de la mort tandis que les hommes se consacrent plus à l'avenir spirituel du trépassé. Cette proximité concrète avec le mort, mais aussi la fonction généralement confiée aux femmes de le pleurer, s'est transmise, au point qu'elles approcheraient de nos jours plus facilement la mort en situation professionnelle. La tradition s'est élargie au monde de la santé en adoptant une forme scientifique et éthique. Elle a constitué, dans une première étape, une tentative de sublimation, pour les médecins et les infirmières. Ils essayaient ainsi d'accepter le sentiment d'échec des soins palliatifs, présentés alors sous un aspect plus valorisant. La présence de femmes dans ce domaine de la recherche s'explique également par le délaissement des médecins qui ne trouvaient pas dans l'accompagnement des mourants toute la gratification des actes se soldant par une guérison spectaculaire.

Le « conseil en deuil » anglo-saxon

L'intérêt pour la prévention des deuils pathologiques prend naissance avec l'interprétation de la perte d'un être cher comme un événement vital majeur. Très vite, les hospices et les unités de soins palliatifs anglo-saxons décident de prendre également en charge les survivants qui accomplissent leur deuil. En proposant des entretiens, puis des réunions, à des groupes d'endeuillés, les équipes médicales établissent des comparaisons entre ceux qui bénéficient d'un soutien psychologique et ceux qui sont livrés à eux-mêmes. La création de « services de deuil » constitués par des professionnels de santé, médecins ou non, va rapidement compléter un système qui se veut « holiste » (c'est-à-dire global), contrairement au morcellement de l'être humain à l'intérieur du système hospitalier. Considérant qu'en période de deuil récent, les familles sont trop fragiles pour formuler une demande d'aide explicite, les services de deuil vont s'adresser directement à elles. 6 à 37 % des personnes sollicitées refusent, selon les études, de se rendre à la séance organisée pour la remémoration du défunt. En fonction du statut social, de la religion ou du type de deuil, le fait d'accepter d'aborder dans une institution un problème aussi intime n'est pas si simple. Cependant, près de 60 % des gens répondent à une telle demande. Cela montre bien son intérêt.

Le soutien psychosocial des endeuillés

En fait, la plupart des travaux cernent de plus en plus finement les facteurs du deuil à haut risque. Celui qui arrive en première position est, bien sûr, la solitude. Les analyses à long terme rapportent des différences très significatives entre les groupes soutenus et ceux qui ne le sont pas ; les endeuillés solitaires étant les plus sensibles aux effets du « traitement ». En quoi le « soutien » consiste-t-il ? Il s'agit aussi bien de quelques entretiens individuels avec le psychiatre ou le psychologue, du retour dans l'hôpital où le parent est mort, que de la rencontre avec les soignants qui l'ont aidé jusqu'aux derniers instants.

D'autres méthodes préconisent une disponibilité des conseillers « à la demande » et de véritables groupes cathartiques, dont l'objectif fondamental est l'expression des émotions liées au décès. Identification mutuelle entre les différents intervenants ou compassion de toute une équipe soignante, la première des tentatives consiste à offrir un « support » émotionnel aux endeuillés. Il s'agit de « contenir », au sens concret du terme, c'est-à-dire de recevoir, d'accueillir, les effusions, la souffrance et les premières paroles sur le mort. La seconde entreprise consiste à rassurer l'endeuillé sur ce qu'il éprouve. Il est normal de se sentir désorienté, d'avoir l'impression de vivre un cauchemar et, parfois, de se croire devenu fou. Les phénomènes de sidération, comme ceux de recherche active du disparu, provoquant de véritables hallucinations du désir de retrouver l'objet perdu, sont dédramatisés. La dépression qui s'installe est mieux acceptée, mais les thérapeutes gardent à l'esprit les possibilités de laisser-aller excessif ou au contraire de passage à l'acte suicidaire. Une véritable « check-list » de symptômes est alors dressée, comme le veut la méthode rationnelle des comportementalistes anglo-saxons. Les limites de cette méthode résident évidemment dans l'appréhension de ne pas retrouver ses propres difficultés sur la liste ou de sortir de ces normes quasi exhaustives, quand elles ne sont pas prises au pied de la lettre par des observateurs naïfs...

Enfin, la présence des endeuillés au sein même d'une institution de soins limite leur prise intempestive de médicaments. Le contact avec l'extérieur permet d'éviter la négligence parfois extrême de leur état physique, aboutissant à un délabrement irréversible de leur état de santé. Le soutien à long terme du deuil, pendant un an, voire deux ans après la perte, assurera la reprise d'une vie normale mais aussi l'acceptation, sans culpabilité excessive, du retour de la sexualité ou d'activités professionnelles.

Le deuil à « haut risque »

La recherche menée par Beverley Raphael (1977), psychiatre australienne, est un modèle, dans ce domaine. L'échantillon des endeuillés, rencontrés pour cette étude, se limite à des veuves ayant perdu leur mari dans les sept semaines précédentes. Elles ont été sélectionnées parmi deux cents femmes parce qu'elles présentaient un risque important de deuil pathologique. Les critères suivants ont été recherchés :

– perception d'un manque de support social – mort « traumatisante » du partenaire ;

– relation conjugale ambivalente – stress additionnels parallèles.

Quatre entretiens de deux heures ont lieu à la maison de l'intéressée, complétés par d'autres entrevues pendant trois mois. Des évaluations de l'état de santé des veuves ont lieu pendant treize mois au moyen d'un questionnaire de santé. Le soutien pendant le deuil consiste essentiellement à faciliter l'expression du chagrin, de la tristesse, de la colère, de la perte d'espoir et du sentiment de ne pouvoir être aidé. Les aspects positifs de la perte sont envisagés aussi bien que ses aspects négatifs. Enfin, si les sujets ne sont pas considérés comme des malades ou des patients en psychothérapie, Raphael constate, pour la plupart d'entre elles, l'importance des deuils anciens non résolus. Ceux-ci semblent particulièrement réactivés à l'occasion du deuil pour lequel le soutien a été engagé. Trente-trois femmes présentant un « haut risque » sont comparées à trente et une autres ne bénéficiant pas du support de la psychiatre. Treize mois plus tard, les différences sur le plan de la santé, entre les deux groupes, sont hautement significatives (avec une probabilité de se tromper de 2 %). La comparaison des consultations pour de nouveaux symptômes ou une aggravation de signes antérieurs montre un écart important entre les deux groupes. Les femmes qui annoncent que leur famille est incapable de les aider présentent les conséquences les plus graves pour leur santé. Elles prouvent donc que l'absence de soutien est une des caractéristiques les plus importantes du deuil pathologique.

Gerber a proposé le même type d'étude avec cette fois une composante plus économique et sociale recherchée dans le soutien. Outre l'expression de la tristesse et de la culpabilité, l'ensemble de la relation avec le défunt est revu avec l'endeuillé, afin de trouver « une formulation acceptable de la future relation à l'image du disparu. » Ainsi, au-delà des aspects psychologiques, sont envisagés les problèmes légaux, financiers et matériels inhérents aux projets d'une vie future. Les cent seize personnes soutenues selon ces modalités et évaluées deux, cinq, huit et quinze mois après le deuil présentent, en comparaison du groupe contrôle de personnes non aidées, beaucoup moins de troubles nécessitant une visite chez leur médecin. Les différences maximales sont constatées entre cinq et huit mois après le deuil.

Le soutien « post-deuil »

De nombreuses institutions ont tenté de reproduire les expériences évoquées précédemment de façon plus systématique, avec une méthodologie permettant une généralisation (endeuillés des deux sexes, niveaux culturels différents, groupes contrôles strictement appariés). Parkes (1980) ne trouve pas de différence significative pendant la première année post-deuil. En revanche, les trois années suivantes, les résultats sont en faveur du groupe soutenu par des entretiens réguliers. Il présente moins de symptômes pathologiques et une consommation significativement plus faible d'alcool, de drogues et de tabac.

Le soutien des endeuillés a également pour effet de faciliter la reprise des relations sociales. Mary Vachon, en 1980, décrit elle aussi la prise en charge d'un groupe strictement apparié à un autre ne bénéficiant pas du « traitement ». Elle ne constate de différences entre les deux groupes, sur le plan psychologique, qu'au bout de six mois. Trente-quatre mois plus tard seulement, le groupe aidé a un statut sanitaire meilleur que l'autre.

Ces recherches mettent en évidence la reprise plus rapide de la vie sociale chez les endeuillés soutenus, ce qui témoigne d'une résolution de la dépression, d'une diminution du retrait dans la solitude et, par la même occasion, d'un plus grand soin de soi. Le soutien des endeuillés permettrait donc non seulement une réduction des risques de deuil pathologique, mais aussi un temps de deuil limité, de l'ordre de un à deux ans.

Les condoléances

Ces travaux ont conduit à une réflexion sur les pratiques rituelles du deuil et à l'élaboration de conseils à l'ensemble de la société. Au sujet des condoléances, la plupart des auteurs rapportent que ces dernières sont mal acceptées par les endeuillés. Elles gardent souvent un caractère normatif se traduisant par une gêne chez celui qui, n'osant risquer une parole maladroite, va tenter de glisser une ou deux formules toutes faites. L'endeuillé, lui, aura le sentiment de contraindre autrui à une corvée supplémentaire et, à défaut de compassion, ne rencontrera qu'une sentence conformiste, parcimonieuse et un peu stérile.

Les remarques du genre « Je sais exactement ce que vous ressentez » sont évidemment trop intrusives et empêchent l'expression des sentiments du sujet, comme si tous les deuils menaient aux mêmes effets. D'autres exclamations qui démontrent le souci de rejeter toute tristesse sont encore plus mal venues : « Vous avez tout de même l'air de bien vous en sortir ! » Enfin, les affligeantes suggestions comme « Tu es jeune, tu pourras retrouver quelqu'un » ou « Tu as au moins eu la chance de passer un grand moment de ta vie à ses côtés » provoquent parfois plus de souffrance que d'indifférence.

Une parole plus modeste, reconnaissant les difficultés à communiquer dans ces circonstances (« Je ne sais quoi te dire, mais sache que je suis près de toi et que je comprends vraiment combien c'est difficile actuellement. ») semble bien plus authentique. La simple expression de la sympathie, assortie d'un contact physique (une vraie poignée de main peut donner le sentiment d'une démarche de compréhension volontaire) est bien plus encourageante qu'une formulation toute faite. Différents auteurs ont noté, dans les entretiens avec les endeuillés, que ces derniers étaient extrêmement sensibles à ces paroles regroupant la société autour d'eux. Les endeuillés n'aiment pas les condoléances mais ils se sentiraient abandonnés si elles n'avaient pas lieu.

Pompes d'antan, rites d'aujourd'hui

L'enterrement et les pratiques équivalentes ont, au même titre que le mariage et les autres cérémonies publiques, une fonction évidente dans les différentes sociétés humaines. Il s'agit de réaliser un acte devant témoins. Les parents et amis ont, lors du mariage, la preuve vivante de l'union du couple. Pendant l'accompagnement du défunt à sa dernière demeure il y a reconnaissance collective de la mort. Par ailleurs, l'endeuillé signale à la société sa solitude et la prépare peut-être à intervenir pour l'aider.

Les travaux effectués sur les endeuillés ont démontré l'efficacité du soutien moral chez les sujets à haut risque. Les solitaires qui ne disposent ni de témoins ni de soutien courent le plus grand danger. Dans de nombreuses civilisations, la perte d'un mari aboutissait souvent, pour la femme, à son remariage avec le frère du défunt (l'inverse étant aussi possible, dans la mesure où frère ou sœur étaient encore libres). La collectivité réunie autour du cercueil y ratifiait en quelque sorte déjà les échanges futurs : échanges de femmes, de terres et d'argent. Le nombre des mariages diminue de nos jours à cause de l'individualisme croissant, mais peut-être aussi à cause du refus de s'engager définitivement, devant témoins, avec le partenaire de son choix. Les enterrements religieux subsistent, en proportion bien plus grande (les enterrements civils ne concernent qu'une très faible minorité des Français), dans la mesure où l'ignorance de l'après-mort conduit mourant et famille à tenter encore l'entremise d'un Dieu salvateur.

Cependant, les nouvelles possibilités comme l'incinération ou l'exposition dans un funérarium limitent les marques d'affection rituelles, en accélérant le processus de destruction du corps ou en le niant (lorsque le mort est embaumé). De la sorte, les condoléances n'en sont-elles pas biaisées ? Le deuil se passe en effet ailleurs. Les *bereavement services* (les services de deuil anglo-saxons) officient justement en dehors du lieu où reposent les corps. Ils se déplacent au domicile des gens ou les invitent dans une institution. Ils revendiquent leur appartenance à une véritable médecine préventive (leur rôle est en effet de prévenir les conséquences pathologiques du deuil), tout en offrant de multiples possibilités de soutien social.

On retrouve donc des structures médicales, sociales et psychologiques dont la fonction est de « pallier l'affectif et le culturel ». Leur action dépasse largement la mort et englobe maintenant maladie et vieillissement. Au Royaume-Uni, chaque catégorie sociale et ethnique a son propre réseau de « conseil en deuil ». Catholiques, juifs, luthériens, orthodoxes se distinguent en offrant tous des brochures discrètes mais précises sur les possibilités de soutien. Il existe même un *Gay bereavement service* qui s'adresse aux homosexuels et qui procure un réconfort estimable aux compagnons des patients atteints du sida.

Tous ces groupes donnent le sentiment d'un bouleversement de fond des pratiques funéraires anglo-saxonnes. Car bien sûr, si la plupart des familles accompagnent leur mourant et ne requièrent pas les services des hôpitaux pour le deuil, elles se rendent elles-mêmes auprès des thérapeutes pour évoquer leur mort. Est-ce le reflet d'une angoisse de mort telle que l'on ne puisse plus aborder un décès sans l'aide de professionnels ? Ou bien tentons-nous de trouver de nouveaux rituels dans une culture éparpillée, se diffusant à toute la planète mais perdant les milliers de coutumes locales qui faisaient l'identité d'un groupe ? S'agit-il enfin du retour de balancier faisant suite à une radicalisation de la solitude qui entrave la communication au point de ne pas permettre à un groupe de se retrouver lors des occasions importantes ?

Les anthropologues le reconnaissent, on doit bien accepter la fin de certaines civilisations, sous peine de stagnation. Ainsi, les rituels de deuil ne retrouveront pas leur « pompe » d'antan... Les avancées de la médecine entraînent une évolution considérable des individus. Et si d'innombrables tentatives sont mises en place pour permettre aux familles d'accueillir un mourant à la maison, la possibilité de prolonger la vie créera encore bien des dilemmes et des atermoiements. Le pourcentage de morts à l'hôpital ne devrait donc pas décroître malgré l'optimisme actuel.

CHAPITRE IV

Le groupe familial en deuil

Les funérailles, au même titre que toutes les pratiques rituelles, permettent, entre autres, à l'individu de manifester son appartenance à un groupe familial, une société, une culture. Mourir est donc aussi un acte social. Désorganisé par la perte de l'un de ses membres, le système familial prouve sa « loyauté » au corps social en sacrifiant aux coutumes de tous. C'est ainsi qu'il retrouvera son autonomie. La « reconnaissance de dettes » par l'intermédiaire de la soumission aux traditions consacrées aux ancêtres constitue la seule façon de s'octroyer l'indépendance sans risquer la marginalisation [1].

La cérémonie du deuil est aujourd'hui souvent escamotée, bien qu'avec le baptême et la première communion pour les catholiques (la Bar Mitzva reste également pour les juifs un des actes religieux les plus couramment respectés), elle constitue l'un des rites de passage les plus pratiqués. Elle pose la question de la préservation des manifestations collectives mais aussi celle des initiations individuelles. Ce que Parkes appelle « transitions psychosociales » (1971), c'est-à-dire l'ensemble des changements d'appartenance aux différentes phases du développement de l'être humain, perd progressivement, de nos jours, son caractère de témoignage devant la communauté. D'où ces pratiques intimistes, ces réunions privées et, parfois, le

1. G. Devereux (1970).

danger qui peut résulter de l'absence de mise en place de passages substitutifs. La transition psychosociale du deuil correspond à un véritable changement de la vision du monde de l'endeuillé. Son modèle intériorisé de l'environnement doit être radicalement révisé, comme si le défunt avait fait partie de son schéma corporel.

Ainsi, la veuve dont le mari est mort récemment continue, de façon automatique, à mettre le couvert pour deux. Elle n'a pas encore intégré son passage d'un cycle de vie à un autre, par le biais d'un nouveau statut social. De même l'amputé tente encore d'utiliser son bras disparu, et, lorsqu'il ressent des douleurs dans son membre fantôme, c'est à la fois la manifestation d'un phénomène neurologique et le signe de sa difficulté à faire le deuil de la fonction réalisée antérieurement.

Bien au-delà du deuil, l'ensemble des rites de passage a été bouleversé par les mutations sociales qui ont suivi l'industrialisation de l'Occident. Les étapes du développement de l'homme contemporain, enfant, adolescent, adulte jeune, mûr, retraité, vieillard, constituent maintenant autant d'états bien caractérisés. Mais ils imposent également au sujet la recherche d'une nouvelle stabilité. Les rites de passage définissent des pratiques déterminées culturellement, en général très codifiées, dont la signification symbolique permet d'entamer une autre étape de la vie (l'eau du baptême, l'alliance du mariage, la veillée du mort matérialisent ces changements).

L'adolescence est ainsi particulièrement visée par la nécessité de trouver des règles pour intégrer le changement de statut du jeune. Passer de l'enfance à l'état adulte est une épreuve difficile, qui fait accéder à une certaine autonomie et notamment à une identité propre. Or quels sont les rites auxquels les adolescents peuvent souscrire aujourd'hui ? Quelles sont les pratiques résolutives des « crises » traversées par les jeunes ? La transition de l'adolescence ne peut pas se satisfaire d'un rituel scolaire (comme le baccalauréat) ou militaire (comme la conscription). Les adolescents cherchent à s'approcher des attitudes adultes concernant la sexualité et la mort, tout en conservant des comportements caractéristiques de l'enfance, comme l'impulsivité ou le choix en « tout ou rien ».

Mais lorsque aucune épreuve reconnue ne sanctionne plus le passage de l'enfance à l'état adulte, se développe l'usage de moyens artificiels pour suppléer cette absence de limite. La drogue peut ainsi jouer, par défaut, le rôle d'intégration qui devrait normalement être occupé par d'autres modes d'expression. L'absence de symbole reconnu, permettant de jouir pleinement de l'originalité d'une phase unique de la vie, l'angoisse au contraire d'être exclu par le chômage ou l'oisiveté sont les principaux facteurs d'une quête éperdue d'identité. L'aspect dérisoire des graffiti fleurissant sur tous les murs « propres » des gens « installés » de la société en est l'exemple le plus frappant. Ils témoignent des difficultés à compenser les périodes de crises.

Mais les moyens employés pour « passer » d'une phase à une autre de la vie sont toujours à double tranchant. La drogue est évidemment un exemple typique, tant les risques de transformer la simple expérimentation en une réelle addiction sont grands. La prise de drogue ne reste d'ailleurs une initiation au sens habituel du terme que pendant un laps de temps de plus en plus réduit (le crack rendrait dépendant dès la première prise). Si elle marque un signe d'appartenance à un groupe lors de sa découverte (l'enfant ou l'adolescent entend parler de la drogue, puis il lui est proposé de la partager et d'entrer dans le cercle fermé des initiés), la drogue est rapidement consommée en solitaire. Elle perd, par là même, son caractère initiatique, pour adopter bientôt celui de l'esclavagisme. De la toute-puissance fantasmée, réalisée à l'aide d'un « paradis artificiel », on arrive alors à l'asservissement d'une consommation obligatoire pour simplement éviter la douleur du manque. Il s'agit donc d'une fausse « transition », d'un leurre de changement. Car s'il emploie la même méthode, le rite de l'injection de drogue ou de la préparation d'une inhalation n'aboutit pas à l'objectif habituel : scinder le temps en de multiples petites périodes pour mieux supporter son écoulement. Au contraire, la prise de drogue donne l'impression d'une dilatation temporelle qui débouche rapidement sur l'impasse du néant. Les jeunes filles boulimiques rapportent la même expérience dans leur « toxicomanie alimentaire ». Confrontées à l'angoisse d'une féminité parfois trop complexe (s'accorder à l'image de la femme pluridisciplinaire, tout en restant mince et désirée), elles tentent de structurer le temps par des épisodes d'ingestion massive de nourriture. Lorsque, gavées, elles ont vidé leurs poches à la caisse du supermarché, ou délesté tous les placards de la maison, elles s'effondrent dans la culpabilité ou s'endorment épuisées. Aller jusqu'au bout des limites de leur corps est la motivation qui les guide dans de tels excès. Le rituel alimentaire a une fonction rassurante, la plénitude de l'estomac comble, mais seulement au premier degré, les lacunes affectives.

Tous ces maux de l'adolescence illustrent bien la désorientation du sujet livré à lui-même, dans un univers qui tourne trop vite pour lui. De la même manière, la transition nécessaire après le passage critique de la perte d'un être cher traverse une période difficile. Comme pour la drogue, les modifications de la pratique du deuil résultent des évolutions de notre société : individualisme prépondérant, urbanisation, perte des structures familiales élargies, nature essentiellement « productive » du temps. Les périodes de transition entre la disparition d'un être aimé et l'accès à un nouvel état sont quasi inexistantes parce qu'elles correspondent à une symbolique que nous trouvons dépassée.

Mais comment les familles vivent-elles ces changements ? Devant le nombre important de décès à l'hôpital, les rares unités de soins palliatifs développent leur savoir-faire, tandis que des médecins encore isolés tentent, au domicile du patient, un dernier accompagnement. Entourer le mourant n'est qu'une première étape. Il faut ensuite permettre aux endeuillés de passer à une nouvelle phase de leur vie.

Introduire les premiers rituels de deuil à l'hôpital

Le déroulement du deuil est toujours un peu ambigu : l'acceptation de la réalité du décès par la vision même du cadavre a pour fonction d'éviter le déni qui ferait croire en l'immortalité des êtres aimés (et de nous-mêmes). Mais paradoxalement, le partage avec la société des mêmes douleurs et des mêmes efforts lors des cérémoniaux communs au deuil permet d'entrevoir l'espoir d'une régénération du groupe, bref, limite le sentiment d'irréversibilité.

L'enterrement est l'une des traditions qui persistent le mieux de nos jours. Bien que l'incinération gagne peu à peu du terrain, elle ne concernait encore en France, en 1983, que 2 % des morts. La France occupe d'ailleurs quasiment le dernier rang des pays pratiquant la crémation, tandis que les pays d'Europe du Nord en sont partisans depuis plus d'un siècle, sans doute à cause de son acceptation par la religion réformée [2]. Le rituel funéraire, pendant l'enterrement, sert à séparer clairement les territoires des vivants et des morts : d'un côté, les vivants réunis, de l'autre le cadavre, seul, pour la mise en terre. Mais avant de tracer cette nouvelle limite, le mort et les vivants, en cortège, ont effectué ensemble le parcours jusqu'au cimetière en une déambulation commune. Puis, très vite, le défunt disparaît définitivement, symbolisé cependant par un objet, urne funéraire, plaque, tombeau.

Une de ces étapes au moins est largement abrégée aujourd'hui : les processions accompagnant le mort jusqu'à sa dernière demeure. Ces processions permettaient pourtant à la famille de se situer socialement aux yeux des autres et au groupe tout entier de communiquer ses regrets, sa tristesse ou sa résignation. Les cimetières connaissent eux aussi des transformations, qu'elles soient infimes comme la disparition progressive de l'écriture

---

2. Voir à ce sujet les statistiques de *Pharos*, le journal de la Fédération Internationale de la Crémation.

funéraire (de moins en moins d'épitaphes sur les tombes), ou plus évidentes comme la construction des colombariums destinés à recueillir les cendres. Il arrive même que le cimetière soit purement et simplement oublié, comme cela a été le cas dans le projet d'édification de la ville nouvelle de Marne-la-Vallée, dans la région parisienne. Jean-Didier Urbain évoque quelques « innovations » funéraires : certains Américains ordonnent ainsi, après leur mort, de faire placer leurs cendres « sur orbite », dans un satellite mortuaire destiné à tourner autour de la terre pendant des millions d'années avec sa précieuse charge...

La majorité des morts, en France, a lieu à l'hôpital et pourtant, celui-ci ne dispose pas, en son sein, d'un lieu susceptible d'accueillir les familles avant le départ pour le cimetière. Croit-on encore possible de revenir en un temps où la plupart des décès avaient lieu à domicile ? Ne doit-on pas au contraire admettre cette évolution et tenter, avant de pouvoir établir un autre mode d'accompagnement, d'aménager au moins les lieux où se produisent effectivement les décès ?

En effet, malgré tous les efforts des responsables des « amphithéâtres » (terme plus élégant que morgue, mais évidemment relié du point de vue sémantique à la salle de dissection), les familles sont encore trop souvent peu réconfortées par l'atmosphère qui y règne. Froideur, aspect impersonnel provoquant le sentiment de pénétrer dans l'hôpital par la « petite porte ». Comme si elles étaient coupables de ne pas venir rechercher un malade vivant ou guéri, les familles restent choquées, de surcroît, par la dernière vision de leur parent.

Mourir chez soi

La mort à domicile ne résout pas pour autant les problèmes. Les médecins connaissent cette anecdote, réelle, mettant en scène une femme qui, terrorisée par la mort subite de son mari, s'enferma dans une des pièces de leur appartement, où le médecin appelé d'urgence la trouva, les mains sur les oreilles pour se protéger du bruit de sa télévision. Affolée, elle avait tourné le bouton du volume au maximum, laissant hurler le recepteur pour couvrir d'éventuels râles d'agonie et, surtout, pour se donner l'illusion d'une présence face au silence de la mort. Elle ne put, à la vue du médecin, que le remercier de l'avoir « délivrée »...

Car si les mourants sont plutôt désireux de ne pas rester à l'hôpital, les familles restent, pour leur part, récalcitrantes. Et les médecins généralistes, les infirmiers libéraux, sont parfois mal préparés à mener cette délicate prise en charge jusqu'à son terme, tandis que les équipes de l'hospitalisation à domicile manquent souvent de moyens.

Blandine Beth (1986) a été l'une des premières à exposer les principes médicaux des soins palliatifs. Son livre présente les différentes techniques de soulagement de la douleur et aussi les moyens d'apporter confort, bien-être et soutien au patient. Son ouvrage est utile aussi bien à l'hôpital qu'à la maison. Cependant, de nombreux témoignages de médecins montrent que ceux-ci se sentent dépassés et, surtout, font encore preuve de résistances pour accepter la mort de leurs patients.

« Ici, c'est la ville, dit le docteur C., trente-six ans, qui exerce à Bourges. Les femmes travaillent dehors, il y a des problèmes financiers, très peu de familles sont prêtes à accompagner jusqu'au bout. D'autant que nous ne pouvons pas dire combien de temps cela va durer [...]. C'est dur, très dur de voir le malade perdre l'appétit, s'affaiblir, se dégrader. Nous recevons de plein fouet l'angoisse de la famille qui, elle-même, reçoit celle du malade vingt-quatre heures sur vingt-quatre [...]. Envoyer à l'hôpital, c'est à la fois un soulagement et une lâcheté. » Ce témoignage recueilli par Marie-Ange d'Adler (1987), parmi ceux de généralistes exerçant à Paris et en province, met en évidence les obstacles rencontrés par les médecins de ville. Ils ont non seulement des connaissances relativement réduites sur le délicat maniement des antalgiques, mais, de plus, doivent diminuer les appréhensions des familles, pour qui la mort réactive de sourdes angoisses et surtout d'énormes difficultés matérielles.

« La semaine dernière, je soignais un patient dans un logement de deux pièces : je ne pouvais pas m'isoler avec sa femme. Le malade faisait signe qu'il ne voulait pas aller à l'hôpital [...]. Mais ce n'était pas possible de le garder à la maison. Quand il s'agit d'un couple âgé, le conjoint n'a pas la force de soulever un grabataire, pour le laver, le changer... » Ici encore, les réalités concrètes ne sont pas moins complexes que les contraintes morales. En effet, avec le vieillissement et l'isolement des générations, un partenaire âgé s'avère incapable d'accomplir les actes physiques nécessaires aux soins élémentaires du mourant avec qui il a partagé sa vie.

À défaut de famille, peut-on, comme en Angleterre, envisager des réseaux d'un autre type ? Les services de soins à domicile sont encore peu développés et on imagine mal le retour à la maison de très grands vieillards dépendants ou de patients en phase terminale, peu entourés. Les systèmes de bénévolat apportant une présence ou un soutien aux familles trouvent sans doute là une possibilité d'action.

Le sida a introduit une nouvelle réflexion à ce sujet. Les premières victimes, parmi lesquelles de jeunes homosexuels, souhaitaient à tout prix préserver leur intimité et retrouver leur milieu de vie habituel. Les services de soins à domicile ont alors développé des alternatives originales. Partage des tâches avec les associations d'aide aux sidéens, explications données au voisinage, enfin, motivation aidant, de nouvelles techniques de soins à domicile ont vu le jour, tandis que la qualité de vie devenait l'argument principal de l'accompagnement. Le sida, en atteignant une catégorie de la population jeune, économiquement forte et habituée à revendiquer ses choix vitaux, a certainement contribué à accélérer le mouvement d'humanisation amorcé dans les hôpitaux, puis généralisé au système de santé dans sa globalité.

Le problème du secret

La mort attendue ou subite d'un des membres du groupe laisse toujours celui-ci perplexe. Dans la plupart des cas, elle doit être intégrée dans l'histoire familiale et faire l'objet d'une reconstruction, afin d'être transmise de façon synthétique de génération en génération. C'est ainsi que naissent les mythes familiaux. Si la réalité d'un accident peut difficilement être transformée, les situations dans lesquelles un membre du groupe est atteint d'une maladie grave sont souvent des plus confuses. Ainsi, les conjoints de cancéreux ou de malades chroniques sont toujours informés de la gravité du diagnostic et peuvent avoir une idée relative du pronostic du patient. Leur propre émotion ou ambiguïté risque toutefois d'entraîner mensonges et actes manqués à l'égard du malade qu'ils veulent protéger.

Cacher son diagnostic à un patient est aussi contraignant pour un médecin. Il doit en effet éviter les questions ou mentir plus ou moins ostensiblement. Mais pour un partenaire, pour un père ou une mère, il est plus ardu encore de devoir masquer son chagrin ou éliminer son angoisse. Par ailleurs, la connaissance de la mort d'autrui ne conduit-elle pas à mettre en place, par avance, des projets postérieurs au décès et à développer une culpabilité difficile à contenir ? Comment le médecin peut-il éviter de faire vivre à un seul individu les affres d'une connaissance qu'il devra en permanence camoufler ?

La solution réside peut-être dans la possibilité d'éclairer progressivement le patient lui-même sur son triste sort. Mais que faire lorsqu'il y a un refus de sa part ou lorsque la famille invoque une trop grande fragilité ? Face à cet écueil, les familles se regroupent en général autour du parent le plus proche de celui qui va mourir. Ces regroupements risquent pourtant de développer une « conspiration du silence » autour du malade, génératrice d'un malaise douloureux. De véritables « deuils anticipés » aboutissent parfois à un abandon du patient, alors que ce dernier est parfaitement conscient et soucieux de conserver une relation authentique jusqu'à la fin. Ces réactions « préventives » du deuil étaient auparavant jugées utiles par certains auteurs. Elles permettaient, à leur avis, une préparation au deuil et devançaient le « choc » affectif de la mort, en répartissant l'énergie sur des secteurs moins émotionnels. Notre pratique clinique nous montre qu'au contraire les deuils anticipés sont une façon d'éviter l'accompagnement puisque les émotions, la pensée et les comportements de la famille sont ceux du deuil, alors que le mourant vit, en solitaire, son avancée vers la fin.

Les deuils anticipés surviennent dans les familles des patients dont les changements physiques ou la détérioration mentale sont les plus spectaculaires. Les maladies de longue durée sont aussi à l'origine de ces deuils anticipés. À cette occasion, parfois les familles viennent montrer des photos du mourant « avant » ou rapporter des témoignages, comme si elles devaient se persuader de l'irréalité de la situation actuelle. Une certaine hostilité naît même à l'égard du mourant, quand les parents déclarent combien il est étonnant que celui-ci ne perçoive pas les changements de son allure physique. Ils vivent particulièrement mal cette perte : celle du sujet beau, fort ou puissant qu'ils connaissaient antérieurement. Les personnes âgées sont les victimes les plus courantes des deuils anticipés. Il faut imaginer ce que peut ressentir un vieillard, lorsqu'il tente à tout prix de trouver des centres d'intérêt pour ses petits-enfants, afin que ceux-ci viennent le visiter à l'hôpital ou dans sa maison de retraite.

À ce sujet, signalons le triste record détenu par la France avec un taux de suicide des personnes âgées deux à trois fois plus élevé que celui des autres pays européens. En dix ans, le taux de suicides des plus de cinquante-cinq ans a crû de 42 %. L'année qui suit le décès du conjoint est celle où l'on retrouve le plus de dépressions et de tentatives de suicide, en particulier chez les veufs. Ces chiffres doivent être pondérés par quelques données sociologiques : les personnes âgées qui se suicident sont issues des milieux ruraux plutôt alcoolisés et dont les revenus sont inférieurs à la moyenne nationale.

Cependant, ils confirment bien les facteurs de risques répertoriés plus haut : faible socialisation des hommes pour qui la disparition de leur femme signifie la rupture avec les possibilités d'aide communautaire. Rejet du vieillissement et médicalisation de la solitude plutôt que réel soutien : à Paris, en 1987, les cent dix tentatives de suicide de personnes âgées en moyenne de soixante-seize ans avaient été provoquées, à 80 %, avec des benzodiazépines prescrites par leur médecin généraliste...

Les mourants peuvent apporter quelque chose aux vivants, s'il leur est laissé la possibilité de s'exprimer. Nous rencontrons parfois des familles qui n'ont plus aucune transaction avec leur malade. Elles ne parviennent pas à imaginer qu'un mourant peut aussi donner. Michel de M'Uzan le montre pourtant, dans son très bel article sur le « travail du trépas ». Une jeune femme, atteinte d'un cancer à un stade terminal, offre à sa thérapeute sa robe rouge préférée afin que celle-ci, en la portant après sa mort, soit plus séduisante encore. Ici, le souci du mourant consiste à se prolonger fantasmatiquement dans le futur, par l'intermédiaire d'un parent ou d'un thérapeute aimé. Cette observation donne aussi tout leur sens aux angoisses des familles ou des soignants qui s'occupent d'un mourant. La peur de la contamination mortelle par l'intermédiaire d'un don et les héritages entachés de culpabilité déclenchent parfois une profonde angoisse, avec refus phobique de certains objets [3].

La peur de la dévoration par le mourant, ou encore de son désir sexuel, celle de l'identification au mourant qui se réincarnerait, en quelque sorte immédiatement dans l'un des survivants, toutes ces peurs inconscientes se retrouvent dans la répugnance à établir une communication authentique avec celui qui va mourir. La parole partagée est pourtant l'une des meilleures façons d'éviter les traumatismes, à l'occasion de la levée de certains tabous.

Ainsi, une jeune infirmière révèle, lors d'une réunion

3. E. Toubiana (1989).

d'équipe, qu'un patient, en proie à des difficultés d'adaptation à la morphine, s'est montré totalement désinhibé à son égard en lui faisant des propositions sexuelles directes. Pour elle, quelque chose d'impensable a eu lieu, et elle n'a pu supporter de rester à proximité de ce patient, en particulier le soir, lorsqu'elle était seule dans un secteur de ce service. Confrontée à une importante charge professionnelle, elle a alors envisagé de faire appel à une autre infirmière pour la remplacer. Mais en donnant un prétexte maladroit, la méfiance chez l'autre a redoublé du même coup sa culpabilité. Inquiète au sujet de son « incapacité à assumer son rôle » et posant directement la question de ses limites, elle s'en ouvre devant ses paires, avec un courage qu'elle croyait unique. Quelle n'est pas sa surprise lorsque sa révélation, après un temps de silence, nécessaire visiblement à chacune pour reprendre son souffle, déclenche deux témoignages du même type. Témoignages confus, embarrassés de culpabilité et d'angoisse, mais posant tous la question du désir du mourant.

Les jeunes professionnels et, *a fortiori*, les parents qui accompagnent pour la première fois un mourant ont la vision manichéenne d'un individu dont les perceptions essentielles seraient uniquement réduites à la souffrance, la tristesse, la demande de réconfort. Les soignants se situent eux-mêmes comme dispensateurs de compassion et de « bons soins » (neutres si possible sur le plan affectif). Ils omettent là un point fondamental : un mourant n'a pas forcément fait le deuil de sa sexualité et n'est pas d'un genre « indéterminé ». Il développe au contraire, avec acuité, certains de ses sens et lutte contre le désengagement affectif dont il est l'objet. Le besoin de dissocier Éros de Thanatos est extrême dans les milieux médicaux où le seul exutoire autorisé reste la salle de garde. Des pulsions sexuelles chez un mourant deviennent ainsi, malencontreusement, pour ceux qui n'ont pu aborder ce sujet, un indice de perversion ou de maladie mentale...

Ici, le secret porte à la fois sur le refus du mourant de se conformer à un statut, attribué par toute une société qui présume que ce dernier reste passif et a fait le deuil de ses désirs. Il touche aussi les familles qui taisent leurs projections agressives et limitent des marques de tendresse qui pourraient être mal interprétées. Parfois, les endeuillés eux-mêmes sont mis au secret et refoulés, pour les mêmes raisons, aux limites de la famille. Nous avons vu que, de tout temps, cette mesure de ségrégation à l'égard de l'endeuillé était rendue plus admissible par des règles extrêmement strictes. Mais derrière les interdits, l'imaginaire dresse en général l'inventaire de toutes les hypothèses inquiétantes (alliance entre le mort et le survivant, survivant porteur de mort), ce qui augmente l'angoisse devant l'endeuillé exclu.

L'endeuillé lui-même peut devenir la victime de cette marginalisation, comme nous avons pu le constater au cours d'un de nos entretiens cliniques. Un chef d'entreprise d'une quarantaine d'années est hospitalisé à la suite d'un traumatisme thoracique accidentel. Malheureusement, lors de l'accident de voiture, il a perdu sa femme et son fils. Transporté en urgence à l'hôpital, il ne peut assister aux funérailles. Ses amis et parents, appartenant tous à une commune rurale fortement structurée, décident de filmer l'enterrement afin d'en présenter les images à notre patient, s'il le souhaite.

Inquiets rétrospectivement de la singularité de leur geste, les membres de la famille viennent nous consulter pour savoir s'ils peuvent en parler au patient encore invalidé par son traumatisme. Ils demandent également des conseils sur la manière d'aborder le deuil avec lui. Certains ne veulent absolument pas parler de l'ancienne situation de l'endeuillé. Un des membres de la famille, parrain du petit garçon tué dans l'accident, revit lui-même douloureusement la perte de l'un de ses enfants, six années plus tôt, et éprouve de nombreuses difficultés à rencontrer son ami. Enfin, au-delà du drame actuel, nombreux sont ceux qui réfléchissent déjà à la reprise des affaires de ce chef d'entreprise important pour la région. Certains n'hésitent pas à envisager un nouveau mariage avec une jeune femme du voisinage. Tous, finalement, se trouvent fortement culpabilisés par leur attitude et viennent chercher chez le psychologue un dédouanement collectif.

Le patient, en revanche, a l'impression d'être un peu délaissé. Il perçoit bien une communication informelle autour de lui, mais n'arrive pas à comprendre les enjeux de ces brusques dégagements, de cet humour factice ou de ces phrases de réconfort qui couvrent parfois ses propres plaintes. Il est non seulement isolé par son drame, mais aussi par le questionnement non avoué de sa famille. Il était au volant de la voiture lors de l'accident. A-t-il vraiment tenté d'éviter le véhicule qui brusquement a surgi de l'autre côté de la route ?

L'intervention demandée par le groupe familial va ici débloquer la culpabilité et les doutes en les laissant s'exprimer librement auprès du psychologue. Les comportements du groupe deviennent progressivement plus nuancés et la question des funérailles filmées est rapidement révélée à l'endeuillé qui d'ailleurs souhaite les regarder, mais plus tard, lorsqu'il sera remis de son choc accidentel. Conscients de l'importance des funérailles, les amis les ont filmées pour que l'endeuillé y ait quand même accès et remplisse ses fonctions sociales, y compris par caméra interposée. Cette observation illustre bien l'importance du cérémonial pour le groupe social, qui y confronte l'endeuillé avec la lourde charge de survivre malgré les événements. Ce dernier, s'il veut être réintégré, doit se soumettre au rituel commun. En échange, il sera entouré et aidé. L'accident et l'hospitalisation qu'il a entraînée ont troublé la communauté dans l'exercice de ses droits. Sa démarche envers le psychologue ressemble à une demande d'autorisation. Dans ce cas, la difficulté est double car l'individu comme l'entourage doivent être pris en compte afin que le risque d'exclusion du corps social ne se surajoute pas à celui du deuil pathologique lié au traumatisme.

Le deuil transgénérationnel

Le roman familial, c'est-à-dire l'ensemble de l'histoire de sa conception que tout enfant reconstruit au cours de son développement, comporte souvent des deuils qui sont reportés sur différentes générations. La mort inattendue, dans un groupe familial, risque de constituer une atteinte insupportable pour ses membres. De même que jadis on cachait la jeune fille qui avait « fauté », certaines morts sont tues, d'une génération sur l'autre. Les révéler serait reconnaître, en quelque sorte, l'échec de la famille à surmonter la mortalité de la lignée. C'est donc du déni de l'irréversibilité de la mort dont il s'agit. La « conspiration du silence » tient rarement liée la langue des témoins, qui laissent toujours sourdre un fragment de la vérité. Aussi, à défaut d'une reconstruction fantasmatique, enfants et adultes risquent de présenter des troubles de l'identité, en particulier lorsqu'ils correspondent à des enfants de substitution.

Juliette, une jeune femme bretonne, est hospitalisée pour une leucémie aiguë dans le service d'hématologie où nous travaillons à l'époque. Mère de deux enfants, elle a rompu progressivement les liens avec le reste de sa famille et vit repliée sur le petit noyau formé par son mari, son fils et sa fille. Confrontée aux retrouvailles avec ses frères plus âgés (mais perdus de vue depuis son mariage), pour des tests de compatibilité, en prévision d'une greffe de moelle osseuse, elle présente une dépression impressionnante, lors des résultats. En effet, les médecins assurent que si aucun de ses deux frères n'est compatible, il faudra alors tenter une transplantation semi-compatible (avec un parent plus éloigné). Étrangement, elle refuse cette opportunité avec force, alors qu'elle s'était déclarée prête à tout tenter pour guérir.

Juliette révèle alors progressivement qu'étant la dernière de la fratrie, de nombreux événements lui ont été cachés et qu'elle n'a plus confiance en personne. La mort d'un enfant, un peu avant sa conception, a fait l'objet d'un secret familial, pendant longtemps. Elle s'estime la victime de ce non-dit, au point qu'aujourd'hui, la rupture avec sa famille lui paraît consommée. Un épisode plus particulièrement dramatique l'a marquée. Jouant enfant dans le grenier de la maison familiale, elle y a découvert, dans un coffre, des vêtements d'enfants et des photos d'un bébé endormi. Ressentant l'aspect quelque peu illicite de sa trouvaille, elle a cependant caché une des photos pour s'en amuser dans ses jeux. Les frères aînés découvrent le « larcin » et lui révèlent alors que le bébé qui dort est en fait un petit frère, le jour de sa mort, un an avant qu'elle ne vienne le remplacer. Cette nouvelle lui fait l'effet d'une trahison de tous et surtout de sa mère qui l'avait laissée dans l'ignorance, tandis que les frères étaient dépositaires du pesant secret.

La greffe, en éveillant une angoisse de mort due aux risques inhérents à cette thérapeutique, fait ressurgir le sentiment de fragilité et de « duperie » de la jeune femme qui, à nouveau, se sent dévalorisée, dans le statut de celle à qui l'on cache la réalité. Son ressentiment envers le groupe familial la place décidément dans une position de victime, puisque à nouveau elle refuse toute aide.

Un patient travail d'explication a alors lieu avec les deux frères qui acceptent les revendications de leur sœur, et montrent, par leur franche déception de ne pouvoir lui donner leur moelle, qu'elle peut à nouveau avoir confiance en eux. Les sentiments hostiles à l'égard de sa mère sont pourtant maintenus par la patiente, qui l'accuse encore de ne pas contribuer à l'aider, puisqu'en perdant son petit garçon, elle lui fait perdre une chance de survie. Peut-être en effet aurait-il été compatible ?

La situation difficile que crée la maladie grave ravive donc le conflit lié à la mort d'un enfant puîné. La régression occasionnée par l'hospitalisation donne une intensité particulière à la réaction de cette femme adulte, qui présente, dans les moments les plus âpres, des arguments infantiles et ressent une terrible solitude. La menace mortelle la pousse à s'identifier à cet enfant perdu. Une réunion avec l'ensemble de la famille permet de reconstituer les différents éléments de l'histoire, afin d'éviter le transfert de ce deuil non fait d'une génération à l'autre. Comme si l'enfant mort entraînait une répétition inexorable de son histoire chez l'enfant de remplacement, celui-ci ressent toujours confusément une menace. Ici, la menace devient réalité avec la leucémie, la greffe de moelle compliquant encore la recherche d'identité de la jeune femme. Ses propres enfants sont les témoins impuissants du bouleversement familial et l'explication détaillée des problèmes de leur mère dévoilera leurs propres difficultés d'installation dans la lignée. Le petit garçon, en particulier, comprenait mal que ce bébé mort eût maintenant pu être un adulte et donc l'un de ses oncles. La réunion du groupe a permis d'éviter la pérennité du secret, porteur, semble-t-il, d'un pouvoir mortifère encore virulent.

Claude Nachin (1989) a montré que les deuils transgénérationnels se rencontraient surtout lorsqu'il y avait eu une impossibilité de pleurer un être cher perdu devant la communauté sociale. Les victimes de ces chagrins colportés d'une génération sur l'autre sont fréquentes dans les familles juives, victimes de l'holocauste pendant la Seconde Guerre mondiale. Il s'agit souvent du survivant du massacre d'une famille, qui, pour sauver sa vie au sein de l'adversité, a été contraint de masquer sa souffrance et a survécu dans des conditions extrêmes. Bruno Bettelheim évoque ces deuils liés au génocide : « Ce dont on ne peut parler, c'est aussi ce qu'on ne peut apaiser, et si on ne l'apaise pas, les blessures continuent à s'ulcérer de génération en génération... » Les membres restants de la famille ne savent parfois pas résoudre ces deuils catastrophiques. Ils ont au contraire tendance à refermer la crypte sur le survivant.

L'enfant dont les parents sont morts va ainsi être considéré par la famille paternelle ou maternelle comme dernier représentant de leur lignée. Chacune aura donc tendance à rechercher en lui des caractères appartenant à ses parents, voire à lui en inventer. Parfois, chaque famille d'origine se dispute l'héritier, ce qui est hautement préjudiciable à la constitution de la personnalité de l'enfant.

Ainsi, Sarah, une jeune femme américaine mariée à un Français, perçoit bien les tensions auxquelles sont livrés ses deux enfants, pendant que son mari agonise à l'hôpital, à l'âge de quarante ans. Confrontée à un accompagnement difficile, alors que son fils et sa fille sont très jeunes, elle appelle sa mère et sa sœur à la rescousse. Celles-ci débarquent aussitôt d'une lointaine banlieue de Chicago et s'installent en France dans la maison de Sarah. Elles s'occupent des enfants, les conduisant à l'école et les soignant de façon à la laisser disponible pour son mari. Elles comptent bien aussi, après le deuil, emmener les enfants aux États-Unis « où ils oublieront tout cela ». La belle-famille française n'entrevoit pas d'un si bon œil l'éventualité d'un départ de ses petits-enfants. Aussi, une petite guerre se déclenche autour du mourant à qui des amis bien intentionnés suggèrent de laisser des dispositions testamentaires explicites à l'égard de ses enfants. La tension monte et n'est pas sans retentir sur l'état moral du malade qui assiste, déchiré, aux luttes d'influence des familles respectives.

Ses propres parents vivent ici un enjeu qui dépasse la maladie de leur fils. Pieds-noirs rapatriés, ils ont vécu l'exil d'un « paradis », après l'indépendance de l'Algérie. Perdre leurs petits-enfants équivaut à la disparition de leur lignée, elle-même détachée brutalement une première fois de son territoire originel. Envisager leur départ aux États-Unis correspond donc non seulement à retrouver ce premier deuil, mais de plus à voir leur généalogie s'éteindre.

Ce phénomène de surinvestissement de l'enfant survivant est fréquent chez les parents qui surprotègent le frère ou la sœur d'un enfant mort. Comme si la génération entière des enfants risquait de leur échapper, ils ressentent une angoisse de séparation massive à chaque absence de l'enfant restant. Souvent, ils font des cauchemars qui témoignent du conflit entre l'agressivité envers l'enfant de la génération du fils perdu et l'amour qu'ils lui portent, redoublé par la proximité de la perte. Ici, le malade n'est pas contemporain d'un frère mort mais de la coupure brutale des racines avec le pays natal, tout aussi traumatisante. Le deuil, pour Sarah, est donc compliqué par les enjeux familiaux. Chaque lignée attire ses enfants vers elle, au mépris de la souffrance de la personne la plus directement touchée par le deuil. Le deuil risque non seulement d'être pathologique pour Sarah, mais ses enfants, trop jeunes encore, éprouveront des difficultés à se structurer dans une situation où rivalisent les cultures autant que les individus.

Pour Francisco J. Varela (1989), les familles, comme toutes les sociétés, peuvent être assimilées à des systèmes autonomes dont les composantes « régénèrent continuellement, par leurs transformations et leurs interactions, le réseau qui les a produits ». Chaque niveau, ici générationnel, du système assure la stabilité de son organisation en modifiant sa structure, afin de conserver son identité. Cela peut parfois conduire à des dissensions graves entre les générations.

Jeanne, une charmante femme de soixante-dix ans, sollicite la psychologue du service dans lequel elle est soignée parce qu'elle va mourir et « veut s'y préparer »... Des demandes aussi directes sont rares. Mais Jeanne souhaite notamment être conseillée sur la façon de parler de sa mort à sa petite-fille de quatre ans, tandis qu'elle-même, agnostique, se prépare « doucement » et aimerait bien se sentir soutenue... « Dois-je lui dire que je suis partie au ciel, avec les étoiles ? Que sa mamie la protégera toujours de là-haut ? Ma fille doit-elle l'emmener à l'enterrement ? » Elle semble faire preuve d'une certaine sérénité. Elle compose ainsi des poèmes à l'intention de la petite et les récite avec un accent chantant qui contraste avec l'inquiétude liée à son état. Cette période ne correspond cependant qu'à une courte rémission de la maladie qui va hélas s'aggraver.

Mais le contact est établi et nos visites sont bi-hebdomadaires. La fille de la patiente ne tarde pas à intervenir : « Ma mère est une vieille originale, vous savez... Elle a divorcé tardivement, à une époque où c'était mal vu... » Le conflit mère-fille est évident et elles semblent mutuellement l'attiser, la mère ignorant délibérément sa fille, celle-ci voulant que nos entretiens restent sous le sceau du secret. Expliquant à sa fille la nécessité d'une totale authenticité des rapports entre nous, nous informons rapidement Jeanne de sa démarche. Elle convient de l'importance de « régler ses affaires » avant de mourir, y compris « les affaires de cœur et d'esprit »... On ne peut cependant pas parler de réconciliation. Alors que Jeanne renonce peu à peu à parler, sa fille semble au contraire s'installer dans une relation de type psychothérapique, le passage par le même thérapeute que celui de sa mère jouant, on s'en doute, un rôle dans l'explicitation de leur profond conflit.

Un jour, prévenue d'une aggravation de l'état de Jeanne, sa fille arrive à l'hôpital en fin de matinée. Nous savons toutes deux que la fin est proche et la jeune femme, jusqu'à présent relativement rigide, se laisse aller à s'épancher pendant un court moment. Retournant voir sa mère avant de partir, elle a la surprise de la retrouver morte... Elle nous confiera par la suite avoir été bouleversée par cette mort qui lui avait « échappé ». Elle est partagée entre plusieurs hypothèses : sa mère ne voulait pas qu'elle l'accompagne jusqu'au bout et c'était encore une façon de la dominer que d'échapper à la terrible confrontation entre celui qui part et l'autre, victorieux, qui reste. L'hypothèse contraire consiste à penser que sa mère a souhaité la protéger, lui épargner sa fin... L'ambivalence est évidemment à l'origine de ces pensées contradictoires, car lors des entretiens ultérieurs, la fille de Jeanne avouera qu'elle n'aurait jamais supporté d'assister au dernier souffle de sa mère. La mère a-t-elle donc fait un dernier « clin d'œil » aux difficultés qui entravaient la relation avec sa fille, ou, par un sursaut de volonté, a-t-elle accepté de se laisser aller seule, vers un chemin que peut-être elle maîtrisait ? Sa fille émergera de son propre cheminement avec une maturité renforcée, renouant avec sa culture campagnarde laissée orgueilleusement de côté, ce que sa mère n'avait jamais accepté. Le deuil sera pour elle, comme l'écrit Elisabeth Kübler-Ross (1974), une étape de sa croissance, un développement de sa sensibilité, un début de sagesse...

Mais il faut reconnaître combien est délicat le rôle d'un psychologue au sein d'une confrontation familiale où lui-même devient un enjeu. De nombreux soignants, et surtout les médecins détenteurs d'un diagnostic, sont aussi, malgré eux, les médiateurs des conflits familiaux du deuil. L'équipe soignante ne peut souvent faire face à la famille qu'en dédoublant les interlocuteurs, pour soulager les tensions. Des intervenants ne participant pas directement aux soins semblent alors plus indiqués, car ils ne supportent pas en même temps la charge affective de la décision thérapeutique.

Le phénomène devient particulièrement aigu dans les situations encore relativement fréquentes où une communication partielle du pronostic a été mise en place. Les familles se plaignent alors de voir leur patient trop « souffrir », demandent que « la souffrance cesse » ou veulent le voir « soulagé de ses souffrances ». Ce mot souffrance, revenant tel un leitmotiv, prend ici de multiples sens. Le sujet de la souffrance n'est souvent pas celui que l'on croit. Ou du moins, si le patient, normalement soulagé de ses douleurs physiques au moyen d'antalgiques adaptés, souffre, c'est souvent des effets subjectifs de son agonie. En revanche, la famille tire le signal d'alarme. Elle ne supporte plus l'accompagnement dans ces conditions et, à cette occasion, risque de demander plus ou moins abruptement une euthanasie. La culpabilité sera à la mesure de l'intensité de cette revendication. Aussi le langage doit-il être clair car les familles ont parfois besoin de se faire expliquer les enjeux de l'accompagnement. Elles ont donc le droit d'exprimer leur incapacité ou leur refus. Il est impossible d'accompagner un mourant contre son gré : l'idéalisme louable de certains praticiens se heurte à la réalité des conflits du système familial. Par ailleurs, l'institution doit être assurée de la compréhension, par tous ses membres, de la femme de ménage au chef de service, de ses propres pratiques et objectifs.

C'est en effet à ce moment que se pose le problème de la substitution du corps social au groupe familial. Nous employons à dessein ce terme pour englober dans l'accompagnement des professionnels comme les soignants mais surtout des personnes non professionnelles, l'idéal restant la sensibilisation de la communauté sociale à l'accompagnement de l'un des siens. Parkes a analysé la situation dix années après l'introduction de l'éthique des soins palliatifs dans les hôpitaux généraux. Il compare les impressions des conjoints survivants de patients en phase terminale d'un cancer, mourant, pour le premier groupe, dans une unité de soins palliatifs (en l'occurrence l'hospice Saint-Christopher de Londres, connu pour son rôle initial dans le développement de ce type de soins). Le deuxième groupe est composé de patients terminant leurs jours dans un hôpital général, non spécialisé.

En l'espace de dix années, entre 1967-69 et 1977-79, l'évolution est de taille. Si, aux premiers temps de sa création, Saint-Christopher semblait proposer des traitements plus efficaces pour lutter contre la douleur, dix années plus tard, les hôpitaux ont intégré à leur tour les méthodes des hospices et dépassé les tabous concernant les morphiniques. En revanche, pour l'anxiété et le contact avec l'équipe soignante, les conjoints se sentent plus réconfortés dans l'hospice spécialisé que dans l'hôpital.

En 1979, 85 % des conjoints prennent part aux soins des patients à l'hospice alors que seuls 25 % des conjoints participent, à l'hôpital, aux soins des mourants. Après la mort du patient, presque les trois quarts des conjoints restent en contact avec l'hospice alors qu'aucun des conjoints n'a repris contact avec l'hôpital. Enfin, les commentaires sont révélateurs des relations que tissent familles et soignants : les conjoints trouvent les infirmières de Saint-Christopher « sympathiques, attentionnées et efficaces ». À l'hôpital, elles sont jugées... « très occupées ». L'hospice est reconnu « comme une famille » par les conjoints, tandis qu'à l'hôpital on entend des « laissez-nous faire ». Dans les deux endroits enfin, le *nothing is too much trouble* (ne vous en faites pas) semble de mise pour dédramatiser l'atmosphère. Mais si les méthodes d'accompagnement diffèrent, l'utilisation des antalgiques est en revanche équivalente, en 1979, à l'hôpital comme à l'hospice. Parkes reconnaît donc qu'aucune différence n'existe plus désormais entre hospices et hôpitaux anglais sur le plan de la qualité de vie. Seul l'engagement auprès des familles semble continuer à jouer en faveur des hospices.

Aux États-Unis, la multiplication des unités de soins palliatifs a permis leur évaluation. En 1984, plus de mille hospices fonctionnaient, en parallèle avec des consultations et des services de soins à domicile. Mais pour connaître les réels besoins des Américains, Rainey et ses collaborateurs ont étudié la congruence entre les demandes des familles et les propositions médicales. Quels sont les modèles d'accompagnement les plus compatibles avec les attentes des patients et des professionnels ?

Cent quinze patients atteints de cancer au stade terminal (vingt-cinq types différents) ont été interviewés dans un centre médical de l'UCLA (célèbre université de Los Angeles). Tous ces patients connaissaient leur pronostic de maladie incurable, les deux sexes étaient représentés et la moyenne d'âge était de cinquante-trois ans. On leur a demandé d'attribuer un score sur une liste de services qu'ils auraient aimé trouver dans une unité de soins palliatifs. Le contrôle médical des symptômes est arrivé en premier, tandis que les soins infirmiers à la maison et le soutien psychologique ont été classés respectivement deuxième et troisième sur la liste. En revanche, le soutien des endeuillés a obtenu la dernière place, ce qui confirme bien que patients et familles n'ont pas les mêmes préoccupations. La grande majorité insistait sur la continuité de l'implication de leur médecin généraliste jusqu'au bout, y compris à l'hospice.

Les réponses des soignants différaient significativement sur un point : ils plaçaient le soutien des endeuillés très en amont dans la classification, contrairement à la réponse des patients. Cette différence nous renseigne sur l'intérêt de l'aide psychologique de la famille pour décharger l'équipe médicale. Elle peut ainsi concentrer son énergie sur le mourant lui-même. En effet, ces familles en plein désarroi, subissant une perte aiguë, ou au contraire un stress chronique, entravent les possibilités des soignants et grèvent parfois leurs interactions avec les patients.

Irene Higginson et son équipe londonienne (1990) ont confirmé la différence de perception de l'accompagnement entre le malade et sa famille. Soixante-cinq patients ont cette fois été suivis à leur domicile par une équipe spécialisée dans les soins palliatifs. Celle-ci releva l'importance des symptômes anxieux... pour la famille, alors que les patients, sous réserve d'un bon contrôle de leur douleur, en présentaient beaucoup moins (la différence était statistiquement significative). En revanche, les familles s'estimaient plus satisfaites des soins à domicile que les patients eux-mêmes. Les difficultés de communication surgissent essentiellement lors de la révélation du diagnostic et de l'élaboration du traitement. Après ces étapes, il semble que les échanges deviennent satisfaisants. Cette analyse (deux à quatre semaines après le retour à la maison du patient pour y mourir) met en lumière la différence des impressions famille-patient. Au point qu'elle remet en question certains principes selon lesquels la vision de la famille est représentative de celle du mourant. Elle met aussi en garde les soignants contre les jugements hâtifs qui leur feraient confondre souffrance du patient et deuil douloureux de la famille.

Breaking bad news est une expression anglaise pour désigner une « technique » de communication consistant systématiquement à « briser l'impact des mauvaises nouvelles ». La révélation d'un diagnostic ou d'un pronostic sombre ne doit pas augmenter les aspects traumatiques déjà présents du fait de l'hospitalisation. Le diagnostic ne peut être révélé dans un couloir ou *a fortiori* sur le seuil de la porte d'entrée de la chambre du malade. Le médecin peut commencer son entretien en demandant à la famille si elle a une idée du diagnostic, mais surtout, après la révélation, il doit demander à son interlocuteur s'il a des questions à lui poser.

Trop souvent, les médecins ne laissent aucune possibilité d'expression aux membres de la famille déjà sidérés par la nouvelle. L'afflux des questions a alors lieu après l'entretien clandestin, alors que la famille a discrètement rejoint le malade et en général menti sur la réalité de leur précédente conversation... Le cercle vicieux est déjà entamé. La confiance risque d'être perdue entre les membres de la famille et la culpabilité se développe dès qu'il y a rupture entre ceux qui savent et ceux qui restent encore dans une ignorance relative. Tout aussi complexe est, pour le patient, le problème de l'impact des mauvaises nouvelles. Il dispose de peu de recours tandis qu'il perçoit toujours comme une menace pour les soins dont il espère bénéficier le fait de douter de ses médecins ou de les questionner. Amoindrir l'anxiété du patient n'en est que plus fondamental, car de cela dépendra l'ensemble de l'accompagnement du mourant, mais aussi du deuil familial.

Les associations d'aide destinées aux familles en deuil

En France, la FAVEC (Fédération des associations de veuves civiles chefs de famille) conseille, depuis 1946, les veuves qui le souhaitent. À la fin de la Seconde Guerre mondiale en effet, celles-ci ne bénéficiaient d'aucune couverture sociale. L'objectif initial de l'association était donc de trouver les moyens matériels leur permettant de survivre à la perte de leur mari. Une approche plus approfondie a permis le développement d'une écoute psychologique, et, de fait, les antennes départementales de la FAVEC se sont diversifiées. Les femmes dont le partenaire s'est suicidé font ainsi l'objet d'une démarche particulière, car elles semblent singulièrement isolées, voire exclues. Un suicide est en effet toujours suivi d'une enquête policière, souvent traumatisante pour la famille et la plupart du temps culpabilisante pour la femme. Certaines avouent avoir caché à leurs enfants les circonstances de la mort de leur père, ce qui, nous venons de le voir, peut s'avérer préjudiciable pour la descendance.

Aux États-Unis, le Widowed Persons Service offre les mêmes possibilités. Soutien par téléphone, réunions de groupes avec des professionnels de l'écoute, un véritable mouvement de conseil en deuil se développe. La population américaine exprime une forte demande de soutien parce qu'elle se trouve non seulement coupée de nombre de ses racines culturelles, mais aussi parce que sa mobilité géographique ne lui permet pas de trouver réconfort auprès de sa famille, souvent très éloignée. Le travail des femmes ne leur offre plus la possibilité de jouer leur ancien rôle de consolatrices. Des spécialistes se chargent donc de rendre visite aux endeuillés, à moins que ces derniers ne choisissent de participer au séminaire correspondant au parent perdu. Pour chaque type de deuil, on trouve sa spécialité. Avec le sida, se sont développées les propositions d'aide pour les amants homosexuels en deuil. Le problème de la contamination entraîne souvent que celui qui reste est lui-même porteur de la maladie. Ce double traumatisme exige un soutien très spécifique.

Au Royaume-Uni, la fameuse association Cruse a sensibilisé, dès 1959, le grand public aux problèmes du deuil. La plupart des 15 000 adhérents sont des veuves mais progressivement, des hommes et des enfants endeuillés ont pris contact avec l'association pour obtenir soutien moral et conseils matériels. Cruse a développé ses réseaux d'aide dans toutes les confessions et pour les différents types de deuil. Il existe même un groupe pour les deuils périnataux, particulièrement pour les parents qui ont perdu leur nourrisson d'une mort subite.

Actuellement, la Fédération Internationale des Veuves et des Veufs tient, depuis 1985, des congrès réunissant toutes les associations mondiales (mais principalement occidentales). N'est-ce pas la preuve tangible du besoin de retrouver une communauté où le chagrin lié à la perte puisse être exprimé ? Si, au départ, ce sont essentiellement les aspects matériels qui passaient au premier plan, le soutien psychologique occupe maintenant une place de choix dans ce mouvement. Les femmes ont été pendant longtemps les seules bénéficiaires de ces associations. Pour des raisons démographiques bien sûr (l'INSEE comptait pour la France, en 1982, 3 199 620 veuves pour seulement 648 020 veufs), mais aussi pour des raisons économiques, juridiques et politiques. Les femmes restaient, encore récemment, très démunies sur le plan matériel, alors qu'elles constituent le seul repère affectif de leurs enfants.

On observe donc, avec ces associations, une professionnalisation du deuil, qui démontre bien que le vide laissé par l'ancienne communauté sociale a besoin d'être comblé. Les conseillers *new look* du deuil moderne devront cependant éviter deux écueils : assimiler le deuil à une maladie, avec ses traitements appropriés et ses spécialistes patentés, gérer le deuil sur un mode économique, en limitant le caractère spontané de l'expression des émotions qui y sont attachées. En revanche, la prévention des deuils pathologiques fait l'objet d'un soin particulier, ce qui évite les conséquences énoncées plus haut, pour plusieurs générations. Enfin, les valeurs de solidarité développées dans ces groupes et la prise de parole sur le chagrin du deuil peuvent être considérées comme de bons signes annonciateurs d'une limitation du déni de la mort en Occident.

CHAPITRE V

Les soignants face à la mort et au deuil

Notre monde vieillit... Et avec le vieillissement se multiplient les pathologies typiques comme le cancer. C'est en premier lieu dans les services de gériatrie et de cancérologie que la prise de conscience des besoins des mourants a permis d'entamer un débat général dans le monde médical. Les difficultés des soignants confrontés en permanence à la disparition de leurs patients sont alors apparues au grand jour. Imaginaient-ils que parmi les conséquences de l'augmentation de la longévité et de l'amélioration des conditions générales de vie figureraient celles de l'hospitalisation croissante de personnes très âgées ou présentant des pathologies de plus en plus lourdes ?

Quels sont donc les chiffres du vieillissement et de la mort par cancer en Occident ? En 1980, il y avait près de quatre cents millions de personnes de plus de soixante ans dans le monde. En l'an 2000, six cents millions de personnes de plus de soixante ans, dont les deux tiers dans les pays développés, nécessiteront des aménagements aussi bien économiques (retraite, consommation, accès au système de santé) que moraux. Quant aux cancers, sept millions de nouveaux cas sont, selon l'Organisation Mondiale de la Santé, diagnostiqués chaque année, dont 50 % dans les pays développés. Sur ces sept millions de cas annuels, cinq millions de personnes meurent. En Europe, 22 % des morts sont dues au cancer. Et en France ? 540 000 morts par an, toutes causes confondues, dont 130 000 par cancer (22 % de la population française meurent des suites d'un cancer). Mais n'oublions pas que près de quatre morts sur cinq sont aujourd'hui âgés de plus de soixante-cinq ans, tandis que trois sur cinq dépassent les soixante-quinze ans. Le vieillissement et son corollaire, l'augmentation des cancers proviennent tous deux de l'élévation du niveau de vie occidental. Fait nouveau, et qui s'amplifie, il conduit à une remise en question de la médecine et de l'approche de la mort aujourd'hui.

Une nouvelle discipline médicale : les soins palliatifs

Historiquement, cette augmentation de personnes malades ou dépendantes est à l'origine du mouvement des hospices au Royaume-Uni. Amorcé dans les années soixante, il donne maintenant lieu à la création d'unités de soins palliatifs dans tout le monde occidental, avec bien sûr une avance considérable chez nos voisins anglais. Si en 1977 on comptait trente-neuf hospices totalisant 1 036 lits, en 1990, ce sont cent cinquante hospices qui portent à 2 546 lits la possibilité d'accompagnement des mourants en Angleterre. Le concept de soins palliatifs, élaboré à partir d'une pratique plus souple et plus efficace du soulagement de la douleur, s'est mué en une des voies nouvelles d'approche de la mort en Occident.

Cicely Saunders en est l'une des pionnières. Ce médecin anglais se trouve à l'origine de l'utilisation simple et directe de la morphine par voie orale, pour soulager les douleurs sévères des stades terminaux d'une maladie. L'obtention d'une fin de vie plus humaine a dès lors constitué l'objectif primordial des hospices. C'est à l'hospice Saint-Christopher de Londres que cet objectif a pu être élaboré. Les principes de base prônent une démarche globale de soin du mourant, le soulagement total, ou presque, des douleurs par le dépassement du tabou sur les morphiniques et le soutien des familles. Les soins palliatifs vont plus loin encore, car ils constituent le moyen de limiter au maximum l'euthanasie comme l'acharnement thérapeutique. En effet, les médecins responsables de ces services démontrent rapidement que le soulagement des douleurs au moyen d'antalgiques adaptés fait quasiment disparaître les demandes d'euthanasie par les patients.

Par ailleurs, devant l'impossibilité thérapeutique, le soin n'est plus entendu au sens du verbe anglais *to cure*, c'est-à-dire de tenter de guérir à tout prix une affection, mais de *to care*. Il s'agit alors plus de « prendre soin » que de s'acharner à guérir, mais le vocabulaire français, il est vrai, ne présente pas cette nuance... Les unités de soins palliatifs sont cependant encore peu nombreuses et apparaissent comme une solution de transition. En attendant que les mourants puissent être accompagnés dans tous les services hospitaliers, quand mourir en famille et à la maison leur est impossible.

Les unités de soins palliatifs font pourtant l'objet de nombreuses critiques. N'assisterait-on pas, avec elles, à une ségrégation supplémentaire des mourants ? Les personnes âgées dépendantes ne vont-elles pas être subtilisées aux yeux de la société, décidément réfractaire au tableau du vieillissement ? Peut-il exister une véritable spécialisation des soignants dans les soins palliatifs alors que, démographie aidant, tous, médecins et infirmières, seront confrontés au vieillissement de leurs malades et amenés à pratiquer des soins palliatifs, quel que soit le choix de leur domaine médical ?

La mutation sociale actuelle est telle que, manquant de préparation, nous sommes amenés à envisager des solutions progressives. Réintroduire la mort comme fait de société est, nous l'avons vu pour les rituels de deuil, un travail de longue haleine. Parler de la mort à l'hôpital l'est encore plus. Les unités de soins palliatifs proposent de se constituer en modèle pour l'aide aux mourants. Elles sont aussi, pour la plupart, des centres de formation où les soignants viennent pour intégrer de nouvelles techniques. Ils y réfléchissent surtout aux futurs enjeux de la santé. Enfin, elles s'inscrivent dans un mouvement général de contrôle éthique des progrès de la science et de ses dangers.

Mais autant l'hospice remplit toujours sa vocation première d'« aide aux incurables », autant l'hôpital n'est pas prêt à accepter la réalité de l'institutionnalisation de la mort, pourtant de plus en plus présente en son sein. L'hôpital, dont la mission est de guérir, devient le lieu où l'on meurt le plus aujourd'hui. Il pose donc un véritable défi : lieu de haute technicité, utilisant les compétences exceptionnelles de professionnels de tous ordres, véritable entreprise enfin. Comment peut-il développer parallèlement un ensemble d'attitudes destinées à la compréhension du sujet mourant, accepter les échecs thérapeutiques, aider familles et amis à passer le cap difficile du deuil ? On se prend, comme Michel Foucault, à rêver d'un hôpital directement ouvert sur la cité...

Quelques exemples prospectifs nous laissent penser cependant que cette évolution aura sans doute lieu dans quelques années. La Suède est en avance sur ce point. 90 % des Suédois meurent à l'hôpital en 1990. Dans ce pays, on ne trouve que peu d'unités de soins palliatifs. Au contraire, tous les services gardent leurs mourants. En fait, seuls 15 % des cancéreux sont traités dans des unités spécialisées de cancérologie, les autres étant suivis dans les services spécialisés dans les pathologies usuelles.

En attendant des évolutions selon ce modèle ou plus spécifiques à notre culture, les soignants se trouvent dans une situation contradictoire. Certes, leurs motivations originelles sont axées autour de trois pôles : la relation avec les patients, la démarche intellectuelle et la technique du soin. Cependant, ils n'ont pas, au départ, entamé de longues et difficiles études pour s'occuper de personnes âgées ou de malades pour lesquels plus rien ne peut être tenté. Aussi voit-on les soignants s'interroger sur leur fonction, présenter des mécanismes de protection à l'égard d'un malade trop envahissant, quand leurs difficultés liées au travail ne débouchent pas sur des troubles plus graves (syndrome d'épuisement professionnel). En effet, l'autre versant de la mort à l'hôpital est constitué par le stress et l'anxiété, l'absentéisme des soignants, leur faible reconnaissance (salariale et statutaire) par une société toujours plus exigeante, leur lassitude après de nombreuses années d'effort.

Renouveler la motivation des soignants passe donc par une prise en compte de leur rôle croissant dans un univers de plus en plus médicalisé. Il est inutile de vouloir faire de l'accompagnement avec des équipes non motivées, non formées et dans une situation matériellement inconfortable. Car si côtoyer la mort est immanquablement une tâche éprouvante, ne pas bénéficier d'une qualité de vie minimale dans son travail majore les difficultés. La mort à l'hôpital est, nous l'avons vu, productrice de risques de deuil pathologique si elle se produit dans l'indifférence ou dans le refus. De même, si la communauté soignante doit remplacer l'ancienne communauté sociale, elle ne le fera en toute connaissance de cause qu'en s'impliquant directement.

Résistances des soignants à la mort à l'hôpital

La conception des soins palliatifs pose un véritable problème épistémologique à la médecine moderne. La médecine palliative postule en effet la réintégration de la mort dans un lieu, l'hôpital, que l'on aurait voulu essentiellement destiné à la vie. Quant aux professionnels, ils auraient sans doute préféré accéder à la consécration par le nombre de vies sauvées ou de fonctions restituées. Mais accompagner un malade jusqu'à la fin, dans les meilleures conditions de respect, de soulagement et de paix ne peut-il être considéré comme une réussite, à défaut d'une victoire de la thérapeutique ?

Les vœux teintés de modestie d'Hippocrate ont ainsi été oubliés. Pour lui, la médecine ne parvenait à soigner que quelquefois, tandis qu'elle palliait souvent et, au minimum, assurait toujours le confort. Aujourd'hui, on pourrait caractériser la médecine moderne par l'aphorisme suivant : toujours soigner, souvent pallier, s'occuper quelquefois du confort. Délaisser le combat contre la mort au profit des soins de nursing (alimentation, toilette, bien-être) est comparable, pour certains, à l'abandon d'une attitude noble au profit d'un comportement servile.

Comment ne pas s'étonner alors si l'on trouve à l'hôpital une relative opposition professionnelle à l'accompagnement ? Elle repose sur plusieurs fractures, dans un monde déjà extraordinairement cloisonné. D'une part une hiérarchie extrêmement rigoureuse subsiste, non seulement entre les différents grades de médecins et d'infirmiers, mais aussi entre les professions médicales et les professions para- et non médicales. D'autre part, une frontière actuellement en voie de remaniement a été, jusqu'à présent, fortement ancrée à l'hôpital : celle du monde masculin et du monde féminin.

La masculinité, voire le machisme, va de pair (nous brossons ici un tableau un tout petit peu plus caricatural que la moyenne) avec l'activisme et la volonté de guérir à tout prix. La féminité s'allie de préférence avec le domaine relationnel ou touchant plus concrètement à la procréation, à l'enfance et au vieillissement, bref à la fragilité et à la dépendance.

À ce cloisonnement, établi à l'origine pour des raisons d'efficacité, mais aussi pour mieux maîtriser l'angoisse de mort inhérente à ces lieux, répond la segmentation des services et le sentiment, pour le malade, d'être découpé en de multiples tranches, avant de bénéficier d'un traitement. Or les soins des mourants, tels qu'ils sont prodigués dans les hospices, correspondent à la dynamique exactement inverse de celle prônée dans les grands hôpitaux.

Les rapports de domination habituels entre le médecin et le malade sont ainsi radicalement modifiés. Le malade détermine son admission dans le service de soins palliatifs, souvent en toute connaissance de son pronostic. C'est lui qui demande des traitements ou plus de confort ou d'attention. Soignants et volontaires sont alors à sa disposition, tandis que le médecin peut se croire dépossédé de son habituel et ô combien valorisant combat : la lutte contre la mort. La mort pleinement acceptée et le médecin descendant de son piédestal peuvent donner l'impression d'un univers de passivité manquant d'ambition. À la limite, les soignants concernés auraient eux-mêmes besoin d'être aidés à dépasser leur échec devant la mort. Un cancérologue répondait en ces termes à Franco Toscani lors du dernier congrès de l'association européenne des soins palliatifs (1990) : « Les patients en phase terminale n'existent pas : tout cancérologue qui pense ainsi est un médecin déprimé, et je lui conseille de changer de métier ! » Le vécu d'échec et de castration inspiré par la mort conduit à des outrances, qui montrent combien les soins palliatifs posent profondément une question identitaire au médecin, mais aussi une question d'identification sexuelle, étant donné la partition stricte des rôles jusqu'à présent dans la société.

Est-ce pour cela que ces services sont si féminisés ? La féminisation progressive globale des études médicales ne peut d'ailleurs que renforcer cette diminution de l'activisme thérapeutique forcené rencontré parfois dans les hôpitaux. Un pouvoir médical moins dominateur dans les centres de soins palliatifs est aussi, à l'évidence, responsable de la montée en première ligne de nombreux professionnels para-médicaux. Dans les congrès de soins palliatifs, on voit fleurir les communications d'infirmières de toutes nationalités, tandis que l'ancienne « caste » médicale s'ouvre au contraire à d'autres disciplines, psychologie, sociologie, anthropologie, voire théologie.

Derrière les soins palliatifs, une tendance à la démocratisation du système médical se dessine-t-elle ? L'aspect négatif étant que rien ne vienne suppléer cette perte de pouvoir et que le médecin ne soit transformé en simple fonctionnaire comme dans ces pays de l'Est où, encore actuellement, l'indifférence totale se rencontre parfois devant la souffrance d'autrui. Le patient pourrait aussi, à l'autre extrême, devenir un simple « client », de sorte que seuls les malades riches bénéficieraient des soins les plus sophistiqués...

Moins ironiquement, pensons seulement qu'en Europe, le malade soit traité en véritable sujet de son affection et de son histoire et non pas en simple objet de recherche ou de production. Finalement, dans les unités de soins palliatifs, l'équipe médicale est au premier plan. Le médecin perd donc un peu de son pouvoir et les risques attenants à la décision solitaire, au profit du partage des responsabilités.

La multiplication des intervenants hospitaliers favorise également cette modification des rapports de forces qui ne dépendent plus d'une seule autorité. Les médecins les plus attachés à leur pouvoir perdu se rattrapent alors à leur technique. « Moi, je me considère plus comme un technicien que comme un médecin. Mon premier rôle c'est d'être le plus compétent possible pour donner une réponse pointue à une question posée, le restant venant bien après. » (Réflexion d'un professeur en cancérologie à un ethnologue à l'hôpital, Jean-Pierre Hélary, 1989.) Il serait dommage de cantonner le rôle du médecin à celui d'un ingénieur, quand on sait l'importance de son jugement sur la conduite de la thérapeutique... L'émergence de la médecine palliative n'est-elle pas le témoin de modifications drastiques de la médecine, au point que d'aucuns se demandent si elle constitue vraiment une discipline médicale ?

Des prétextes matériels ont ainsi été invoqués, dans les secteurs où une enveloppe globale devait être distribuée entre différents services. Les médecins responsables des services « classiques » revendiquaient leur médecine « utile », en comparaison d'une médecine palliative « de luxe », pour trouver à redire devant une répartition des fonds qui incluait aussi l'hospice. D'autres médecins ont eu peur que, devant leur nouvelle attribution de « palliatologues », les malades ne les fuient, leur image étant dorénavant entachée d'une connotation morbide.

La contradiction actuelle entre hospice et hôpital ne réside pas seulement dans une querelle de « chapelles ». Elle découle du douloureux débat sur l'euthanasie, lui-même issu de l'évolution d'une médecine scientifique se croyant libre d'intervenir sans limite, de la procréation à la mort. La logique voudrait que, formation aidant, les centres de soins palliatifs ne constituent qu'une issue transitoire à l'inflation des morts à l'hôpital. Mais l'acceptation de la mort ne conduira à son intégration dans tous les services, sans discrimination, qu'avec les aménagements indispensables à l'expression de leur deuil par les familles, mais aussi par les soignants. On ne peut souhaiter l'humanisation des hôpitaux sans investissement affectif. Or tout approfondissement relationnel implique un détachement lors de la perte. C'est ce travail de deuil des soignants, qui doit dès lors être accepté, si l'on veut que les lieux de soins ne deviennent pas des entreprises comme les autres, avec pour seule originalité un matériau « humain ».

Les mécanismes de défense des soignants

Actuellement, tous les services hospitaliers sont confrontés à la mort, mais la plupart cherchent à en minimiser les conséquences. Deux secteurs de la santé la rencontrent en permanence, trop souvent encore en refusant d'en parler. Ce refus est une indication significative des difficultés chez les soignants, face à la perte de leurs patients. Les services de réanimation et de gériatrie, qui travaillent aux limites de la vie, se heurtent donc aux mécanismes psychologiques de protection les plus importants chez les soignants.

On reçoit, dans les services de réanimation, les patients victimes d'une affection subite, les accidentés et aussi les malades chroniques présentant une brutale aggravation de leur état. Les patients ont souvent perdu conscience, ou bien, lorsque leur survie nécessite un appareillage complexe ou douloureux, ils sont plongés dans un coma artificiel, obtenu au moyen de fortes médications. L'urgence et l'action sont caractéristiques des services de réanimation. En deçà de ces deux principes primordiaux, la relation reste secondaire. Le patient semble, avant tout, réduit à un organisme en danger aigu, à une série de fonctions physiologiques déséquilibrées. La priorité reste, il est vrai, pendant un moment, nécessairement attachée au retour de l'homéostasie. Comme en chirurgie, les soignants expliquent leur sentiment de valorisation par les nombreuses manipulations techniques de leur travail. L'idée de se trouver à la pointe d'une organisation sophistiquée, dans un univers aux allures de science-fiction, contribue à l'impression d'une lutte contre le temps et la mort. Ici, les problèmes touchent au fondamental : la vie, le choix. En permanence, le questionnement éthique est au bout des lèvres : quels sont les bénéfices, pour ce patient, de telle stratégie thérapeutique ? Les effets secondaires du maintien en vie actuel ne vont-ils pas avoir de conséquences sur les aptitudes futures de cet homme ? Ne risque-t-on pas de détruire des fonctions vitales avec cette opération ? L'irréversibilité de certains choix élève considérablement l'importance du soignant en lui donnant un pouvoir direct sur la vie d'autrui.

Quelle est la contrepartie de cette sollicitation permanente ? Une grande fatigue... Fatigue physique bien sûr, liée à l'aspect éprouvant d'une surveillance de tous les instants, et à la nécessité de rester constammment en éveil face aux plus petits indices d'aggravation. Mais la fatigue découle aussi de l'aspect psychologique des soins en réanimation. Ainsi, ces malades plongés dans un coma accidentel ou provoqué n'ont plus la capacité d'exercer leurs fonctions élémentaires. Certes, le respirateur assure les échanges gazeux à leur place, l'alimentation artificielle maintient les apports fondamentaux, les excrétions sont assurées, les rythmes respiratoires, cérébraux et cardiaques sont contrôlés. Cependant, qui va surveiller les sondes, les drains mais aussi les souffrances, les contractures et surtout guetter les signes d'éveil ?

Le soignant, pour parvenir à ce contrôle, doit parfois se substituer mentalement à son patient, s'identifier à lui, pour imaginer ce qui pourrait le gêner ou causer d'éventuelles séquelles. Cette identification totale est souvent épuisante. Par ailleurs l'absence de parole chez le patient trachéotomisé, ou, pire, l'absence totale de réponse, suscitent une formidable frustration. Ce manque de reconnaissance peut être nocif pour celui dont la motivation essentielle réside justement dans l'enrichissement retiré de la relation avec le malade. L'impression de travailler dans le vide, sans écho, produit parfois un retrait lié au sentiment de déshumanisation, provoqué par un surinvestissement dans la technique. En revanche, l'absence de parole du soigné laisse le champ libre aux fantasmes du soignant. Le regard du malade, lorsqu'il est conscient, mais ne peut pas s'exprimer, en dit souvent plus long que la parole. Aussi, ces échanges d'une grande intensité déclenchent-ils souvent une fascination chez les soignants, qui reconstruisent l'histoire du patient et imaginent ses besoins comme ses désirs.

Tout cela n'est pas sans danger pour le soignant, d'autant que parfois il constate des ressemblances entre un parent ou un ami et celui dont il s'occupe. Il risque alors de ressentir une intense culpabilité si jamais cet homme ou cette femme, représentant un être important pour lui, disparaît, ou n'est jamais réanimé. Le soignant oscille donc fréquemment entre culpabilité excessive et refus d'identification, par peur de souffrir lors de la séparation. Aussi évite-t-il parfois de s'investir trop.

Mais il faut encore compter avec la famille et ces situations d'urgence développent des attitudes extrêmes de sa part. Compétition avec l'équipe soignante pour les soins ou fantasme de mise à l'écart, peur de l'acharnement thérapeutique ou du prélèvement d'organe... Ici les soignants sont soumis à toutes les projections et le manque de communication peut conduire à des moments de grande angoisse. Le rythme des hospitalisations successives, des nouveaux problèmes à résoudre, ne permet que rarement de faire une pause pour réfléchir.

Aussi voit-on, après une période plus ou moins longue, s'installer un essoufflement dans les efforts des soignants. La lassitude provoquée par la charge psychique du travail entraîne l'indifférence voire l'anesthésie affective, l'agressivité ou la dépression chronique. Les services de réanimation sont donc des lieux où les infirmiers ne restent pas très longtemps en poste, la maîtrise des gestes et des techniques s'acquérant rapidement. Les relations personnelles restent en revanche les plus usantes et consomment les hommes plus vite que les machines...

En gériatrie, le ralentissement extrême du temps conduit aussi, mais pour des raisons opposées, au détachement des soignants. Comme si les patients avaient depuis bien longtemps dépassé le stade de l'intervention en urgence, ils n'éveillent qu'un morne intérêt, au regard de la valorisation liée à l'utilisation de la technique sophistiquée en réanimation. En revanche, c'est encore l'absence de communication qui entraîne parfois l'abandon des patients. Les personnes très âgées ne manifestent que faiblement leurs demandes à l'égard de soignants qui pourraient être leurs petits-enfants. Peut-on imaginer la barrière culturelle qui sépare un combattant de la Première Guerre mondiale, d'une jeune fille de l'ère des vidéo-clips ? Et pourtant, le premier dépend totalement de la seconde, qui se charge de le faire manger ou de l'accompagner aux toilettes. Ces humbles tâches forment cependant la base fondamentale du sentiment de dignité du patient. Si celle-ci lui semble perdue, il peut se replier totalement sur lui-même et opposer l'inertie ou l'autisme à toute nouvelle tentative d'échange... L'impossibilité de comprendre les réactions du patient risque alors de conduire à des erreurs thérapeutiques ou à un long glissement vers une mort par isolement. La mort est constamment présente en gériatrie et fait l'objet d'un discours explicite chez les vieillards. Ils sont souvent des endeuillés de longue date, tant, la plupart du temps, ils ont vécu la fin de leurs proches. Parfois, ils ont perdu plus considérable encore : statut social, place dans la parentèle, milieu de vie. L'acceptation de la mort par les vieillards ne doit pas pour autant faciliter son accélération par les soignants, mais il faut reconnaître que des désirs de mort peuvent émerger chez certains. Ils doivent faire impérativement l'objet d'une élaboration. Quelques équipes n'hésitent pas, ainsi, à se réunir autour d'un psychanalyste pour mettre en mots des fantasmes qui parfois leur échappent, lors d'un rêve, d'un acte manqué ou d'une parole malheureuse [1]. Certains soignants éprouvent des difficultés devant l'identification au patient, nécessaire pour créer une relation avec lui. Ils se sentent étrangers et ne parviennent pas à utiliser un autre registre de communication quand le patient ne parle plus. Le refus du contact

1. R. Sebag-Lanoë (1986).

avec le vieillard est souvent à l'origine de ces attitudes glaciales : éloignement du lit, réticence du toucher, limitation de la visite à la seule lecture de la courbe de la température ou aux renseignements strictement médicaux.

La demande d'euthanasie, autre mécanisme de défense face à l'angoisse du vieillissement et de la mort, pourrait être plus fréquente dans ces services. En réalité elle reste débattue en permanence, mais diminue considérablement, depuis l'avènement des nouvelles pratiques de l'accompagnement des mourants. Une enquête nationale, effectuée dans la grande majorité des services de moyen et de long séjours français, montre que les « cocktails lytiques » (mélange de drogues sédatives amenant, le plus souvent, une mort progressive et dont l'utilisation peut être assimilée à une euthanasie active) sont utilisés à 50 % dans le cas d'une douleur incontrôlable et à 38 % d'une agonie prolongée[2]. Mais seuls 6 % des patients demandent une euthanasie, alors que les familles la souhaitent dans 9 % des cas et les soignants, dans 16 % des cas. Ce pourcentage, certes réduit, montre tout de même que les soignants ne doivent pas évacuer une décision aboutissant à la mort de leurs patients, bien qu'elle engendre généralement culpabilité et angoisse. Le geste de mort correspond à l'absence de compromis entre la souffrance du patient et l'intolérance du soignant. Très souvent, alors, les mécanismes de défense usuels sont débordés et laissent passer, au premier plan, une angoisse insupportable. L'euthanasie correspond à une dernière tentative de contrôle. Il devient préférable de donner la mort plutôt que de continuer à la côtoyer en permanence. La fuite en avant vers la mort est typique du stress engendré par ces longues situations d'attente, perçues comme non productives par chacun. Autant les familles peuvent soutenir leur patient tant que celui-ci est conscient, autant les voit-on se détacher de l'agonisant, dès qu'il perd ses possibilités de verbalisation. Les soignants subissent les mêmes lassitudes. Ils

2. R. Sebag-Lanoë (1990).

réagissent parfois par la fuite, ou, au contraire, par la surprotection.

Dans le même registre, le maternage est aussi une forme d'action rassurante, grâce à la totale maîtrise d'un malade réduit au statut d'un nourrisson. L'identification du soignant au mourant entraîne d'autres mécanismes de défense. Infirmières et médecins tentent d'échapper aux demandes angoissées de leurs malades par une attitude bien connue : faire attendre. Les patients s'en plaignent souvent et ne parviennent pas à comprendre pourquoi leurs questions ne trouvent jamais de réponse immédiate.

L'explication est pourtant simple. Le peu de pouvoir acquis à l'occasion de cet évitement est parfois le seul à attester de l'inégalité de la relation soignant-soigné. Comment ne pas vouloir exagérer cette différence, lorsque la confrontation permanente avec un mourant induit la question : « Et moi, suis-je aussi comme lui ? » Face aux interrogations précises des malades portant sur leur durée de vie restante, les soignants trouvent souvent le moyen de fuir, en se reportant à une autre autorité, ou en rationalisant leur réponse (utilisation d'un jargon médical ou de statistiques). Enfin, la banalisation du genre « Tout le monde doit bien mourir un jour ! Moi aussi je vais mourir ! » est une forme de fausse réassurance, dont la vertu calmante n'est que passagère. Les familles exigent, il est vrai, des renseignements très complexes : « Comment va se passer la mort ? Souffre-t-on ? L'agonie va-t-elle durer longtemps ? Que devrai-je faire pendant ce temps-là ? » En fait, elles demandent un véritable savoir sur la mort, savoir aussi bien technique que philosophique. Les soignants ne sont évidemment pas préparés à transmettre des connaissances de cet ordre. Cependant, ce simple questionnement provoque des remises en causes personnelles et sa répétition est épuisante.

Le partage avec les familles de ces moments d'une extrême intensité débouche souvent, avec la mort du patient, sur une interruption brutale de la relation. Les infirmières et les aides-soignantes font part alors de leur frustration, après le décès. Elles ont eu le sentiment d'être si proches, de pénétrer parfois dans l'intimité familiale, que certaines se rendent d'office à la cérémonie de la levée du corps. D'autres pensent aux patients disparus et se les remémorent épisodiquement. Certaines, en revanche, ne comprennent pas les comportements de familles, après la perte de leur patient.

Une infirmière d'un service de pédiatrie se demandait pourquoi une jeune femme, ayant perdu son petit garçon dans le service à la suite d'une très longue hospitalisation, envoyait, chaque année, lors de la fête des mères, une carte de vœux destinée à toutes les infirmières du service. Elle et toute l'équipe y voyaient une relative hostilité de la part de cette mère, qui, lors de cette célébration heureuse, rappelait à toutes l'horrible possibilité de voir leur enfant disparaître. En fait, cette femme souhaitait exprimer aussi sa complicité avec les infirmières du service : elles avaient partagé le statut maternel, et cela, elle ne l'oubliait pas.

Le syndrome d'épuisement professionnel

L'angoisse de mort est contagieuse. Les soignants confrontés à la perte de leurs patients tentent donc, en permanence, de s'en protéger. L'identification totale à celui qui souffre peut s'avérer très dangereuse pour la santé mentale du soignant. Le refus d'identification, au contraire, abaisse l'idéal de cette profession, centrée sur la relation humaine, à la pure utilisation de techniques. Autant de difficultés ont amené les spécialistes à repérer, chez les soignants, un syndrome fréquent : le syndrome d'épuisement professionnel ou *burnout syndrome*. Il apparaît également dans d'autres catégories, à la fréquence de 5 à 10 % chez tous les professionnels des structures d'assistance. De nombreux employés des services d'aide comme dans les secteurs de la santé, la sécurité, l'éducation et les services sociaux en sont menacés.

L'appellation anglaise du syndrome d'épuisement professionnel exprime l'idée d'une brûlure *(to be burnt)*, mais aussi le fait de ruiner sa santé aux feux de l'action. On parle également de *battle fatigue*, ce qui traduit bien le fait que soigner soit souvent envisagé comme un combat. Mais les enseignants, dont 6,5 % souffrent de *burnout syndrome*, comparent également leur action à une bataille et paient relativement cher, sur le plan psychologique, l'engagement de toute une vie. Le syndrome d'épuisement professionnel est caractéristique de notre époque. Les exigences de rendement peuvent en effet progressivement anéantir l'enthousiasme des débuts et miner des compétences toujours plus sollicitées. Le manque d'accomplissement personnel résulte, quant à lui, de l'impression que les aptitudes développées sont peu récompensées. Tandis qu'une dépersonnalisation semble gagner peu à peu le sujet, qui présentait, au départ, un projet professionnel de haut niveau moral.

Quatre phases constituent le *burnout syndrome*, qui reste une notion avant tout dynamique. L'idéalisation du travail, la stagnation dans une même fonction, la désillusion et enfin la démoralisation. Le déséquilibre entre les tâches assignées et les moyens disponibles pour les remplir est souvent à l'origine d'une impression ambiguë, quant aux compétences du sujet. Est-il vraiment bien qualifié pour ce métier ? Comment font donc les autres ? Des conflits personnels, mais aussi inter-individuels, peuvent alors se développer.

Pourquoi le syndrome d'épuisement professionnel se retrouve-t-il préférentiellement dans les services hospitaliers à fort taux de mortalité ou à haut niveau de stress ? C'est une caractéristique humaine que de se savoir mortel mais de vivre toujours comme si cette échéance était lointaine. La confrontation quotidienne avec la mort aboutit souvent à l'abrasion des résistances et à l'incapacité de refouler l'angoisse. De plus, comment nier la tristesse et le chagrin des familles ou des patients, comment éviter les visions terribles des mourants, sans compter les bruits et les odeurs ? Le stress est avant tout composé de tous ces indices sub-liminaux, qui, avant de parvenir à la conscience, envahissent les acteurs de santé jusque dans leurs rêves. La démoralisation qui gagne est relativement facile à percevoir alors. Lorsque l'énergie, avec laquelle chacun commence normalement la journée, se transforme en apathie et que la prise de décision disparaît derrière l'inertie, l'intérêt du travail a déjà très sérieusement diminué. Les relations avec les pairs se dégradent : autoprotection plus que coopération, suspicion à la place de la confiance, désillusion et déception au lieu de l'élan initial. L'anxiété chronique liée à l'attente de la fin de la journée consomme le restant d'énergie, s'il n'a pas encore été brûlé par la morosité. L'impossibilité d'oublier, même à la sortie du lieu de travail, les préoccupations professionnelles montre enfin un envahissement de toute la sphère mentale du sujet. On retrouve des traits de personnalité assez typiques chez les victimes de *burnout syndrome* : le narcissisme caractérisé par une idéalisation du travail va de pair avec le souci de parvenir à la perfection. La rigidité concernant les objectifs est responsable, quant à elle, des difficultés de modifier les projets. Les débuts des centres de soins palliatifs ont été marqués par l'apparition de nombreux troubles chez les soignants qui considéraient leur travail avec un zèle digne des missionnaires. Leur souci de se dévouer, avec abnégation, à leur travail s'est évidemment heurté à la barrière de la mortalité des patients dont ils avaient la charge. L'incapacité à remettre en cause les raisons qui leur faisaient fuir certaines responsabilités, pour approcher la mort, plus spectaculaire (donc réduisant les critiques potentielles), déclenchait une trop grande susceptibilité.

Au-delà de ces situations caricaturales, les principales sources de tension des équipes soignantes proviennent souvent de la multiplicité des intervenants. Si chacun cherche à valoriser sa discipline sans tendre à satisfaire un objectif commun, la fragmentation du travail risque de provoquer une dégradation des relations. Des problèmes de communication sont souvent à l'origine de ces dissensions. Les infirmiers et aides-soignants sont très motivés dès le départ, dans leur travail. À la demande des médecins, ils transmettent toute une série d'informations fondamentales sur l'alimentation et d'autres faits et gestes intimes du patient. Ces informations, bien qu'essentielles, peuvent prendre, par leur caractère usuel, un aspect secondaire. Aussi le médecin ne renverra-t-il pas, en retour, les décisions thérapeutiques résultant de ces connaissances. Or des informations uniquement ascendantes produisent un désintéressement chez celui qui les a données.

Le partage du savoir est indispensable à la motivation d'une équipe. Aussi bien verticalement, entre les différents professionnels, qu'horizontalement, entre les équipes de jour et de nuit. Transformer l'interdépendance d'une équipe en une interaction, tel est l'objectif primordial à remplir dans les lieux où travaillent autant de catégories professionnelles différentes mais complémentaires. Les gestes techniques, en particulier dans les services de soins palliatifs, font aussi partie des mécanismes de protection pour contrecarrer l'angoisse de mort. Les compétences développées à la suite d'une formation spécifique constituent un des axes de la valorisation de soi et du nondévoiement vers l'œuvre de bienfaisance. Elles permettent également la constitution d'une identité professionnelle indispensable pour l'instauration de limites entre soi, les autres soignants et les malades.

Comment éviter le syndrome d'épuisement professionnel ?

Les services de réanimation, de gériatrie mais aussi les unités de soins palliatifs sont prédisposés au *burnout syndrome*. La première mesure à prendre pour éviter tout malentendu initial est de bien déterminer les objectifs du service, en particulier si celui-ci tient à accompagner ses patients jusqu'à la mort. Dans ce cas, une sorte de « philosophie » du service sera développée, avec l'établissement de son histoire (jalonnée souvent par ses « grands patrons », ses surveillantes ou ses malades célèbres), de ses succès et échecs. Les définitions des rôles et surtout des tâches et responsabilités de chacun doivent être claires, mais susceptibles de révision, selon les personnalités ou les circonstances. Ainsi, il arrive souvent qu'une infirmière désire changer de secteur si elle y a vécu un accompagnement particulièrement douloureux. Plutôt que de la laisser dans un isolement ou un refus, la reprise en commun de l'événement lui permettra de mieux faire son deuil du patient perdu, avant de pouvoir réinvestir l'espace lié au souvenir, avec un nouveau malade.

La reconnaissance des rôles est un point indispensable : chacun a une formation originale et utile, à tous les degrés de la prise en charge du patient. Cependant, la flexibilité doit permettre à tous de choisir un nouveau rôle, à la suite d'une démarche approfondie. Le soignant qui le désire ou qui n'exerce plus ses fonctions avec le bien-être nécessaire doit avoir la possibilité de changer de service, voire de quitter le métier. Il partira dans ce cas la tête haute, après avoir analysé les facteurs conscients et inconscients déterminant son choix. Les deuils professionnels sont trop souvent oubliés, quand l'angoisse du chômage fait reprendre rapidement un nouveau travail. Sans ces deuils pourtant, les mauvaises réadaptations se surajoutent au stress encouru par le bouleversement des habitudes. Or les premiers pas dans une nouvelle qualification sont fondamentaux et risquent de pâtir des difficultés à reconstruire son histoire antérieure.

La communication est l'un des facteurs clés de la bonne réalisation de soi dans un service particulièrement stressant. L'identification aux pairs professionnels s'exerce dans les petites réunions de « transmission », c'est-à-dire d'échange d'informations lors du « passage de relais » d'une équipe à une autre. L'identification aux autres participants fait l'objet de plus grandes réunions où la compréhension des objectifs, le partage des responsabilités et de l'autorité morale sont discutés. C'est le seul moyen d'établir une continuité des soins auprès des malades, mais également d'élever le niveau de motivation de chacun, notamment quand, à l'occasion d'une difficulté, la dépression gagne.

Enfin, l'échange avec un référent extérieur au service est utile pour éviter les travers de l'évolution d'une petite communauté confrontée au stress collectif. Tous les ghettos réagissent de la sorte : opposer une résistance constante à la remise en question, pervertir les relations, s'auto-idéaliser ou s'autodétruire. Psychologue, psychanalyste ou psychiatre, mais aussi ancien soignant formé à l'écoute du groupe, tous ont besoin d'une solide expérience personnelle et professionnelle pour exercer cette fonction. Le groupe a en effet tendance à exclure d'emblée celui qui vient de l'extérieur : « Il ne connaît ni les malades, ni notre métier, il n'est pas là, il ne peut donc pas savoir... » Cette ignorance relative du superviseur ou analyste du groupe va justement permettre une réélaboration des problèmes, car chacun va raconter sur un mode original l'histoire d'un patient ou de ses problèmes relationnels. Surtout, et ce n'est pas le moindre des obstacles, la supervision va conduire à une prise de paroles devant témoins. Fréquemment, dans les unités à forte mortalité, ce ne sont pas tant les décès qui paraissent les plus insupportables, mais les frictions entre soignants. Les tensions internes, normales dans toute petite entreprise, prennent ici une intensité particulière à cause de l'échéance de la mort, intériorisée par tous. Mais chacun ne la perçoit que du bout de sa lorgnette professionnelle, sans prendre en compte la douleur de l'autre. Seule la vision partagée par chaque membre du groupe reconstituera la situation du malade dans son entier et permettra de reprendre la distance nécessaire.

Parkes parle de « la bonne distance » (1986), qui permet de ne pas trop s'apitoyer sur chaque patient, et aussi de tolérer mieux l'incontrôlable. Pour lui, les soignants ne trouvent jamais un deuil « normal ». Le patient est toujours mort trop tôt, alors qu'il était trop jeune ; « il a trop souffert, il est resté trop longtemps dans le service, il ressemblait trop à ma mère, à mon frère... il était comme moi ». Garder la « bonne distance », c'est à la fois ne pas être trop loin du sujet, pour qu'il ne se sente pas aliéné, mais aussi ne pas être trop proche, pour ne pas devenir intrusif et éviter de s'assimiler totalement au malade. La bonne distance s'évalue différemment pour chaque patient, elle varie avec chaque soignant. Mais n'est-ce pas finalement l'acceptation de sa propre mort par le patient, qui engendrera le meilleur « vécu » du soignant, en lui renvoyant une image moins angoissante ? C'est pourquoi le syndrome d'épuisement professionnel est étroitement corrélé au deuil de soi du patient, à l'aptitude au deuil de sa famille et au travail intérieur effectué par tout soignant sur sa propre mort.

Pratiques de deuil chez les soignants

Quelques équipes soignantes ont instauré leurs propres rituels pour parvenir à faire le deuil de tous les patients qui meurent dans leur service. En Suisse, un centre de soins commémore, chaque trimestre, les malades disparus. Ainsi, les infirmières qui étaient absentes lors du décès d'un malade longtemps hospitalisé peuvent-elles éliminer le sentiment de rupture ressenti entre l'investissement donné et la disparition du patient. À la cafétéria du centre, la liste des patients décédés est lue à haute voix, suivie d'un poème ou d'un morceau de musique. Une bougie est ensuite allumée en signe d'espérance et de renouveau. Chacun prend, après ce petit cérémonial, une boisson ou un gâteau et bavarde. Prise de parole, partage de nourriture, les temps forts des funérailles sont tous là. À cette occasion, se retrouvent même les participants plus extérieurs à la vie des services hospitaliers : ambulanciers, employés du salon de coiffure attenant, qui connaissent bien les patients, secrétaires qui programment leurs rendez-vous et n'ont parfois qu'un contact téléphonique. Tous ces intervenants, dont les rapports avec les patients ne sont qu'épisodiques, ont besoin d'être mis au courant de leur devenir. Lors de ce petit moment, réalisé sans aucune référence religieuse, chacun retrouve un souvenir, complète ses informations et la plupart du temps s'en retourne, satisfait d'avoir mieux compris la situation du patient et de connaître la conclusion de l'histoire tirée par la famille. Le travailleur social est souvent mieux tenu au courant de la suite de l'histoire familiale. Aussi, dans certaines institutions, conserve-t-il le contact avec les proches du patient décédé et les invite-t-il parfois à revenir rencontrer les soignants.

Ce type de retrouvailles des soignants n'a, on peut le constater, rien de morbide. Il semble résolument tourné vers la vie et s'il regroupe la communauté soignante, c'est pour lui permettre de réunir, dans leur globalité, ses mille et une actions ponctuelles. La continuité de l'action thérapeutique ou palliative s'inscrit alors clairement dans le cycle de la vie commun à tous les humains.

Quatrième partie

POUR UNE MEILLEURE CONNAISSANCE DU DEUIL

Une meilleure acceptation du deuil permettrait de faire progresser la résolution de nombreux problèmes éthiques liés à la mort. Le deuil, pris au sens large, n'est-il pas, en effet, en jeu dans la question de l'euthanasie, comme dans tout ce qui touche de près ou de loin un changement d'état physique ou mental ? Le greffé cardiaque va devoir accepter de sentir battre dans sa poitrine le cœur d'une victime d'un accident de la route, tandis que les parents de ce même accidenté auront eux-mêmes admis, malgré leur chagrin, que le cœur de leur fils puisse être prélevé. Or la brutalité de la mort accidentelle réduit les possibilités de préparation du deuil. Dans ce cas, le refus habituel de la mort heurte de front une famille, par son incursion dans la réalité. Il risque de devenir alors particulièrement pathogène. C'est pourquoi une relative habituation au thème de la mort, dans nos sociétés, ne peut que faciliter ces situations de crise.

L'accompagnement du mourant, mais aussi toutes les situations limites, où la survie dépend de la mort d'un individu comme dans les greffes, ont donné lieu à une réflexion qui bouleverse progressivement le mode de vie mais aussi de pensée. Dans un autre registre, les soins palliatifs prennent le contre-pied d'une médecine jusqu'au-boutiste, en proposant de réintroduire la dimension du temps. Mais le temps passé, lorsque l'on est mourant, peut constituer une souffrance insupportable. Si les douleurs sont limitées grâce aux antalgiques, qu'en est-il des souffrances morales ? Et même si celles-ci sont intégrées au moyen d'un travail psychologique et soulagées grâce à l'intervention d'un spécialiste, que deviennent celles de la famille et des soignants ?

Le sida, en une dizaine d'années, a provoqué de tels bouleversements que nous lui sommes redevables d'une progression accélérée de l'évolution de la relation du malade, de son médecin et de la société. Si le sida constitue un immense danger pour le monde contemporain, c'est aussi une maladie qui modifie radicalement les relations soignants-soignés. Révélation d'un diagnostic mortel, traitements expérimentaux, remise en cause de la procréation et de la réanimation, accompagnement de mourants jeunes, investissement émotionnel des soignants sont autant d'adaptations nécessaires. Le sida, maladie identifiée dans les années quatre-vingt et avec laquelle nous passerons certainement le cap du troisième millénaire, ébranle, en Occident au moins, le déni collectif de la mort.

Le sida a provoqué une considérable remise en cause des relations soignants-soignés. Il renforce également une dynamique mise en place avec les soins palliatifs. Il s'agit de la réflexion éthique sur la qualité de vie. Lorsque la guérison ne peut être envisagée qu'à très long terme, voire plus du tout, la qualité de la vie restante doit prendre le pas sur la durée de survie, qui devient alors très aléatoire. La définition, l'évaluation et la recherche pratique d'une qualité de vie maximale pour le malade correspondent à une révision radicale de la notion de soins. Nous verrons comment élargir cette notion non seulement à l'ensemble des situations où la santé est en jeu, mais à la vie en général.

Notre dernier chapitre sera consacré à un domaine qui dépasse largement la médecine tout en faisant appel aux compétences des professionnels de la santé. La civilisation moderne, en effet, a engendré une nouvelle forme de violence. Celle du terrorisme. La diffusion de l'information place les adeptes de cette méthode au premier plan et les incite à multiplier attentats, enlèvements, prises d'otages pour faire mondialement reconnaitre leur cause. Les conséquences sont aussi effrayantes d'un point de vue politique que psychologique. Que deviennent les otages ou les blessés et leurs familles ? Les sauveteurs confrontés à des situations médicales nouvelles peuvent-ils les appréhender sans traumatismes ? Toutes ces situations extrêmes entraînent des deuils à haut risque pathologique. De nombreuses associations tentent la mise en place de structures et de spécialistes pour prévenir les conséquences à long terme de ces situations. Ici encore, une meilleure connaissance du deuil éclaire et donne un espoir certain aux victimes.

CHAPITRE PREMIER

Deuil et qualité de vie

La vision chiffrée, quantitativiste des résultats en médecine a connu une apogée à partir de l'ère pastorienne et quasiment jusqu'à nos jours. Mais si certaines améliorations spectaculaires ont suivi les vaccinations et l'amélioration de l'hygiène, la modestie reste de mise pour d'autres affections. L'idée de tenter d'améliorer une vie que l'on ne peut étirer à l'infini va naître simultanément dans les services où sont traités des malades incurables et dans les services de soins intensifs : chirurgie à haut risque, grands brûlés, services de transplantation.

Définitions de la qualité de vie

« La qualité de vie, sous l'angle individuel, c'est ce qu'on se souhaite au nouvel an : non pas la simple survie, mais ce qui fait la vie bonne – santé, amour, succès, confort, jouissances – bref, le bonheur... » Non, il ne s'agit pas d'une boutade. Cette définition d'Anne Fagot-Largeault (1991) est à l'image de l'évolution des sociétés occidentales. Si la majorité des populations d'Europe et d'Amérique ont dépassé le problème de la faim, de nouveaux besoins passent au premier plan.

Retrouvons nos unités de soins palliatifs. Las de permettre à des mourants de prolonger une vie marquée essentiellement par la douleur, les médecins ont tenté d'améliorer le confort physique et moral de leurs patients.

Le confort physique a été immédiatement augmenté par l'utilisation de médicaments antalgiques permettant la limitation, voire l'éradication de douleurs insupportables. Or, au-delà de la disparition des plaintes douloureuses des patients, d'autres difficultés persistaient. C'est ainsi que d'autres aspects de la vie ont été considérés comme aussi importants que celui du soulagement des douleurs. Le domaine des aptitudes fonctionnelles, celui de l'économie, du monde relationnel, enfin celui des besoins spirituels du sujet ont été pris en compte même pour une fin de vie. Très vite, il apparaît que la qualité de vie n'est pas seulement composée de données « dures », c'est-à-dire mesurables par un observateur extérieur. En fait, la qualité de vie résulte d'un ensemble d'appréciations objectives (le nombre de journées passées au lit, le revenu alloué par la Sécurité sociale pendant la maladie) et de données subjectives (l'impact de la maladie sur l'entourage perçu par le malade, son besoin d'épanouissement personnel, ses attentes concernant son traitement). Seul le sujet peut estimer sa qualité de vie. Il n'y a aucun étalonnage possible en la matière, aucune norme, aucune standardisation (Gérin, Dazord, 1992).

L'Organisation mondiale de la Santé, qui met en place un Observatoire planétaire des troubles physiques et mentaux, se penche alors sur la question. Les possibilités de soins de la majorité des populations en voie de développement sont plus que précaires et les soins palliatifs correspondent sur place au sens littéral de l'expression : on ne peut que pallier à défaut de guérir toutes les maladies graves. Dans la plupart des cas, on constate une réelle impuissance thérapeutique due à des raisons économiques mais aussi culturelles. L'allopathie occidentale ne peut en effet prendre abruptement la place de la médecine traditionnelle. La priorité doit donc être réservée à la prévention qui passe elle-même par l'optimisation des conditions matérielles de la vie. L'OMS (1993) tente de donner une définition mondiale de la qualité de vie : « C'est la perception qu'a un individu de sa place dans l'existence, dans le contexte de la culture et du système de valeurs dans lesquels il vit en relation avec ses objectifs, ses attentes, ses normes et ses inquiétudes. C'est un concept très large influencé de manière complexe par la santé physique du sujet, son état psychologique, son niveau d'indépendance, ses relations sociales ainsi que sa relation aux éléments essentiels de son environnement. »

Mise en pratique de la qualité de vie

De « la bonne santé à tout prix », on est passé à une relativisation de l'état physique, mental et social des individus. La sagesse semble toucher la médecine moderne, qui tente de faire reculer les limites de la mort des deux côtés de la vie. Avec la médecine néo-natale pour maintenir la respiration de fœtus de quelques centaines de grammes, avec les soins palliatifs pour accompagner des malades en phase terminale. Mais la qualité de vie ne concerne-t-elle pas tout un chacun ? La qualité de vie d'un tétraplégique ou d'un aveugle est-elle comparable à celle d'une femme enceinte allongée pendant les cinq derniers mois de sa grossesse ? Devant ces disparités, les médecins, soignants, mais aussi tous les spécialistes de la santé ont compris la nécessité de spécifier la qualité de vie (Bacqué, 1995). Chaque maladie présente ses caractéristiques et donc ses conséquences sur la qualité de vie du patient qui en est atteint. Dans le domaine de la psychiatrie, on ne s'était jamais questionné sur la qualité de vie d'un schizophrène chronique. Or l'appréciation subjective par des schizophrènes de leur propre mode de vie soulève des questions éthiques sur leurs conditions d'hospitalisation et leur réinsertion potentielle. Là encore, la notion de subjectivité prend toute sa valeur. Prenons l'autonomie. Toute personne bien portante pourrait penser que la liberté d'action est une donnée positive et indispensable de la vie. C'est oublier l'ambiguïté de l'aliénation. Un trouble mental peut induire de telles difficultés que seule la dépendance à autrui engendre le sentiment de sécurité interne nécessaire au bien-être social. Sans autonomie, impossible d'aller travailler, d'établir des relations stables avec quelqu'un, de se projeter dans l'avenir. Ainsi, si l'autonomie n'est pas obligatoirement désirable pour certains malades, elle doit faire l'objet d'une question au sein de l'analyse de la qualité de vie générale. La schizophrénie est caractérisée par la présence d'hallucinations très éprouvantes pour le malade. Un questionnaire de qualité de vie devra porter aussi sur le vécu subjectif de ces phénomènes. Enfin, des médicaments comme les neuroleptiques déclenchent des effets secondaires non négligeables pour la personne. Sensations de ralentissement, de blocage des mimiques expressives du visage, difficultés d'élocution, sentiment d'étrangeté. Toutes ces conséquences doivent être envisagées si l'on veut prétendre redonner aux schizophrènes la possibilité de vivre en société. Ainsi les expériences d'appartements thérapeutiques qui permettent la réinsertion dans un cadre spécialement aménagé ne peuvent-elles donner de résultats qu'après une étude préalable des aspects subjectifs de la vie d'un schizophrène sous traitement.

D'importantes possibilités de compréhension de la maladie découlent donc de ces études de la qualité de vie. Avec l'analyse des conséquences des traitements, se dessinent de nouvelles perspectives.

Qualité de vie et amélioration des traitements

De nombreux médicaments ont des effets thérapeutiques proches. La seule possibilité de les différencier est désormais liée à leurs effets sur la qualité de vie des patients. Aux États-Unis, la Food And Drug Administration, qui expertise l'ensemble des médicaments et produits destinés à la consommation des populations américaines, impose une évaluation des effets sur la qualité de vie de tout nouveau traitement. C'est ainsi que les malades prennent finalement une part croissante de proposition sur leur propre maladie. Ils pourraient même dans un futur proche décider en collégialité avec leur médecin quel médicament leur convient le mieux, en fonction d'un mode de vie qui leur est particulier. Imaginons par exemple qu'un produit induise secondairement une somnolence. Un conducteur d'engins choisira alors un autre médicament tandis qu'un sujet anxieux avec des difficultés d'endormissement préférera être aidé doublement par son traitement. Les thérapeutiques particulièrement contraignantes trouveront dans l'étude de la qualité de vie la possibilité de s'améliorer ou de trouver des pondérations plus humaines. La qualité de vie devient alors un enjeu éthique.

Qualité de vie et éthique du soin

La qualité de vie opère un passage de la morale déontologique à la vision téléologique de la médecine. La tradition déontologique a pour principe de sauvegarder la vie à tout prix, c'est-à-dire de ne jamais négocier le soin par rapport à des circonstances matérielles ou même morales. Dans la tradition téléologique dérivée de la théorie d'Aristote du « Souverain Bien », l'objectif posé consiste à rechercher le « meilleur état des choses ». Cet argument doit évidemment être soigneusement mesuré : qui a le pouvoir d'énoncer les critères de ce qui est le meilleur pour tous ? Les règles de la démocratie doivent être strictes, car ce qui est meilleur pour la collectivité ne l'est pas forcément pour l'individu. La qualité de vie jugée par chacun comme bonne pour lui pourrait constituer l'arbitrage entre ces deux morales. Les questions de survie et de moyens mis en œuvre à cet effet suivraient alors l'avis du malade et seulement le sien.

Deuil et qualité de vie

En définissant la qualité de vie, nous nous trouvons encore une fois aux confins de la médecine et de la position morale de toute société confrontée aux limites économiques de sa politique de santé. Le débat sur l'euthanasie est à l'origine de ces réflexions, mais il ne s'en trouve pas pour autant résolu. Si un patient en phase terminale estime sa qualité de vie mauvaise, peut-il pour autant demander l'euthanasie ? Grave question, car après avoir posé et, dans la majorité des cas, résolu le problème de la douleur, celui du confort physique et moral et des attentes plus générales du malade apparaît. Le discours du patient qui se plaint de son état de « dégradation » peut-il alors être retenu au même titre que celui du patient douloureux ?

Le deuil des proches est un facteur dont on doit tenir compte. Le sentiment d'échec bien compréhensible dans les situations de fin de vie ne disparaît pas avec la justification de la qualité de vie, qui peut faire partie des arguments soulevés en conscience par le patient mais, comme dans le cas de la douleur, ne contribue qu'à proposer des améliorations. La famille et les soignants qui entourent un mourant participent à la décision thérapeutique après le malade. Si celui-ci n'est plus conscient, leur avis doit être discuté avec l'équipe soignante. Meilleure sera la qualité de vie du patient en phase terminale, plus aisé sera le deuil de ses proches lors du décès. Les situations extrêmes, où le patient se trouve dans un environnement précaire, vétuste ou sans dimension humaine, sont à l'origine du refus d'accompagnement ou encore de la réticence à aller voir le défunt. Le bien-être d'un malade, y compris en phase terminale, facilitera donc l'approche du deuil et préservera les endeuillés d'une projection trop négative pour eux-mêmes et ceux qui restent.

CHAPITRE II

Deuil et dons d'organes

Est-ce bien fini si un organe survit ?

Les avancées de la médecine vont contribuer, peut-être plus rapidement que la prise de conscience des professionnels, à modifier le paysage du soin. Ainsi, d'après les prospectivistes de la santé, 50 % des interventions chirurgicales de demain seront consacrées à des greffes. Cœurs, reins, foies, poumons sont, pour le moment, prélevés sur des individus dont la mort, la plupart du temps accidentelle, va contriber à sauvegarder une vie. En France, la loi Caillavet, du 22 décembre 1976, précise que seule une opposition formelle à tout prélèvement d'organes est susceptible d'entraîner le refus d'une mesure qui, sans cela, s'applique automatiquement. Or les organes dont le fonctionnement potentiel est resté intact sont prélevés en général chez des gens jeunes, dont le décès a eu lieu, dans la grande majorité des cas, dans des circonstances cruelles. Comment une famille, confrontée à la mort brutale d'un des siens va-t-elle pouvoir accepter l'opération ?

En France, une association créée en 1969, France-Transplant, localise et effectue le transfert des organes avec une grande efficacité. Cependant, si la vie sauvée et le gain en qualité de vie des greffés sont parfaitement approuvés par tous, les familles dans ces situations risquent de refuser l'opération, tant leur atteinte émotionnelle est profonde. Des coordonnateurs, présents dans les centres de transplantation, ont la charge d'établir les contacts avec les familles, lors de la proposition de prélèvement. Pour ces professionnels, effectuer une formation sur le deuil est indispensable, s'ils veulent apporter le soutien nécessaire à leur accord. L'état de choc des familles et le refus de reconnaître la mort engendrent en effet parfois un recul devant l'autorisation du don.

Dans ces moments de crise, il est difficile, voire impossible de prendre une telle décision, car souvent la victime de l'accident est maintenue dans une vie artificielle, pour conserver la qualité de l'organe. Accepter le don d'organe, c'est alors débrancher les machines d'assistance après le prélèvement et voir s'éteindre définitivement la personne mortellement blessée. La définition de la mort cérébrale, qui annonce désormais la fin de la vie, est souvent mal connue du grand public. À la catastrophe de l'accident mortel vient donc s'adjoindre un véritable questionnement moral sur la nature de la vie et de la mort. Car l'électroencéphalogramme plat n'empêche en aucun cas les fonctions végétatives d'être correctement assurées par les réanimateurs. La représentation de la mort d'un être cher s'entoure alors d'un flou dangereux pour la qualité du deuil à venir. Comment faire face à la fois au chagrin immense de la perte brutale et à la réflexion indispensable pour accepter le prélèvement ?

Si, à l'avance, comme le prévoient les associations pour les dons d'organes et de tissus humains (l'ADOT et la FFDOT, voir en annexe), des donneurs volontaires s'engagent à subir un prélèvement après leur mort, le traumatisme des familles en sera peut-être réduit. Cependant, se préoccuper de son devenir post mortem implique que la mort ne soit pas envisagée avec horreur et qu'au sein de la société tout entière ce genre de mesure préalable soit discuté. D'après les responsables de l'une de ces associations, des adhérents de plus en plus nombreux, et surtout des jeunes, semblent s'intéresser à cette action de solidarité. Est-ce dû aux succès de plus en plus fréquents des greffes, ou doit-on supposer que donner un de ses organes c'est aussi se survivre un peu ?

Pour les receveurs des organes, ce fantasme subsiste

pendant un certain temps. Ainsi, ce chirurgien, Michel-Raymond Corniglion (1986), qui subit à trente-sept ans une greffe cardiaque et raconte comment il a « apprivoisé » ce cœur différent dans son propre organisme. Une véritable amitié va progressivement le lier à son donneur disparu, mais dont il pressent les qualités et les intérêts. « Voilà pourquoi je ne considère pas ce cœur qui bat dans mon thorax comme un organe étranger. Je n'éprouve pas pour autant un sentiment de possession. Je ressens plutôt l'impression d'une association entre lui et moi. Grâce au don du cœur de ce jeune motard décédé, si ma vie continue, la sienne n'en est pas pour autant perdue. » Des témoignages comme celui de ce médecin sont rares. C'est d'ailleurs son statut même de chirurgien pour qui l'ouverture d'un corps, autrefois interdite par l'Église, n'est pas taboue, qui lui permet sans doute de prendre la parole.

Les greffés, par une superstition que l'on peut rapprocher de celle qui fait chuchoter l'interlocuteur qui évoque un défunt récent, s'interdisent le plus souvent de parler de celui à qui ils doivent leur survie. Ce non-dit est souvent pathogène. Et, si les greffés présentent parfois des complications psychiatriques c'est qu'ils n'ont pas été suffisamment préparés au sentiment de vie et de mort partielle. « Il est mort, mais un de ses organes vit en moi. J'étais presque mort, mais grâce à lui je revis. » La possibilité de continuer à vivre avec un organe étranger pose une question identitaire fondamentale. Moi et autrui sont non seulement étroitement imbriqués avec la greffe, mais vie et mort se voient indissolublement liées.

Don et deuil des familles

Les conditions favorables au don se présentent souvent dans les moments les plus dramatiques. Les cas où la mort du futur donneur est préparée sont encore trop rares ; aussi sommes-nous d'emblée confrontés à une situation de choc, voire de traumatisme de la famille. La sidération (blocage des fonctions physiologiques et psychologiques) est courante pendant les heures qui suivent l'annonce de la mauvaise nouvelle. Comme lors de l'annonce d'un diagnostic sévère ou létal, des mécanismes de défense psychologiques de type déni [1] se mettent en place chez la plupart des proches du sujet accidenté ou se trouvant dans un coma dépassé. Ainsi, aucune information ne pourra dépasser la « barrière » psychique dont le rôle est de limiter l'aptitude au traitement de nouvelles informations. Il faut cependant agir vite ; la durée de « vie » des organes est en effet comptée. La situation de stress aigu perdure quelques heures, au cours desquelles les personnes encore sous le choc de la nouvelle du décès sont dans l'incapacité de prendre une décision. Les soignants coordinateurs sont alors dans la délicate situation de devoir respecter le deuil des familles, mais aussi de les aider à déterminer, à défaut de celle du défunt, leur propre position par rapport au don d'organes. Seules la confiance dans le corps soignant et des informations claires aboutiront à une bonne communication. Il est fondamental, dans ce cas, de dissocier les intervenants. La nouvelle et les raisons du décès ne doivent pas être données par la personne qui évoquera la possibilité d'un don d'organes. Par ailleurs, le fait de rencontrer deux responsables – si possible un homme et une femme – pour parler du prélèvement permettra une identification psychologique des membres de la famille au soignant de leur choix. Cette identification est souvent appréciable, car le deuil génère une relative hostilité à l'égard du monde médical.

Dimensions fantasmatiques du don d'organes

Parmi les raisons inconscientes qui président au refus du don, nous avons pu identifier quatre grands types de confusions.

---

1. *To deny*, en anglais, signifie « refuser » ; par extension, en français, ce terme implique un refus de saisir une réalité trop insupportable.

a) Confusion corps vivant/corps mort

La famille en état de choc, particulièrement dans les situations d'accident de la route, a du mal à reconnaître le mort, au point même d'en venir à douter de son décès. Les réanimateurs qui évoqueront un diagnostic de mort cérébrale doivent donc expliquer ce concept de manière concrète. En effet, « l'hospitalisation » du sujet décédé dans un service de réanimation, son apparence de vie et le fait que la plupart du temps les soignants eux-mêmes le considèrent comme un malade entretiennent l'ambiguïté de cet « entre-deux ». Entre vie et mort, ce mort encore chaud, encore rose et dont les fonctions essentielles sont maintenues, se situe dans les territoires bien connus des anthropologues, qui étudient les frontières, les bordures des représentations communes à toute société. Comme pour les rituels funéraires incomplets ou l'absence de sacrement (rappelons-nous du sort des enfants non baptisés qui « errent » dans les limbes), l'absence de certitude du décès favorise le deuil pathologique. Ainsi, malgré l'abstraction dont la mort fait l'objet, un tracé électroencéphalographique plat n'est pas suffisant pour donner aujourd'hui l'assurance complète que le sujet est bien mort.

b) Confusion espèce humaine/espèce animale

Dans une enquête effectuée par la SOFRES en décembre 1992, 20 % de la population exprimait la peur que « la personne ne soit pas vraiment morte » parmi les raisons du refus du don. Certains développent parfois autour du prélèvement des fantasmes de dépeçage, de boucherie, de maquignonnage et même d'équarrissage. Le cinéma n'est pas en reste pour ratifier cette vision imaginaire, que ce soit dans des films « gore » où des viscères sont crûment exposés ou dans la dernière version exemplaire de *Frankenstein* par Kenneth Branagh. L'idée de la mutilation hante souvent les esprits. Les familles des donneurs peuvent en effet vivre comme une blessure supplémentaire le prélèvement effectué sur un jeune accidenté. « Il a déjà été renversé par une voiture et en plus vous allez lui infliger cette opération... » Non seulement la restauration tégumentaire doit être une garantie absolue, mais les multi-prélèvements ne peuvent être abordés qu'avec la plus grande délicatesse. Les conséquences dans le grand public des « affaires » où un patient en coma végétatif chronique a été transfusé (Berck) et un jeune homme décédé a eu plus d'organes prélevés que ses parents ne l'avaient prévu (Amiens), ont été catastrophiques. Les « gags » de certains hôpitaux envoyant la facture de l'opération aux parents alors que celle-ci est prise en charge par la Sécurité sociale ne s'apparentent-ils pas dans ce cas à un véritable « retour du refoulé » ? Les différents organes font tous encore l'objet d'une forte charge affective. Le cœur, longtemps symbole de la force morale, est aujourd'hui supplanté par le cerveau. On lui laisse toutefois une fonction plus romantique. Devant de tels présupposés – il n'est que de voir l'effet provoqué par l'idée des xénogreffes (voudriez-vous vivre avec un cœur de cochon ou un foie de chimpanzé ?) –, on ne peut prélever et greffer qu'en prenant des précautions psychologiques et anthropologiques. Plutôt que de laisser des familles échafauder des représentations délirantes ou cauchemardesques, ne vaut-il pas mieux prendre le temps d'écouter leur angoisse ? Éviter l'animalisation de l'espèce humaine est une grande cause dans toutes les sociétés primitives. Nous-mêmes, sociétés « avancées », avons encore besoin de nous départir de l'animal. Plus que partout ailleurs, il doit émaner un sentiment de dignité et d'humanité dans les services de réanimation.

c) Confusion espèce vivante/objet

Pire que l'animalisation est l'impression d'objectalisation de l'individu. Nous abordons ici le délicat problème de l'utilisation des organes. Au-delà du fantasme des amusements de salle de garde, l'angoisse des familles est que les organes soient transformés, récupérés en pièces de rechange comme dans un garage. Notre vocabulaire actuel renvoie en permanence à cette notion. En effet, la notion de « banque d'organes » dit clairement la valeur pécuniaire des organes (Verspieren, 1992). De même, l'idée de pénurie reprend un terme économique qui désigne le manque de certaines denrées et renvoie les personnes qui ont vécu la Seconde Guerre mondiale aux cartes de rationnement. Il serait peut-être utile de bannir ce vocabulaire technocratique qui vulgarise les organes au lieu de leur rendre le respect absolu qui leur est dû en tant que parties non marchandables d'un être humain. Le sondage SOFRES de décembre 1992 montre que seuls 20 % de la population ont bien compris la loi Caillavet de 1976. Pour certaines familles, l'appropriation du corps opérée par l'État est contraire aux traditions culturelles qui font du corps un symbole de la personne et même de la personnalité. Cet aspect est confirmé par le dernier sondage de France Transplant sur 505 personnes : 20 % des sondés savent que le consentement au don d'organes est présumé. Le sentiment d'exploitation de l'homme par la société est fréquent dans le don d'organes. En effet, il n'y a pas d'échange, c'est un don à vide. De plus, c'est un don indirect, puisque les familles doivent donner leur accord pour quelque chose qu'elles ne possèdent pas ou, pire encore, pour le dernier élément tangible appartenant au défunt (le corps ou une partie du corps, même invisible). Les voilà donc objectivement responsables du démembrement du support du souvenir, le corps mort. Préserver non seulement l'apparence du corps, mais aussi assurer son respect total, est bien la condition *sine qua non* du prélèvement.

d) Confusion identique/étranger

« Je est un autre » est la formule qui s'applique au receveur de greffon, comme d'ailleurs au donneur, dont la famille peut imaginer une survie partielle à travers la greffe. Fréquemment, c'est un trait de caractère, voire toute la personnalité qui vont être attribués à l'organe transplanté. Des décompensations de type psychotique ou tout simplement délirantes trouvent alors pour le receveur d'organes un point de départ dans cette incursion de l'Autre en soi. Pour les familles du donneur, une quête désespérée afin de retrouver le fils ou la fille perdue peut débuter lors de ce deuil pathologique. Savoir ce qu'est devenu l'organe fait l'objet d'une véritable stratégie à laquelle s'astreint la famille qui cherche à « reconstituer » son parent disparu. Cette situation place les soignants devant la très difficile ambiguïté du secret professionnel. En effet, les soignants s'enquièrent eux-mêmes du devenir de la greffe : comment s'est-elle passée ? Qui a bénéficié de l'organe transplanté ? Quelles sont les chances de réussite définitive ?... Comment résister à la famille qui revient elle aussi pour avoir des nouvelles ? Pourront-ils mentir en cas d'échec ? Pourront-ils résister s'il leur est demandé de révéler seulement l'âge ou le sexe du receveur ? L'espoir d'avoir sauvé une vie est évidemment recherché dans ces demandes pathétiques. Mais quelques renseignements mineurs constituent parfois une entrave à la résolution du deuil, car l'organe « survivant » forme une « crypte » où s'attache encore le refus du décès.

L'avenir des greffes

D'un point de vue technique, les améliorations en vue laissent prévoir une mise au point d'organes artificiels ou le perfectionnement d'appareils remplaçant les fonctions perdues. Le problème des familles de donneurs disparaîtrait alors. En attendant, lançons quelques pistes pour améliorer le sort psychologique de ces familles.

Avant tout, il faut informer la population générale. Plus personne n'est susceptible d'ignorer le problème. Chacun peut à l'avance souscrire au don d'organe et en informer ses parents afin de limiter les difficultés si une situation de transplantation s'avérait possible. Malgré tous les discours rationnels, le don d'organes est toujours perçu comme une prolongation de la vie, même partielle. La mort, bien que représentation de plus en plus abstraite, reste attachée à son support : le corps du défunt. Celui-ci doit être respecté, son intégrité retrouvée. Les rituels de deuil ne peuvent disparaître dans les conditions techniques du don d'organe même s'ils sont bouleversés. La restauration tégumentaire ordonnée par la loi permet une veillée funèbre ainsi que les dernières visites de la famille. Si les campagnes de presse et de télévision ont rendu le don plus proche, il reste exceptionnel et propre à chaque cellule familiale. Les Français demandent des informations sur le don d'organes, ils sont à l'écoute des réussites, aussi bien en termes de prolongation de la vie que d'amélioration de la qualité de vie. Ils souhaitent aussi créer de nouvelles solidarités et en être pleinement acteurs. Ainsi, les témoignages des greffés, l'histoire d'une guérison, sont autant d'expériences susceptibles de redonner un élan en faveur du don d'organes. Bien sûr, même une décision sereine prise du vivant d'un sujet n'empêchera pas sa famille de refuser désespérément le prélèvement. Tant que ces deuils particulièrement douloureux ne feront pas l'objet d'un soutien spécifique, parents et soignants se heurteront au malaise du non-dit et de la projection. Seule une communication plus complète, portant subtilement sur les aspects inconscients de cette étrange manipulation du corps, peut enrayer les refus et favoriser une autorisation de prélèvement adulte et responsable.

CHAPITRE III

Le sida : des deuils individuels aux deuils collectifs

Les sciences médicales statuent désormais sur la nature même de l'individu. Les limites de la vie, de la conception à la mort, font l'objet de nouvelles définitions. Ainsi voit-on fréquemment s'élever des débats traitant aussi bien de la procréation médicalement assistée que de l'euthanasie. Les thérapeutiques suscitent autant d'interrogations, surtout lorsqu'elles emploient, en proportions grandissantes, les organes de donneurs vivants et morts. Pour ces derniers, se pose alors la question du refus de la mutilation d'un corps en vue du prélèvement, nécessaire cependant pour maintenir en vie un individu sinon condamné. Mais le deuil des familles n'est-il pas alors oublié, devant les difficultés techniques de la greffe ? Le problème des greffes rejoint ici celui de la mort à l'hôpital.

Le deuil de soi dans le cadre de l'accompagnement du mourant et de la pratique des soins palliatifs, facilite la réalisation effective des deuils familiaux. Une mort brutale rend ce deuil impossible d'emblée. Or seule la prise en considération du deuil des familles leur permet d'accepter un prélèvement d'organes sur un parent mort subitement. Si l'euthanasie ne peut pas faire l'objet d'une législation rigide, la clarté doit en revanche caractériser la législation sur les dons d'organes pour limiter au maximum les refus et permettre à tous de vivre la greffe dans une plus grande sérénité.

Deuil et soins palliatifs : limiter l'euthanasie

L'euthanasie peut-elle être évitée dans tous les cas ? Le terme ambigu d'euthanasie, au sens étymologique du terme « vraie mort », doit être précisé. En France, bien qu'illégale, l'euthanasie active consiste à donner la mort pour abréger des souffrances considérées comme intolérables, tandis que l'euthanasie passive suppose l'abstention de tout traitement à but curatif. Aucune des deux ne supprime pour autant les soins de confort minimaux comme l'hydratation ou la toilette. La douleur et la dégradation progressive du mourant étant évitées au maximum.

Cependant, qu'elle soit active ou passive, l'euthanasie donne à la mort l'aspect d'un geste médical pour gagner une dernière fois le combat contre la souffrance et la déchéance. Cette ultime médicalisation de la mort constitue bien un refus total de la mort naturelle. De plus, l'aspect « technique » de l'euthanasie ne risque-t-il pas d'augmenter l'ambivalence d'un deuil où la mort a été souhaitée, discutée et appliquée ? Au contraire, faut-il y voir le moyen d'éviter les deuils pathologiques liés aux maladies chroniques ? La mort ne deviendrait-elle pas alors trop familière en étant manipulée sans aucune appréhension ? Sans compter les risques d'élargissement des critères témoignant de l'absence de dignité, à laquelle l'euthanasie offrirait seule une dernière solution.

Nous connaissons tous le douloureux débat qui entoure cette question. En effet, dans la grande majorité des cas, l'utilisation efficace d'antalgiques et les soins de confort permettent de ne pas en arriver à donner la mort à un patient. Mais parfois une demande consciente émerge d'une situation objectivement insoutenable, pour un patient dont la souffrance morale est telle qu'il ne perçoit plus sa place dans notre société, ni au sein de sa famille. Que faire alors ?

L'application de l'euthanasie ne peut être ni rationalisée, ni généralisable, ni légalisée. En revanche, le soutien moral d'un patient pendant son agonie permet, dans la plupart des cas, une acceptation de son état pour lui et sa famille. Il limite également les conséquences dangereuses d'un deuil ambivalent pour son entourage. L'euthanasie est toujours présentée comme un seuil fatidique au-delà duquel on ne s'aventure guère. Cependant, après la mort par euthanasie d'un sujet, des familles entières restent troublées par leur participation à cette décision ultime. Le médecin qui a satisfait la demande de son malade risque, quant à lui, de se trouver confronté à un rôle qu'aucun de ses semblables, dans l'idéal, ne devrait avoir à envisager.

Réintroduire la mort dans nos sociétés qui la fuient est sans doute plus utile que d'imposer une législation stricte dans un domaine aussi délicat. Ainsi, aux Pays-Bas, la jurisprudence ne criminalise pas l'acte d'euthanasie. Entre six et dix mille personnes disparaissent de cette façon, alors que seules cent vingt-cinq déclarations officielles sont effectuées. Pour Maurice Abiven, président de la Société française d'accompagnement et de soins palliatifs, ces chiffres se traduiraient, à l'échelle de la France, par le fait qu'une mort sur dix serait alors donnée médicalement [1]. Est-il concevable, comme en Hollande, qu'une nation mette au point de véritables protocoles d'euthanasie et que, paradoxalement, les médecins refusent de reconnaître devant les autorités judiciaires la réalité des faits ? Leur silence éviterait, plaident-ils, les démarches de la déclaration officielle, cependant on peut y voir une inquiétude quant à leurs choix. Inquiétude qui se précise, lorsque le débat hollandais sur l'euthanasie se généralise brusquement aux patients dans le coma, déments ou gravement handicapés. En France, nombreux sont les médecins qui témoignent de la diminution considérable des demandes d'euthanasie active depuis l'utilisation d'antalgiques efficaces. La connaissance des morphiniques n'est pas l'unique promoteur de ce changement. Au contraire, l'abstention thérapeutique implique le changement de registre

1. *Le Monde*, 7 juin 1991.

des soins. Ceux-ci, au départ centrés sur les résultats des traitements, s'attachent désormais au rétablissement du confort, en aménageant, tant que faire se peut, une mort douce.

Cette mort douce ne peut être acceptée qu'en toute connaissance de cause. Ici encore, le sida a contribué à la révélation de ce qui restait encore discrètement noté dans un coin du dossier médical. Un débat a récemment alimenté la réflexion de nombreux médecins impliqués dans les soins donnés aux malades atteints de sida. Même si, depuis longtemps, le problème s'était posé pour les patients atteints de cancers ou d'hémopathies incurables, le sida a entraîné progressivement un véritable consensus auprès des réanimateurs hospitaliers [2]. L'absence de projet thérapeutique après la réanimation, le coût élevé des soins intensifs et peut-être les risques importants pris par les personnels soignants de ces unités de haute technologie ont fourni une solution acceptée par malades, familles et soignants. Les indications de réanimation ont considérablement diminué pour des patients qui, bien que jeunes, présentaient cachexie, démence ou absence totale de contrôle viscéral. En revanche, une première atteinte par une infection opportuniste fait toujours l'objet d'une tentative de réanimation sans arrière-pensée.

Les « ordres de ne pas réanimer » sont des décisions relevant d'une réflexion conjointe entre le patient, ses proches et les équipes médicales susceptibles de l'accueillir. Or cet accord nécessite le parler-vrai des différents interlocuteurs. Patients et familles ne peuvent plus se décharger de toute décision sur une équipe médicale confrontée à l'urgence, sous le prétexte que parler de sa mort prochaine est tabou. La complexité de chaque situation impliquant une lente réflexion, un consentement éclairé ne peut être valable que s'il est effectué dans une situation de relative sérénité. Comme on le voit, les responsabilités ne peuvent être partagées que si la mort s'inscrit

2. B. Régnier *et al.* (1988).

dans le discours commun. La possibilité d'évoquer sa mort, avant l'issue fatale, permet au sujet de reprendre une certaine responsabilité dans sa maladie. Elle contribue aussi à éviter l'épuisement émotionnel des soignants confrontés à l'écrasante question de ce que l'on peut dire, ne pas dire et à qui. Connaissant les volontés du malade, les soignants vont pouvoir constituer une équipe solide, moins fuyante et ne considérant plus le cocktail lytique comme l'unique façon d'échapper à une agonie qui les angoisse.

Mais permettre aux médecins, infirmiers et aides-soignants d'aborder le deuil d'un patient, c'est aussi leur donner les moyens intellectuels et psychologiques de le faire. L'enseignement sur la douleur et les soins palliatifs reste, malgré l'intérêt développé par les étudiants, une rare option dans quelques facultés. Tandis que les écoles d'infirmières françaises multiplient, mais avec un grand retard par rapport aux anglaises, les séminaires qui y sont consacrés.

Un certain engouement a, il est vrai, entouré la naissance de cette nouvelle discipline ; aussi, seules quelques voix critiques proposent d'aller encore plus loin. En effet, pourquoi parler d'accompagnement du seul mourant ? Tout malade qui le demande ne peut-il être aussi accompagné dans son parcours thérapeutique ? La recherche de la qualité de vie ne doit pas être réservée au seul registre palliatif, pourquoi ne pas en faire profiter tous les patients hospitalisés ? Les soins palliatifs se sont constitués en modèle de prise en charge totale d'un mourant. Généraliser leur démarche à l'ensemble des malades est un idéal qui trouve sa limite dans une société d'assistance ne favorisant guère l'autonomie... L'équilibre entre ces deux positions est constamment remis en cause. Il dépend de facteurs économiques car il nécessite de nombreux moyens en personnels et en prestations hôtelières. Il est lié également à une modification de la vision des soignants qui, jusqu'à présent, privilégiaient plus leur engagement dans la lutte contre la maladie et la mort que le confort et les services offerts à l'hôpital.

L'impact psychologique du sida semble lié, outre le défi posé à la médecine moderne, à ses proportions planétaires, rappelant les dernières grandes épidémies occidentales. Les évaluations prospectives promettent ainsi, à court terme, de véritables hécatombes pour les pays en voie de développement, si aucune mesure, comparable à celles prises par les nations industrialisées, n'est appliquée. C'est donc la mort annoncée de milliers, voire de millions de personnes, qui a soudainement fait irruption dans nos vies. Quelles modifications moins spectaculaires ont été provoquées par le sida ?

L'acte sexuel, grand bénéficiaire de la baisse de religiosité générale du XXe siècle, s'est subitement chargé d'angoisse de mort. Pire, des malades bénéficiant de transfusions salvatrices ont été contaminés, des enfants sont nés avec la maladie. La médecine elle-même s'est vue accusée d'apporter souffrance et deuil. L'information dont le sida a fait l'objet s'est pourtant montrée à la hauteur de cette maladie exceptionnelle, non pour sa qualité, mais avant tout pour son immédiateté. Pour la première fois, peut-être, elle a permis à chacun de découvrir conjointement la maladie, les doutes, les progrès des chercheurs et même les rivalités entre les scientifiques.

La peur d'un nouveau deuil collectif

Ne sommes-nous donc pas confrontés à deux types de deuil avec le sida ? L'un est vécu réellement par l'individu dès la séropositivité (perte de la liberté sexuelle, de l'emploi, de l'autonomie et à plus ou moins brève échéance de la vie). L'autre est fantasmé par tous : la sexualité s'accompagne désormais de doutes. L'apparition subite de cette pathologie a été ressentie comme une régression de l'histoire de l'humanité. Et les patients s'étonnent fréquemment de l'impuissance de la médecine à les guérir, ou au moins à leur garantir la même longévité potentielle qu'à tous leurs contemporains. Ils sont donc incapables de se représenter une mort à plus ou moins long terme, pourtant encore inéluctable.

La contamination initiale d'un groupe donné a pourtant d'abord déclenché les réactions classiques de toute situation d'épidémie : isolement, accusation, agressivité. Dans le cas du sida, elle a permis aussi la découverte d'une certaine solidarité au sein du premier groupe atteint, les homosexuels. Elle a alors modifié radicalement les rapports de cette communauté, puis ceux d'autres groupes de malades avec la médecine. « Nous ne voulons pas mourir, plus de paroles, des actes ! » C'est avec ces revendications que sont souvent attendus les participants des congrès traitant du sida. Les militants d'un des mouvements de lutte contre le sida (comme « Act up », inventeur du slogan cité ci-dessus) manifestent fermement leur croyance dans les possibilités de la médecine à combattre le mal. Ils en appellent aux institutions de la santé, comme si celles-ci, immobilisées dans quelque attentisme mystérieux, leur refusaient les moyens de la guérison. Certes, l'ampleur des enjeux financiers influe sur la rapidité avec laquelle les recherches sont menées. Mais la lenteur d'élaboration des traitements est également due à des difficultés d'ordre scientifique.

Jamais, pourtant, on n'était allé aussi vite (trois années) pour identifier, étiqueter un virus, isoler ses modes de contamination et lancer plusieurs tentatives de traitement. Pour la première fois cependant, un groupe de pression se constitue, en ayant déjà « infiltré » le corps médical, grâce aux associations de médecins « gay ». Ce phénomène est totalement nouveau, car a-t-on jamais vu un collectif de médecins atteints de tumeur maligne manifester pour faire avancer la recherche médicale sur le cancer ?

Afin d'éviter une ségrégation supplémentaire et de participer aux stratégies d'interruption de l'épidémie, un groupe dit « à risque » impose sa présence dans les colloques scientifiques. Être au cœur des débats médicaux, mais aussi politiques et économiques, est un nouvel objectif pour les malades, qui bouleverse les habitudes sanitaires et sociales. Ce mode d'action n'est d'ailleurs pas nouveau chez les homosexuels. Déjà en 1974, aux États-Unis, ils étaient parvenus à faire renoncer l'American Psychiatric Association à l'intégration de l'homosexualité dans la liste autorisée des désordres mentaux [3]. L'atteinte spécifique d'une communauté qui s'est immédiatement organisée et mobilisée transforme nettement le statut du malade, habituellement passif, demandeur et parfois placé dans un état d'infériorité. La participation des malades aux protocoles thérapeutiques, la création de nombreuses associations de soutien et d'aide à la décision ont permis un contrôle éthique encore réduit, mais globalement efficace, évitant ainsi des réactions d'intolérance trop intenses. La médecine a donc accepté, pour la première fois, un droit de regard technique, et surtout moral, des intéressés. Les partisans des soins palliatifs, qui partagent le principe de choix du malade, ont trouvé là une application immédiate de leurs idées. En s'adressant aux premiers sidéens, jeunes et de bon niveau socio-culturel, les responsables de l'accompagnement des mourants à domicile ou à l'hôpital ont dû élaborer des solutions originales, sous peine de se heurter à un refus des soins. Qu'y aurait-il de pire, en effet, que des malades en fin de vie exclus des institutions de soins à cause du risque de contagion ? On a pourtant vu des jurés masqués assister aux procès de délinquants malades du sida, et des enfants séropositifs refusés aux portes des écoles. Même les soignants préférèrent parfois se munir de protections superflues par rapport au seul danger de contact avec le sang, la prophylaxie d'un malade, dont le système immunitaire est défaillant, permettant alors de donner un prétexte rationnel à ce comportement.

Cependant, mourir dans une chambre stérile, entouré de soignants dont aucun indice d'humanité ou de compassion n'est visible derrière la tenue protectrice, est un facteur d'aggravation de l'isolement au moment de l'agonie. Et pourtant, il est clair qu'avec la connaissance du virus, la peur de la contamination a cédé progressivement la place à

---

3. P. Thuillier (1989).

l'intérêt et à un intense travail de réflexion sur la fonction soignante. Si les sciences médicales butent donc sur le sida, l'évolution de la considération du sidéen et peut-être du malade potentiel a fait, elle, un grand pas en avant. Le deuil de soi, nous l'avons vu dans le cas des maladies à pronostic léthal, passe par une période de dénégation nécessaire à l'assimilation progressive de la nouvelle. Dans les conditions de médiatisation actuelle du sida, elle est quasiment impossible, d'où certains troubles psychologiques supplémentaires. Même le cancer, maladie qui, avant le sida, focalisait la plus grande angoisse, n'avait que très rarement donné lieu à la divulgation aussi crue de ses conséquences. Les journaux, les magazines fournissent aujourd'hui des images spectaculaires des malades du sida, confrontant brutalement les sidéens à leur mort annoncée. Or avec l'élargissement des premiers groupes à risque (les quatre H, homosexuels, Haïtiens, héroïnomanes, hémophiles) à ceux des pratiques à risque (relations sexuelles non protégées et injection sanguine), une nouvelle étape de la pandémie s'est mise en place. L'ensemble de la population sexuellement active ou en passe de l'être se sent désormais en première ligne.

Mais la remise en cause des libertés est un deuil délicat, d'autant qu'il s'agit d'un nouvel apprentissage. Accompagner tout acte sexuel d'une pensée pour la mort potentielle est comparable à la peur de la syphilis qui étreignait les femmes et les hommes du siècle de Baudelaire. Cependant, à cette époque, la fréquence d'autres maladies plus radicales permettait d'échapper au stade terminal relativement tardif de la syphilis [4]. Avec le sida, les rapports sexuels se sont chargés d'angoisse. La sphère de l'intimité partagée avec autrui s'est ouverte sur un danger collectif menaçant et la médecine intervient maintenant même dans l'aménagement privé de chacun. Les homosexuels ont d'emblée constitué une population « exemplaire ». Pour eux, la prise

4. Voir L'*Histoire du sida*, de Mirko Grmeck (1989), où celui-ci élabore le concept de pathocénose, véritable équilibre biologique et social entre les maladies humaines.

de conscience de la maladie s'est d'abord manifestée par une réduction importante du nombre de partenaires et par l'abandon des pratiques sexuelles « à risque ».

Michaël Pollak (1989) a montré, en France, que cette abstinence récente n'était d'ailleurs que temporaire, au profit d'une utilisation croissante du préservatif. Malheureusement, celui-ci ne sert encore qu'occasionnellement et parfois seulement lors du premier rapport sexuel avec un nouveau partenaire. On retrouve la même utilisation « ponctuelle » chez les hétérosexuels. L'enquête de Jean-Paul Moatti et de ses collaborateurs de l'INSERM (1989) révèle que, si le préservatif est bien perçu comme un moyen de prévention plus que de contraception, seuls 11,8 % de la population sexuellement active d'Île-de-France déclaraient l'avoir utilisé au moins une fois au cours du second semestre 1987. En revanche, 47 % des sujets ayant plusieurs partenaires sexuels utilisaient, en France, en septembre 1988, un préservatif (mais seuls 10,3 % l'utilisaient régulièrement)... L'innocuité de la sexualité est donc bien mise en doute désormais, mais l'ambivalence subsiste face au préservatif, encore ressenti comme une entrave au plaisir.

Le temps nécessaire au deuil des comportements antérieurs reste peut-être l'explication de la lente acceptation du préservatif. Si le coïtus interruptus constituait à l'époque de Freud un des plus grands producteurs de névroses, le préservatif, même s'il marque un progrès, reste vécu comme un instrument de frustration.

Une nouvelle représentation de la mort

« Ça ou le sida, je préfère un bon petit cancer. » « Avec ma leucémie, j'ai tout de même plus de chances de guérison qu'avec le sida. » Assiste-t-on à un nouveau déplacement de l'angoisse de mort ? Les patients atteints d'autres maladies graves intègrent le sida comme le nouveau précurseur d'une mort irrémédiable. Pour l'Autre, bien sûr. Par un effet hiérarchique simple, les maladies réputées mortelles voient leur danger diminuer d'un degré, lorsqu'une affection inédite vient prendre le relais du « syndrome de l'épée de Damoclès ». Le glissement de l'angoisse vers le cancer et le vieillissement, déjà signalé pour la représentation de la mort, se produit maintenant avec le Virus de l'Immuno-déficience Humaine (VIH). Le sida devient la nouvelle butée contre laquelle se heurtent ceux qui tiennent à refouler la mort à tout prix. Par ses liens avec le sexe et le sang, il endosse une telle charge émotionnelle que d'autres affections paraissent plus « légères » en comparaison. Le sida partage pourtant avec le cancer quelques-unes de ses représentations fantasmatiques. L'angoisse de l'atteinte collective par la maladie se retrouve souvent chez les patients cancéreux qui recherchent avec insistance les signes d'une transmission héréditaire. La symbolique sexuelle de certains « organes cibles » du cancer (sein, utérus, prostate) est commune avec le sida (sperme, sang). La peur d'une mort irrémédiable est encore très proche de celle des cancéreux. Enfin, la cadavérisation progressive du malade, son amaigrissement extrême, restent les images les plus frappantes d'une mort insupportable pour nos esprits.

Mais le sida a aussi amené impérativement les médecins à s'interroger sur les modalités de révélation de leur diagnostic. L'importance de la prévention entraîne désormais l'information du malade et l'assomption des conséquences de celle-ci. Or jusqu'à présent, les populations victimes du sida (homosexuels, toxicomanes) attendaient la séropositivité comme une « bombe à retardement »[5]. Elles soupçonnaient, en général à bon escient, leur infestation par le virus, parce qu'elles faisaient partie des groupes à risque. Avec la diffusion de l'agent responsable de la maladie, les possibilités de contamination augmentent. Progressivement, elles atteignent des populations dont les comportements ne peuvent plus être qualifiés de « risqués ». L'annonce du diagnostic a donc des chances, malgré les

5. M. Pollak (1988).

efforts d'information, de déclencher cette fois une réaction aussi intense que pour les maladies graves évoquées dans un précédent chapitre. Les hémophiles ont été les premières victimes de cette mauvaise « surprise ». Ils avaient déjà le sentiment de livrer un combat journalier contre les conséquences de leur trouble héréditaire de la coagulation, les voilà soumis à une nouvelle condamnation.

Quel deuil peut alors être élaboré quand, chez de nombreux jeunes hémophiles, l'impression de maîtriser tant bien que mal leur hémopathie est soudainement battue en brèche par une épreuve ressentie cette fois comme insurmontable ? La mort n'est-elle pas sur-représentée, pour ceux qui l'affrontent doublement ? Pour tous les patients, la recherche personnelle de l'origine de la contagion s'est accompagnée de la découverte des complexités de la maladie elle-même. Et cette abondance d'informations plus ou moins scientifiques, trouvées au hasard des journaux, n'a pas facilité pour autant le vécu subjectif de la maladie. Les patients éprouvent ainsi des difficultés à se représenter ce virus d'origine exogène, provoquant l'effondrement des défenses internes. La déficience qui s'ensuit laisse alors pénétrer dans l'organisme autant d'agents infectants normalement éliminés, mais trouvant, dans ce cas, un hôte de choix pour entraîner sa mort. Exogénéité et endogénéité sont donc mêlées.

Est-ce à cause de cette difficulté de représentation que le sida déclenche un tel choc, dans un Occident connu avant tout pour son cartésianisme ? Le *waiting syndrome* (ainsi appelé à cause de l'attente entre la contamination par le virus et le déclenchement de la maladie) a de beaux jours devant lui. En effet, on admet maintenant un délai relativement long entre la séropositivité avérée et la déclaration du sida. Cependant, si les malades atteints par les premiers signes de la maladie peuvent être fixés objectivement, les séropositifs scrutent, de façon éprouvante à la longue, les indices bien connus du sida. Leur état, ni complètement sain, ni vraiment malade, les maintient dans une attitude douloureuse d'angoisse, sans correspondance au sein de l'imagerie collective. Elle est comparable au stress chronique vécu par le sujet qui accompagne un parent atteint d'une affection mortelle et permet difficilement de faire le deuil en cours. Mais s'agit-il du deuil de l'invulnérabilité enfantine, ou de celui d'un comportement habituel, mais risqué ? Le séropositif reste donc dans les limbes de la représentation alors qu'il est sans doute le plus fragile psychologiquement.

L'atteinte par le VIH *: une série de deuils*

Les aspects psychologiques et psychiatriques du sida ont fait d'emblée l'objet d'une attention élevée, étant donné le tour spectaculaire que prenait la maladie dès ses débuts. En effet, la forme exceptionnelle de ce syndrome « à double détente » entraîne, à chaque étape de la séropositivité puis de l'entrée dans la maladie, la progression vers un véritable travail de deuil. À New-York, des sidéens hospitalisés présentent pour 80 % d'entre eux des troubles du comportement, 40 % ont des dépressions et 10 % font des tentatives de suicide. Ces pourcentages sont voisins des symptômes observés dans la plupart des centres urbains d'Europe, bien qu'il s'agisse d'une population différente sur le plan socio-culturel. La dépression des patients atteints par le sida est caractéristique, par la douleur morale due au sentiment de châtiment et de dévalorisation. Culpabilité et mauvaise estime de soi se conjuguent à la dégradation corporelle, pour constituer un véritable deuil anticipé de soi.

Ce deuil, accentuant l'isolement social, peut conduire à la tentation suicidaire. Elle s'avère désastreuse pour le malade, sa famille et les soignants, mais surtout pour les compagnons d'infortune du sida. Car comment conserver le courage de lutter si l'on voit les autres renoncer à vivre autour de soi ? Les réactions anxieuses découlent de la maladie elle-même : attente de l'apparition des symptômes, suspicion face à tout amaigrissement, peur d'une nouvelle infection opportuniste, angoisse de mort. La divulgation des informations dans la grande presse ne permet pas au malade de conserver un espace mental indemne de la maladie. Cet envahissement verrouille toutes les possibilités défensives, en particulier celles du refoulement et du déplacement de l'angoisse.

Le sida réunit, dans une seule et même affection, l'ensemble des différents deuils décrits dans les chapitres précédents. Dès la révélation de la séropositivité, le sujet se trouve confronté à sa propre mort. Même si la prise de décision du test est due à l'admission plus ou moins confuse des facteurs de risque, seule la confrontation à la réalité du résultat provoque une remise en cause fondamentale de la représentation de soi. Cette réaction est propre aux sujets qui s'estiment susceptibles d'être atteints par le virus. Il en va tout autrement pour ceux qui ne s'attendent pas du tout à la contamination (il s'agit alors du choc déjà décrit pour les maladies aiguës et vécu lors des atteintes post-transfusionnelles par le virus).

L'annonce de la séropositivité provoque avant tout une rupture avec le monde connu. L'univers personnel du sujet se voit subitement débordé par l'idée du sida et de la mort. De nombreuses résolutions sont alors à prendre, aussi bien en termes de révélation du diagnostic aux parents et amis, que de thérapeutique à suivre. L'ensemble de ces questions, pour peu que le sujet soit soutenu, peut avoir le même effet que les formalités de l'enterrement chez l'endeuillé récent : occuper la pensée et éviter le vide mental. Les réactions de sidération précèdent parfois un passage à l'acte suicidaire chez des patients jeunes, encore proches de l'adolescence et habitués à résoudre rapidement leurs problèmes. Qui prévenir, comment établir une vérité plausible deviennent des questions cruciales. La séropositivité prend alors l'allure d'une catastrophe pour ceux qui cachaient un comportement plus ou moins réprouvé. L'homosexualité, la toxicomanie ou l'adultère sont parfois des secrets brutalement révélés à l'occasion de la maladie. Le contexte de crise de la séropositivité risque d'être alors singulièrement alourdi par ces aspects antérieurement cachés. Le déni de l'atteinte par le virus est un phénomène fréquent, mais relativement éphémère, il correspond au refus d'intégration du nouveau statut de séropositif. La dépression qui suit cette phase est aussi celle d'un certain vide institutionnel. Le sujet a besoin de temps pour assimiler l'idée d'une médicalisation prochaine de sa vie... « Jusqu'à quand ? » demandent fréquemment les patients pour qui un traitement est institué, et surtout « pourquoi ? », quand la plupart constatent que leur état physique n'a, pour le moment, pas varié.

On rejoint ici le deuil de la santé sans vécu de la maladie, et le jeune âge ne fait qu'exacerber le refus de la dépendance à l'égard de l'institution médicale. Un deuil plus douloureux encore est celui, précédemment évoqué, des comportements antérieurs. La maladie, génératrice d'anxiété, influe fortement sur la capacité à se sentir suffisamment détendu pour avoir des relations sexuelles épanouissantes. Avec le sida, la peur de transmettre le virus, malgré les préservatifs, se traduit par un refus de faire l'amour ou par une impuissance. Même les sujets les plus à l'aise avec leur corps, prévenus des risques et sachant parfaitement les contrôler, manifestent une relative inhibition. Le sentiment de faillite de la vie amoureuse est douloureux pour le sujet. Aussi une aide psychologique est-elle nécessaire pour éviter un cumul des frustrations. Pour certains homosexuels ce n'est pas tant la fin de la liberté sexuelle que le changement de milieu qui peut être dramatique. La fréquentation des lieux de rencontre habituels cesse brutalement, par peur de la révélation. L'isolement social qui en découle est un facteur de dépression supplémentaire.

Le travail de deuil va s'amorcer grâce à la sublimation des anciennes activités. Les nombreuses associations de lutte contre le sida permettent une considérable amélioration de l'état psychologique des patients. L'intégration de l'infection dans la vie intime du sujet peut alors progressivement avoir lieu et la reprise d'une vie sexuelle protégée est un bon indice d'amélioration. Pour les toxicomanes, les difficultés sont d'un autre ordre. La cessation de la prise de drogue est une conséquence rare de la séropositivité. Cependant, les précautions prises avec les seringues sont mieux suivies (les travaux réalisés dans plusieurs pays à ce sujet montrent malgré tout qu'en cas de manque même une seringue souillée est utilisée. 48 % des toxicomanes français contactés par W. Lowenstein et son équipe, en 1988, continuent de prêter leurs seringues). Le plus difficile, pour les toxicomanes, consiste à prendre conscience de leur santé. Pour eux en effet, seule la drogue a une résonance sur leur organisme, en termes de sensations de manque ou de surdose. Leur corps est en général vécu comme une abstraction, en retrait derrière le plaisir cérébral obtenu grâce à la prise de toxiques. Comment, dans ces conditions, les enjoindre de suivre un traitement, des bilans réguliers et éventuellement une hospitalisation ? Des aménagements de l'institution soignante sont encore à envisager...

Le sida n'est cependant pas seulement un événement radicalement négatif pour ces populations. Même s'il s'agit d'une reconstruction post-traumatique, les sujets toxicomanes peuvent voir, dans leur test positif, l'avertissement de la limite extrême de leur comportement destructeur. À la recherche de règles de vie, certains toxico-dépendants saisissent brusquement la possibilité de donner un sens à une existence non voulue ou mal comprise. Quelques jeunes femmes envisagent, à cette occasion, de mettre au monde un enfant. Ici encore, le rôle de l'équipe médicale se bornera à une écoute et à une information, indispensables pour éviter la prise de risque supplémentaire de la grossesse pour la mère et pour l'enfant (le pourcentage de transmission materno-fœtale du virus est actuellement estimé aux alentours de 30 %). Seul un entretien clinique approfondi permettra de mettre en évidence les raisons conscientes et inconscientes de ce choix. En effet, un « enfant rédempteur »[6] est le bienvenu pour ces femmes marginales qui croient enfin, par son biais, accéder à une normalité de mère. L'enfant constitue, pour elles, un facteur de guérison autant physique, psychologique que social. Il représente une façon de poursuivre leur lignée

---

6. J.-C. Pons *et al.* (1989).

mais surtout d'opposer une vie à l'angoisse de mort. L'ambivalence du deuil est à son comble dans ce cas, car ces jeunes femmes ne peuvent omettre qu'elles donneront peut-être naissance à un enfant malade ou qu'elles disparaîtront avant sa maturité.

Le deuil des perspectives d'enfantement est d'ailleurs tout aussi éprouvant pour les hommes et les femmes. Il concerne souvent un couple, et risque, à cet égard, de provoquer une rupture entre les partenaires. Les hommes séropositifs sont toujours oubliés dans le désir de conception d'un enfant. Pourtant, ils évoquent fréquemment le problème et font encore confiance en la médecine pour le résoudre. Ils n'hésitent pas alors à évoquer la congélation ou la sélection des spermatozoïdes sains afin d'éviter toute contagion lors d'une éventuelle insémination.

Les séropositifs sont confrontés à des peurs de tous ordres : « Que puis-je toucher sans crainte pour moi ? Quelqu'un peut-il boire dans mon verre ? Puis-je serrer un enfant dans mes bras ? » Toutes ces questions montrent l'envahissement de l'univers du sujet par la crainte de la contamination et du danger qui le guette. Elles relèvent souvent de remarques d'un entourage inquiet et maladroit, dans la panique qui suit l'approche d'un porteur du VIH.

Avec les premières maladies opportunistes arrive le changement d'état tant redouté, le passage de la séropositivité au stade du sida. Mais ce passage est finalement trompeur car le sujet peut récupérer parfaitement son bien-être antérieur. Le changement est cependant amorcé avec la première hospitalisation et l'acquisition d'un statut de malade. Quelques patients voient, dans cette prise de contact, une phase décisive. Rares sont ceux qui le verbalisent mais certains se sentent rassurés de connaître déjà les soignants qui les accompagneront jusqu'au bout. Les éternels allers et retours entre le statut de malade et celui de personne saine se révèlent épuisants. Les patients connaissent leur avenir, certes, mais ils savent aussi que les soignants sont au courant. Les personnalités les plus narcissiques vont éprouver beaucoup de difficultés à lire, dans le regard des autres, l'évolution de leur état.

L'envie de quitter l'équipe soignante pour un lieu de soins plus anonyme les tenaille alors un moment. Seule la bonne communication avec le service hospitalier peut éviter cette fuite, facteur d'une exclusion supplémentaire. Elle peut cependant être salutaire en cas de mauvais contact. Les difficultés de communication avec l'équipe soignante marquent aussi le début d'une désillusion à l'égard de la médecine et du monde scientifique dont le sidéen attend toujours quelques progrès de dernière minute.

La perte d'espoir qui peut suivre une série d'atteintes opportunistes est souvent à l'origine d'un état dépressif. Il nécessite un soutien et un traitement antidépresseur en cas de troubles plus graves [7]. L'état dépressif résulte aussi du désinvestissement libidinal du mode de vie antérieur. Pour les homosexuels, la perte d'une image physique fortement investie est ressentie comme une catastrophe. La peur de l'invalidité et de la démence est également intense et les tentatives de suicide risquent à nouveau de poindre si aucun travail de deuil ne peut être élaboré.

Les patients posent, de plus, des questions particulièrement aiguës aux médecins car ils ont un savoir en commun : « Pourquoi s'acharner, puisque de toute façon je vais mourir ? » Pouvoir parler de sa propre mort est en effet la demande la plus nette à ce moment et elle seule va permettre d'avancer sur ce chemin escarpé. Familles et parents se rapprochent et le sentiment d'injustice des parents qui voient la jeune génération s'éteindre avant la leur est durement ressenti. Les mères des jeunes homosexuels sont très présentes et peuvent parfois s'accuser d'être à l'origine des troubles de leur fils. Des questions d'identité sexuelle sont à nouveau soulevées, pour ceux qui n'avaient pas jusqu'alors pleinement choisi leur voie. Certaines familles réprobatrices resteront cependant éloignées de leur membre marginal. Leur refus laissera la maladie dans un non-dit pesant, à moins qu'elles n'ignorent vrai-

---

7. On trouvera l'ensemble des troubles psychiatriques décrits chez des patients atteints par le VIH *in* P. Raymondet (1991).

ment le diagnostic, ce qui laisse la place libre aux mensonges et aux angoisses de l'erreur. La fin de la vie réactive parfois certains fantasmes de contamination, si elle est vécue de façon angoissante.

Seule une équipe soignante compétente et consciente des enjeux psychologiques pourra transmettre à la famille et aux amis le sentiment de sécurité suffisant pour accompagner leur malade jusqu'au bout. Les patients quant à eux, jeunes et informés, ont tendance à demander des traitements même dans les situations extrêmes. Un dialogue de bonne qualité avec leur médecin leur fera néanmoins admettre le passage des soins curatifs aux soins palliatifs.

Modifications de la fonction soignante face au sida

Avec le sida, les hôpitaux ont accueilli, dès les années quatre-vingt, une population inhabituelle. En effet, en atteignant d'abord préférentiellement les homosexuels, le virus touchait des gens jeunes, issus de la classe sociale moyenne-supérieure. Ils furent hospitalisés, au début de l'apparition de la maladie, dans des services de parasitologie et maladies infectieuses, avant d'être dirigés vers des services plus spécialisés dans les soins des pathologies spécifiques du sida.

L'attrait pour une nouvelle maladie (intérêt intellectuel, mais aussi sentiment d'utilité renouvelé), doublé de la curiosité à l'égard d'un groupe mal connu, a déclenché d'emblée un fort investissement émotionnel de la part de l'ensemble des soignants. Or une des motivations inconscientes de la médecine, et du soin en général, réside dans le désir de connaître ce qui est caché. L'intérieur du corps, mais aussi les mécanismes de la physiologie, font l'objet d'une véritable pulsion « scopique ». Ce désir de voir, mais aussi de savoir ce qui est habituellement interdit, s'adresse aux deux habituels tabous de nos cultures : le sexe et la mort. Seuls les soignants peuvent les approcher sans avoir l'impression de transgresser une règle commune à tous. Peut-on dire alors que le sida corresponde, dans un premier temps, à l'exacte attente inconsciente des soignants ? Leur motivation est, de toutes les façons, très élevée. Parallèlement, le jeune âge des patients est approximativement le même que celui des soignants. Prendre de la distance ne s'avère donc que plus ardu. Les équipes soignantes recevant subitement un nombre élevé d'intellectuels ou d'artistes se sont senties en effet valorisées. La séduction de jeunes hommes bien habillés, s'exprimant de façon élaborée et se remettant totalement entre les mains de la médecine a même fait naître, au début, de nombreuses bonnes volontés.

Cependant, l'identification totale de certains soignants s'est vite avérée épuisante, surtout chez ceux pour qui l'identification dépassait la simple empathie et les renvoyait à leur propre problématique sexuelle. Mais l'émergence des autres populations touchées par le sida a institué bien des clivages. Si les homosexuels sont globalement bien acceptés, en revanche, les toxicomanes nécessitent de nombreuses tentatives d'adaptation. Quant aux patients développant un sida post-transfusionnel, ils sont plutôt considérés comme les « victimes innocentes » de la maladie. La perception de ces différences par les malades ne contribue pas, encore actuellement, à améliorer les conditions psychologiques de l'hospitalisation. Cependant, l'élargissement potentiel de la contamination à toute la population sexuellement active devrait au moins présenter l'avantage de voir cette ségrégation prendre fin rapidement. Le problème de la contagion est le second aspect de l'investissement émotionnel des soignants. Ils ont pourtant été de tout temps confrontés à cette possibilité. En particulier avec l'hépatite virale, qui donne, en cas de contact avec du sang contaminé, 20 à 30 % de chances de déclarer la maladie.

Le VIH, en revanche, présente un risque inférieur à 1 %[8]. Cependant, comme on l'a vu plus haut, l'importante charge affective des soins prodigués à ces patients engendre aussi

8. A. Fourrier *et al.* (1989).

une ambivalence, d'où souvent des craintes a posteriori. La peur de la contamination par le virus est insuffisamment relativisée par rapport aux autres risques parce que le pronostic, en cas d'infection, est mortel, à tous coups.

D'autres risques comme les préparations de certains produits nocifs ne sont pas perçus comme aussi dangereux. L'information diffusée au sujet du sida n'est pas encore intégrée et mérite d'être constamment répétée. Ainsi, les soignants des services où les sidéens ne font que de courts séjours ont du sida la représentation d'une maladie avant tout contagieuse. Angoisse, exagération des comportements de protection, comme le lavage répétitif des mains, donnent alors aux soignants l'impression d'une surcharge non voulue de travail. En revanche, dans les services où les sidéens sont nombreux et restent longtemps, l'approche du sida est celle, habituelle, d'une maladie mortelle. Les soignants semblent alors moins angoissés par la contamination, mais c'est en revanche l'accompagnement des mourants qui s'avère éreintant. Le troisième aspect contribuant à augmenter les difficultés de la prise en charge des sidéens est le rôle d'informateur joué par le soignant. Il apprend parfois par voie de presse les derniers retentissements de telle ou telle découverte en même temps que ses patients. Les soignants perdent donc la possibilité d'informer eux-mêmes le malade et avec elle, celle de relativiser l'impact émotionnel du soin. Un recul est pourtant plus que jamais nécessaire, d'autant que les études prospectives prévoient qu'un cinquième des lits d'hôpitaux sera occupé par les sidéens dès 1995.

CHAPITRE IV

Prises d'otages, terrorisme et catastrophes

Si le monde occidental a vu son niveau de vie augmenter et ses populations vivre dans de meilleures conditions plus longtemps, il a aussi assisté au développement de nouvelles formes de danger. Nous avons regroupé dans ce chapitre plusieurs types de confrontation à la mort qui renvoient à autant de deuils particuliers. Le terrorisme urbain est une de ces récentes formes de violence avec son cortège de prises d'otages, de chantages, voire de tortures. Le paradoxe de ces pratiques réside dans le contraste entre le sentiment de sécurité émanant du regroupement de populations importantes sur une petite superficie comme celle de la ville et l'impact d'un événement du genre explosion, enlèvement, détention. L'impact est aussi bien médiatique que psychologique. Dans une ville, il est facile de s'identifier au voisin, colporter des informations, se déplacer pour voir... L'espèce humaine est grégaire et le groupe exerce une fonction de protection qui met d'autant plus en évidence celui qui s'en exclut. Rappelons que la reconnaissance collective des situations de deuil améliore les conditions du travail psychique d'acceptation de la perte. Un isolement supplémentaire serait en revanche néfaste. Mais comment recréer autour d'un deuil si brutal un soutien communautaire efficace ?

Des pratiques de guerre immémoriales

La prise d'otages n'est évidemment pas un phénomène récent. En revanche, la compréhension progressive de ses effets montre les liens entre le comportement du terroriste et celui de sa victime. Les attestations des Français séquestrés au Liban (Auque, 1989) ont contribué à une véritable prise de conscience. Mais les témoignages des déportés des camps de concentration avaient déjà dévoilé les principes de la terreur. La première des tortures est l'absence d'information. L'impossibilité de savoir où il se trouve transforme le prisonnier en individu désorienté ; aussi forte soit-elle, sa culture s'éparpille progressivement, emportant avec elle les restes d'une identité déjà bafouée par l'absence de liberté. L'attente anxieuse du pire va rendre l'otage vulnérable à toutes les bribes de connaissance sur sa détention. Ainsi, une des pratiques sadiques habituelles consiste à laisser croire au prisonnier qu'il existe une possibilité d'alliance avec l'un des tortionnaires puis à « souffler le chaud et le froid », c'est-à-dire à alterner un geste plus humain avec un désintéressement total ou une attitude agressive. Dans des conditions vitales extrêmes, la peur de mourir conduit les personnes internées malgré elles à différents comportements : passivité, révolte absurde, identification à l'agresseur, complexe du survivant si d'autres prisonniers ont été exécutés. Ces réactions rendent en général honteux le déporté. Elles contribuent à son silence ultérieur, nocif pour lui-même et son entourage.

Conséquences des situations extrêmes où la vie est menacée

Les prisonniers, mais aussi les victimes d'attentat et celles de la guerre ou de catastrophes imprévisibles, présentent fréquemment le même type de séquelles. Leur origine commune correspond à ce qu'en termes savants on nomme l'« incongruence cognitive ». Cette discordance entre la réalité antérieure et la nouvelle condense l'aspect radicalement inhabituel et inimaginable de l'événement. Face à une condition inconnue et surtout insupportable comme l'est celle de sa propre mort, le sujet ne dispose d'aucune représentation (image, mais aussi pensée, sensation) disponible pour traiter la nouvelle information. Outre cet aspect « cognitif », il reste que l'étrangeté de la nouvelle situation va déborder les capacités antérieures du moi (Freud avait très bien décrit ce type de traumatisme dans les névroses de guerre) et amener tous les signes bien connus de la détresse chez un être humain en danger extrême.

L'état de stress post-traumatique

La description internationale de l'état de stress par le DSM III-R reprend nettement les hypothèses freudiennes sur les suites d'un traumatisme. Les catastrophes naturelles, celles causées par les hommes (accidents, incendies) ou les violences délibérées (guerre, prise d'otages, attentats) provoquent immédiatement ou à plus long terme un état caractéristique. L'événement traumatique sera revécu sous forme de cauchemars douloureux, de pensées obsédantes, d'angoisse lors de la perception d'un indice lié au choc initial. La sensibilité au monde environnant est alors « émoussée ». En fait, le sujet se détache, n'éprouve plus d'intérêt pour autrui. D'autres symptômes neurovégétatifs – état permanent d'alerte, troubles du sommeil, de la mémoire et de la concentration – vont favoriser une certaine agressivité et impulsivité, voire des conduites addictives. Ces signes ne sont pas sans nous rappeler ceux du deuil. Ils montrent évidemment qu'un événement grave doit être intégré par le sujet et ce d'autant plus qu'il y a agression directe et hostile du sujet sans raison ni justification. Dans tous les cas, les victimes vont précisément rechercher les causes qui les font souffrir de la sorte. Les enfants eux-mêmes, lorsqu'ils pâtissent de ces situations, donnent avec leurs pauvres moyens des raisons qui pourraient expliquer leur drame. Comme dans le deuil, les tentatives de compréhension et de rationalisation servent à mieux se résigner à la détresse de la détention. Une culpabilité latente ou réelle peut alors servir de justification à l'acte des tortionnaires. Cette étape vers l'« acceptation » de son sort par le prisonnier aboutit parfois au « syndrome de Stockholm », lorsque l'otage soutient la cause de son gardien.

Les victimes de la torture

L'anniversaire du cinquantenaire de la libération des camps de concentration allemands nous a transformés, hélas, en « habitués » des tortures mises au point par l'homme contre ses semblables. Une recherche effectuée en 1994 sur des Turcs torturés dans leur pays (Basoglu et coll., 1994) nous apporte un peu d'espoir quant à la limitation des effets délétères sur les survivants. Pas moins de vingt-trois formes de tortures sont décrites par les suppliciés. Elles vont des « simples » injures verbales au viol, aux exécutions truquées, à l'utilisation de l'électricité, etc. Cinquante-cinq activistes politiques âgés en moyenne de trente et un ans ont tous été accusés de crimes envers l'État. Ils ont été traduits en justice, déclarés coupables et emprisonnés pendant une période de quarante et un mois maximum. Vingt-huit anciens prisonniers présentent un état de stress post-traumatique, mais trente-sept semblent avoir récupéré un état psychologique compatible avec une vie sociale normale. Cette importante proportion de personnes relativement peu atteintes est surprenante. En fait, la plupart de ces torturés ont bénéficié, même pendant leur emprisonnement, d'un environnement fort. Le support d'un conjoint ou de la famille a considérablement diminué leurs souffrances. De plus, l'entraînement de ces militants leur a permis d'anticiper leur capture. Ils n'étaient donc pas surpris de leurs mauvais traitements. Enfin, ces détenus n'ont jamais été coupés de leurs racines. Ils n'étaient ni réfugiés ni en fuite, comme le sont toujours les déportés. Ainsi, la perte de l'identité culturelle et sociale constitue un facteur de stress additionnel qui aggrave les effets traumatiques de la torture.

Les survivants de la guerre du Vietnam

Deux cent cinquante et un vétérans américains de la guerre du Vietnam font l'objet d'une étude rétrospective qui a lieu vingt ans après le conflit (Marmar et coll., 1994). L'objectif est d'expliquer certains comportements rapportés pendant et après les traumatismes vécus. Ces soldats ont eu l'impression d'une véritable dissociation pendant l'explosion d'une bombe ou lorsqu'ils tiraient sur l'ennemi. Agir comme sur « pilote automatique », se sentir « hors de la réalité », percevoir une distorsion entre son corps et son esprit ou être subitement conscient du temps qui passe pendant l'événement sont les troubles inhérents à cette dissociation. Tous les soldats rapportant cet état ont un point commun : ils ont été plus souvent victimes pendant l'enfance de violences physiques et sexuelles. Freud a déjà relié ces faits, puisqu'il a toujours soutenu que seul devient traumatique à l'âge adulte ce qui suit en fait un premier traumatisme de l'enfance.

Massacre dans une cafétéria

Étrangement, des résultats similaires sont obtenus dans une autre étude également américaine (North et coll., 1994). À Killeen, Texas, un vraisemblable « désaxé » pénètre dans une cafétéria et tue successivement à bout portant vingt-deux personnes. Il est abattu par un policier sur lequel il a tout de même le temps de tirer avant de mourir. Devant une série noire aussi meurtrière, de nombreux professionnels de santé et des psychologues s'organisent pour soutenir les survivants du massacre. Sur les cent trente-six survivants témoins oculaires ou indirects (y compris les occupants de l'immeuble et les sauveteurs), 20 % des hommes et 36 % des femmes présentent un « état de stress post-traumatique ». Les femmes y semblent particulièrement vulnérables parce qu'elles sont les principales victimes du meurtrier. Elles développent d'autant plus de troubles qu'elles ont déjà subi des agressions drastiques ou sexuelles. Ces femmes traumatisées manifestent des tendances dépressives parfois organisées en dépressions majeures. Les hommes, quant à eux, versent plutôt dans l'alcoolisme.

Violences dans l'enfance et vulnérabilité à l'âge adulte

Il est frappant de retrouver dans ces deux études des violences communes dans l'enfance. Cela justifie les théories du traumatisme. Mais cela permet aussi de mieux comprendre pourquoi les personnes victimes de violences dans l'enfance sont souvent fragiles à l'âge adulte. Prenons le difficile thème des délinquants, violeurs et autres criminels. Il s'avère souvent qu'au regard des expertises psychiatriques certaines circonstances atténuantes s'appuient sur de mauvais traitements infantiles. De nombreux meurtriers, mais aussi certains malades mentaux se décrivent pendant l'acte criminel comme dans un « état second » : sans réaction face à l'horreur commise, avec l'impression qu'ils assistent au meurtre qu'ils sont en train de commettre. Ils vivent authentiquement un véritable syndrome de dissociation. Car commettre un crime, n'est-ce pas finalement affronter directement une situation de traumatisme ? Non seulement il s'agit d'une transgression de la loi sociale, mais, de plus, tuer un autre humain est sans doute une épreuve psychologique. Il ne s'agit en aucun cas ici de défendre les meurtriers. Mais si l'on révisait la punition du crime à la lumière du traumatisme, si, comme dans certains pays anglo-saxons, une prise en charge thérapeutique efficace permettait à un criminel de comprendre son acte, d'en élaborer les causes, de l'intégrer définitivement dans son histoire et de considérer les torts à la victime comme faisant aussi partie de sa vie, une prévention de la récidive pourrait voir le jour. La répétition de la situation traumatique telle qu'elle se manifeste dans les cauchemars ou dans les actes manqués n'a qu'un but : tenter de contrôler *a posteriori* le débordement initial. Cette formule s'applique aussi bien à l'acte délictueux. Irons-nous jusqu'à affirmer que le meurtrier doit faire le deuil de sa victime ? Pour rester utile à la société, nous pouvons seulement défendre le fait que si la privation de liberté paraît juste, nous constatons que des conditions extrêmes d'emprisonnement n'ont sans doute pas les résultats escomptés en termes d'amendement. Notre objectif thérapeutique reste la prévention de nouveaux crimes, et la possibilité d'un travail psychique de deuil en est l'une des prémices évidente.

Survivre en situation de mort collective

Aussi différents soient-ils, les exemples que nous venons de donner ont tous en commun la mort potentielle du groupe. Même lorsqu'il s'agit d'un otage isolé, ses ravisseurs s'adressent à la société qu'ils menacent ou à une famille entière à laquelle ils demandent une rançon. À chaque fois, la mort est projetée sur une collectivité et dépend des relais de l'information. Médiatique, cette dernière renverra tout un chacun à sa propre mort. Cependant, la mort privée qui résulte du chantage de l'enlèvement ne reste que peu de temps cachée en raison des efforts financiers nécessaires ou à cause de l'enquête policière.

Lorsqu'une catastrophe atteint un pays, nous avons vu précédemment l'utilité d'un soutien psychologique pour les endeuillés, les sauveteurs et la collectivité entière (rappelons-nous lors de la guerre du Golfe les interventions télévisées de psychologues en Israël menacé par les missiles irakiens). En cas de deuil collectif touchant une petite communauté, à défaut de rituels établis, une intervention de groupe peut contribuer au soutien des victimes et des témoins. Nous avons cité l'expérience norvégienne d'un meurtre dans une école, mais dans chaque situation il semble désormais normal d'envoyer une équipe de professionnels pour mettre en place, si cela n'est pas fait naturellement, une série d'actes symboliques publics et privés concourant à aider les témoins et ceux qui ont pâti directement de l'accident.

La mort à l'école

Les enseignants se trouvent ainsi très démunis lorsque la mort frappe à l'école. Une fois de plus le sida a bouleversé les habitudes de non-dit. Que faire en effet lorsqu'un enfant perd successivement son père et sa mère, puis développe lui-même la maladie avec laquelle il était venu au monde ? Non seulement cet enfant anticipe sa mort prochaine, mais il subit aussi la perte de ses parents. Les enseignants se sentent particulièrement responsables de leur rôle complémentaire d'éducation. Doivent-ils aider l'enfant individuellement ou peuvent-ils soutenir ponctuellement toute la communauté en expliquant aux autres la position du petit malade ? Enseigner, c'est aussi avoir un rôle civique et psychologique. Apprendre le phénomène du deuil à une classe constitue une introduction à la philosophie de la vie. C'est assimiler le respect de l'autre et ses propres limites. Il semble nécessaire dans ces situations relativement plus courantes aujourd'hui d'accompagner les élèves lors de la cérémonie funèbre. Mais surtout, il paraît important de réserver un espace de parole pour laisser les questions émerger sur la mort. De nombreux ouvrages illustrés ont été publiés pour parler de la mort aux enfants [1] et servent de support à la parole de l'enseignant. Enfin, une maîtresse ou un maître qui ressent des difficultés pour aborder une mort qui le touche peut passer le relais à un collègue. La nouveauté concerne donc les adultes. Les enfants présentent beaucoup moins d'inhibition au sujet de la mort. La possibilité de parler d'un décès, si elle est reconnue par une hiérarchie plus souple, doit

---

1. S'adresser au Centre national de documentation pédagogique à Dijon.

libérer les esprits et littéralement humaniser les situations extrêmes qui n'épargnent pas l'enfance. Parler de la mort aux enfants permettrait d'aborder plus directement d'autres fléaux dont la prévention apparaît depuis peu discrètement en classe. Toxicomanie, violences et agressions sexuelles, délinquance, chômage sont des désastres dont la connaissance est favorisée dans un contexte scolaire et périscolaire. Tous impliquent une perte potentielle et le travail de deuil qu'ils nécessitent constitue un bon exemple préventif. On a récemment montré en France que de nouvelles possibilités étaient sur le point d'émerger. Une prise en otage d'enfants dans une école maternelle de Neuilly a sans doute pu être menée jusqu'à la délivrance des enfants grâce à l'intervention de psychiatres et de psychologues qui parlementaient avec le terroriste, mais aussi rassuraient les parents, les empêchant de commettre un acte qui eût menacé la vie des petits séquestrés. La chute d'une grue sur une école tuant six élèves aurait mérité une intervention psychologique autour de la disparition subite d'adolescents. Il serait indiqué, dans les cas très graves ou difficiles, de faire appel à des professionnels afin non pas d'intervenir obligatoirement auprès des élèves, ou des parents en deuil, mais de servir de conseillers dans l'abord d'un travail de deuil collectif.

Que faire en cas de deuil collectif ?

L'effondrement de la tribune d'un terrain de football à Furiani a endeuillé la Corse entière. Mille cinq cents victimes (blessés, traumatisés) ont eu l'impression d'être abandonnées, malgré les indemnités perçues. L'importance des personnes atteintes ne permettait sans doute pas une prise en charge de tous. Mais une cérémonie religieuse ou laïque eût été la bienvenue pour garantir un soutien moral à l'échelle du sinistre. Dans les situations de guerre ou de terrorisme, l'implication de la collectivité dans le deuil aide fondamentalement les familles, mais surtout calme l'angoisse de ceux qui se sentent menacés. Le propre du terrorisme étant l'arbitraire, c'est-à-dire l'atteinte potentielle de n'importe qui, sans autre objectif que de tuer ou blesser, c'est de la paix sociale dont il s'agit lorsque l'État fait face à la menace. Si la prévention policière joue un rôle de premier ordre, la compréhension du désarroi des victimes doit aussi passer au premier plan.

CONCLUSION

Penser le deuil

Le deuil touche de manière générale tous les objets à valeur sentimentale. Mais cet ouvrage a tenté de proposer un nouveau compromis face à l'un des événements les plus difficiles de l'existence humaine : la perte des siens. De quelles façons le travail de deuil peut-il être accompli aujourd'hui ?

Ni dramatisation excessive ou prolongation cryptique du deuil, ni déni ou verrouillage des émotions, l'alternative réside sans doute dans la reconnaissance subjective du chagrin, et, surtout, dans l'acceptation du temps nécessaire à la récupération. L'histoire des pratiques funéraires, l'expérience des psychanalystes, enfin, plus récemment, les travaux des nouvelles sciences transversales, comme la neuro-psycho-immunologie, ont bien montré l'importance des conséquences de l'absence d'un deuil véritable.

Si nos aînés se laissaient aller aux manifestations les plus spectaculaires, le siècle finissant a pourtant bien failli assister, malgré un discret retour des valeurs spirituelles, à la disparition de toute célébration. Or les rituels, outre leur fonction sociale de maintien de la cohésion du groupe, ont un rôle psychologique fondamental. En symbolisant le disparu, ils permettent à l'endeuillé, comme à la société, de tolérer et de contrôler les troubles normaux consécutifs à la perte. L'élimination progressive de cette phase de transition commune à toutes les époques et à toutes les cultures a vu naître une véritable psychopathologie du deuil. À l'extrême, le deuil aurait pu être confondu avec une maladie...

La vacance des instances religieuses et sociales a ainsi fait se tourner spontanément les endeuillés vers les institutions de la santé. Si bien qu'un véritable déplacement a été opéré par certains, qui ne reconnaissent plus, dans leur tristesse ou dans les modifications physiologiques qu'ils présentent, les effets normaux du deuil. Donner la bonne molécule éliminant pleurs ou anxiété, plutôt qu'écouter l'histoire du sujet, est pourtant un leurre qui ne fonctionne qu'un moment. La dépression réapparaît souvent à la première occasion. Deuil différé, douleurs inexpliquées, dépression chronique, accidents, santé négligée, longue est la liste des symptômes résultant du non-dit, du refus de la mort...

Parler du deuil, c'est donc aussi s'adresser aux soignants, dont la fonction traditionnelle est dévolue, avant tout, à la préservation de la vie. Mais que constate-t-on dans les récentes évolutions du monde médical ? D'incroyables progrès thérapeutiques, une confiance accrue dans le refoulement des limites vitales et la mobilisation de tous devant d'exceptionnels défis dont le sida est le plus récent exemple. La sagesse veut que, face à l'absolue étrangeté des questions soulevées, une discipline comme la bioéthique énonce de nouvelles propositions. Car comment penser le deuil si la mort change d'apparence dans le cas des comas végétatifs chroniques, si elle se fragmente comme dans les greffes, ou encore si elle reste en suspens avec la possibilité de différer la procréation pendant plusieurs générations ?

L'évolution vers l'individualisation de l'homme dans nos sociétés industrialisées repousse la mort, désormais insaisissable, dans les lieux, plus rassurants, investis par les femmes et les hommes en blanc. Mais ceux-ci ont-ils la possibilité ou le désir de se substituer au groupe qui prenait place, jadis, autour du lit de l'agonisant ? Certains demandent des enseignements sur les soins palliatifs. Mais faut-il une professionnalisation totale de l'accompagnement des mourants ? Le deuil, est-ce que cela s'apprend ?

Ne relève-t-il pas finalement d'une véritable philosophie de la vie ?

Dans cet ouvrage, nous avons voulu montrer combien la prévention de la pathologie développée lors de la perte d'un être cher passe avant tout par une reconnaissance, par la société entière, des effets et de la chronologie du deuil. Elle ne conduira pas à réhabiliter les anciens rituels, aujourd'hui inadaptés, mais à créer une nouvelle symbolique, à l'image de nos valeurs. Et si la mort ne peut trouver sa place qu'à l'hôpital, à nous de l'accepter avec les moyens appropriés. Amélioration de la relation et du confort, démystification de la douleur, mais surtout ouverture sur l'extérieur en permettant aux familles et aux amis d'être présents, sont les points forts de cette évolution.

Elle est d'ailleurs compatible avec la modification prévisible des institutions de la santé. La technologie médicale avancée permet une plus grande rapidité, une plus grande efficacité des soins. Ce n'est pas en contradiction avec une amélioration des relations humaines. La recherche prioritaire de la qualité de vie doit aussi permettre de tout tenter pour améliorer la qualité du « mourir ». C'est à ce prix que les ambitions humaines se rajusteront aux lois de l'espèce. Pour l'intégration de toutes les étapes, pertes et gains, qui font la richesse de la vie.

Adresses des associations citées

Conseil en deuil

Association Vivre son Deuil : 17, rue Feutrier, 75018 Paris. Tél. : 01 42 23 23 30. Fax : 01 42 62 29 66

FIAV : Fédération Internationale des Associations de Veuves et de Veufs. 2, rue Guynemer, 75006, Paris.

FAVEC : Fédération des Associations de Veuves Civiles Chefs de famille. 28, place Saint-Georges, 75009, Paris. Tél : 01 42 85 18 30

CRUSE : 126, Sheen Road, Richmond, Surrey. T W 9 1 UR. Grande-Bretagne.

Accompagnement des mourants

JALMALV : Jusqu'à la Mort Accompagner La Vie. 12, rue Montorge, 38000 Grenoble. Tél : 04 76 47 76 60

Dons d'organes

ADOT : Association pour le Don d'Organes et de Tissus humains. 71, rue d'Amsterdam, 75009 Paris. Tél : 01 48 74 60 48

FFDOT : Fédération Française des Dons d'Organes et de Tissus humains. Cité Joliot-Curie, route d'Enghien, 95100 Argenteuil. Tél : 01 49 62 38 98

Sociétés scientifiques

Société de Thanatologie : 17, rue Feutrier, 75018 Paris. Tél : 01 42 62 15 05. Fax : 01 42 62 29 66

Institut de psychosomatique : 1, rue de la Poterne-des-Peupliers, 75013 Paris.

Références bibliographiques

ABRAHAM K., Préliminaires à l'investigation et au traitement psychanalytique de la folie maniaco-dépressive et des états voisins, *Œuvres complètes*, première édition : 1912, Payot, Paris, 1975.

AMIR Y., SHARON I., « Factors in the Adjustment of War Widows in Israël » *in Stress and Anxiety,* vol. 8. Hemisphere, Washington D.C. 1982.

ARIÈS P., *Essais sur l'histoire de la mort en Occident,* Seuil, Paris, 1975.

ARIÈS P., *L'Homme devant la mort*, Seuil. Paris, 1979.

AUQUE R., *Un otage à Beyrouth*, Filipacchi, Paris, 1989.

BACQUÉ M.-F., « Représentations de la guérison en milieu hospitalier "aigu" », *Psychologie médicale*, 1988, 20, 9 : 1305-07.

BACQUÉ M.-F., *Perte d'objet et lutte antidépressive : inscription dans le corps de la faillite du travail de deuil*, thèse de doctorat de psychologie, Université René-Descartes, Paris, 1989.

BACQUÉ M.-F., « Souffrances et douleurs dans le travail de deuil », *Psychologie clinique*, 1990, 4 : 69-77.

BACQUÉ M.-F., « L'enfant arménien », *Journal de psychanalyse de l'enfant*, 1991, 9 : 165-176.

BACQUÉ M.-F., « L'évolution du concept de subjectivité », *Pratiques psychologiques*, 1995, 1 : 5-13.

BACQUÉ M.-F., « Psychopathologie des victimes d'apparition », *Bulletin de la Société de Thanatologie*, 1995.

BACQUÉ M.-F., « Crimes, deuils et réparation ». Communication aux journées nationales du Comité de liaison des associations socio-éducatrices du contrôle judiciaire. 1995.

BACQUÉ M.-F., « Adolescents confrontés au deuil », *in Actes du colloque national de la Société française de psychologie : « L'accident à l'adolescence »*, 1992 : 209-19.

BASOGLU M., PAKER M., PAKER O. et coll., « Psychological Effects of Torture : a Comparison of Tortured with Nontortured Political Activists in Turkey », *Am. J. Psychiatry,* 1994, 151 : 76-81.

BAINES M.J., « Cancer Pain », *Postgraduate Medical Journal*, 1984, 60, 710 : 852-57.

BALINT, M., *Le Médecin, son malade et la maladie*, PUF, Paris, 1960.

BAUDRILLARD J., *L'Échange symbolique et la mort*, Gallimard, Paris, 1976.

BERGERET J., *La Personnalité normale et pathologique*, Dunod, Paris, 1974.

BERGERET J., *La Dépression et les états limites*, Payot, Paris, 1975.

BERNARD Cl., *Introduction à la médecine expérimentale*, J.-B. Baillière, Paris, 1865.

BERNARD Cl., *Leçons sur le diabète et la glycogenèse animale*, J.-B. Baillière, Paris, 1877.

BETH B., *L'Accompagnement du mourant en milieu hospitalier*, Doin, Paris, 1986.

BETTELHEIM B., *Le Cœur conscient*, Laffont, Paris, 1972.

BIRTCHNELL J., « Early Parent Death and Mental Illness », *British Journal of Psychiatry*, 1970, 116 : 281-88.

BIZOT A., DAVID D., MILLOT Cl., ROBERT A.-M., « Diagnostic prénatal et deuil », *Psychosomatique*, 1989, 17/18 : 163-71.

BOUREAU F., *Pratique du traitement de la douleur*, Doin, Paris, 1988.

BOURGUIGNON O., *Mort des enfants et structures familiales*, PUF, Paris, 1984.

BOUVIER-COLLE M.-H., VALLIN J., HATTON F., *Mortalité et causes de décès en France*, Doin, Paris, 1990.

BOWLBY J., *Attachment and Loss*, vol. 1, 2, 3, Penguin Book, Harmondsworth, 1971, 75 et 81.

BROWN G.W., HARRIS T., *Social Origins in Depression*, « A study of Psychiatric Disorder in Women », Tavistock publication, Londres, 1978.

BRUNVAND J.M., *The Vanishing Hitchhiker : American Urban Legends and their Meanings*, Norton, New York, Londres, 1981.

BUNCH J., « Recent Bereavement in Relation to Suicide », *Journal of Psychosomatic Research*, 1972, 16 : 361-66.

CAILLOIS R., *L'Homme et le Sacré*, Payot, Paris, 1950.

CAMERON J., PARKES C.M., « Terminal Care : Evaluation of Effects on Surviving Family of Care Before and After Bereavement », *Postgraduate Medical Journal*, 1983, 2 : 73-78.

CANGUILHEM G., *Le Normal et le Pathologique*, 1re édition, 1966, PUF, Paris, 1988.

CAROSSO M., « Les comportements vestimentaires face à la mort dans un village de Sardaigne », *L'Ethnographie*, 1984, 20 : 175-90.

CLAYTON P., HALIKAS J.A., MAURICE W.L., « The Depression of Widowhood », *Br. J. Psychiatry*, 1972, 20 : 171-78.

CLAYTON P., « Mortality and Morbidity in the First Year of Bereavement », *Archives of General Psychiatry*, 1974, 30 : 747-50.

CORNIGLION M.R., *Vaincre la mort,* « Un chirurgien greffé du cœur témoigne », Gallimard, Paris, 1986.

D'ADLER M-A., « Les risques du métier », *Autrement,* 1987, 87 : 87-92.

DAGOGNET F., *Le Vivant,* Bordas, Paris, 1988.

DEBRAY R., « Réflexions actuelles sur le développement psychique des bébés et le point de vue psychosomatique », *Revue française de Psychosomatique*, 1991, 1 : 41-57.

DELUMEAU J., *La Peur en Occident,* Fayard, Paris, 1978.

DE M'UZAN M., *De l'art à la mort,* Gallimard, Paris, 1976.

DEUTSCH H., « Absence de douleur » (1937), *in La Psychanalyse des névroses et autres essais,* Payot, Paris, 1970.

DEVEREUX G., *Essais d'ethnopsychiatrie générale,* Gallimard, Paris, 1970.

DOLTO F., *Psychanalyse et pédiatrie,* Seuil, Paris, 1971.

DSM-III, *Manuel diagnostique et statistique des troubles mentaux*, Masson, Paris, 1986.

DUNETON Cl., « La danse macabre », *Autrement,* 1987, 87 : 166-70.

DWORKIN R.H., CALIGOR E., « Psychiatric Diagnosis and Chronic Pain : DSM-III R. and Beyond », *Journal of Pain and Symptom Management,* 1988, 3, 2 : 87-98.

DYREGROV A., « Crisis Intervention Following a Multiple Murder », *Bereavement Care,* 1988, 7, 1 : 6-9.

EBTINGER R., « Le dialogue Abraham-Freud sur la mélancolie », *Confrontations psychiatriques*, 1976, 14 : 167-79.

ENGELMAN S.R., CRADDICK R., « The Symbolic Relationship of Breast Cancer Patients to Their Cancer, Cure, Physician and Themselves », *Psychotherapy, Psychosomatics,* 1984, 41 : 68-76.

FAGOT-LARGEAULT A., « Réflexions sur la notion de qualité de vie », *Archives de philosophie du droit*, 1991, 36 : 135-53.

FERENCZI S., « Transfert et introjection », *in Psychanalyse,* (1909) Payot, Paris, 1968, t. I : 93-125.

FINE A., « Le parrain, son filleul et l'au-delà », *Études rurales,* 1987 a), Janv-Juin : 123-46.

FINE A., « L'héritage du nom de baptême », *Annales ESC,* 1987 b), 4 : 853-77.

FOURNIE M., « Les prêtres du purgatoire (XIVe et XVe siècle) », *Études rurales,* 1987, Janv-Juin : 93-121.

FOURRIER A., FOULON G., ABITEBOUL D., BOUVET E., « Risque d'exposition au sang pour le personnel soignant », *Bulletin d'épidémiologie hospitalière,* 1989, 29 : 33-35.

FREUD S., « Deuil et mélancolie » (1915), *in Œuvres complètes,* PUF, Paris, 1988, XIII : 259-79.

GALLAGHER D.E., BRECKENRIDGE J.N., THOMPSON L.W., PETERSON J.A., « Effects of Bereavement on Indicators of Mental Health in Elderly Widows and Widowers », *Journal of Gerontology,* 1983, 38 : 565-71.

GERBER I., WEINER A., BATTIN D., ARKIN A., « Brief Therapy to the Aged Bereaved », *in Bereavement : its Psychosocial Aspects*, Columbia University Press, New York, 1975 : 310-13.

GLICK I., WEISS R.S., PARKES C.M., *The First Year of Bereavement*, Wiley, New York, 1974.

GRMECK M.D., *Histoire du sida*, Payot, Paris, 1989.

GRODDECK G., « La détermination psychique du cancer » (1934), *Analyticat*, N° spécial, 1976.

GROSSARTH-MATICEK R., DUSAN T.K., SCHMIDT P., VETTER H., « Psychosomatic Factors in the Process of Cancerogenesis », *Psychother. Psychosom*, 1982, 38 : 284-302.

GRUNBERGER B., *Le Narcissisme*, Payot, Paris, 1975.

GUÉRIN P., DAZORD A., « Quality of Life Assessment in Therapeutic Trials : Rationale for and Presentation of a More Appropriate Instrument », *Fund. Clin. Pharmacology*, 1992, 6 : 263-76.

GUIBERT H., *À l'Ami qui ne m'a pas sauvé la vie*, Gallimard, Paris, 1989.

GUIBERT H., *Le Protocole compassionnel*, Gallimard, Paris, 1991.

GUY F., ANANI-ADOTEVI F., « L'Afrique, le sida, le sexe, l'enfant », *Santé mentale*, 1988, 96 : 8-15.

HAMOND H., ROTHMAN P., *Génération*, t. I., « Les années de rêve », Seuil, Paris, 1987.

HANUS M., *Les Deuils pathologiques*, thèse de doctorat de médecine, hôpital Sainte-Anne, Paris, 1969.

HANUS M., « Les deuils névrotiques », *Actualités Psychiatriques*, 1972, 6 : 11-14.

HANUS M., *La Pathologie du deuil*, ITQA, Cahors, 1976.

HANUS M., « Objet de remplacement. Enfant de remplacement », *Revue française de psychanalyse*, 1982, 6 : 1133-47.

HELARY J.-P., « L'autre versant de la technique : le retour à la relation humaine », *Autrement*, 1989, 109 : 41-47.

HERZLICH Cl., « Médecine moderne en quête de sens », *in Le Sens du mal : anthropologie, histoire, sociologie de la maladie*, sous la direction de AUGE M. et HERZLICH Cl., Éditions des Archives Contemporaines, Paris, 1983.

HIGGINSON I., WADE A., MC CARTHY M., « Palliative Care : Views of Patients and their Families », *Br. Med. J.*, 1990, 301 : 277-81.

HOLMES T.H., RAHE R.H., « The Social Readjustment Rating Scale », *Journal of Psychosomatic Research*, 1967, 11 : 213-18.

ILLICH I., *Némésis médicale*, Points Seuil, Paris, 1975.

JASMIN C., LEM G., MARTY P., HERTZBERG R., and the Psycho-Oncologic Group, « Evidence for a Link Between Certain Psychological Factors and the Risk of Breast Cancer in a Case-control Study », *Annals of Oncology*, 1990, 1 : 22-29.

JOMAIN C., *Mourir dans la tendresse*, Le Centurion, Paris, 1984.

JONES D.R., GOLDBLATT P.O., LEON D.A., « Bereavement and Cancer :

some Data on Deaths of Spouses from the Longitudinal Study of Office of Population Censuses and Surveys », *Br. Med. J.*, 1984, 289 : 461-64.

JONES E., *La Vie et l'œuvre de Freud*, (1969), PUF, Paris, 2e éd. 1975.

KIELHOLZ P., « Le concept de dépression masquée », *L'Encéphale*, 1979, 5 : 459-62.

KLEIN M., « Contribution à l'étude de la psychogenèse des états maniaco-dépressifs », (1940), *in Essais de Psychanalyse*, Payot, Paris, 1967.

KUBLER-ROSS E., *La mort, dernière étape de la croissance*, Québec-Loisir, Québec, 1974.

LAFFONT F., DE PONFILLY C., *Poussières de guerre*, Laffont, Paris, 1990.

LAGACHE D., « Le travail de deuil », *Rev. Fse. de PSA*, 1938, 10 : 693-715.

LANOUZIÈRE J., « Dépression et cancer du sein », *Revue de médecine psychosomatique*, 1981, 23 : 293-317.

LAPLANCHE J., PONTALIS J.-B., *Vocabulaire de la psychanalyse*, PUF, Paris, 1967.

LAPLANTINE F., *Anthropologie de la maladie*, Payot, Paris, 1986.

LE BRAZ A., *La Légende de la mort chez les Bretons Armoricains*, H. Champion, Paris, 1928.

LE GOFF J., *La Naissance du purgatoire*, Gallimard, Paris, 1981.

LERICHE R., « De la santé à la maladie », *Encyclopédie française*, t. VI. 1936.

LEVAV I., FRIEDLANDER Y., K ARK J.D., PERITZ E., « An Epidemiologic Study of Mortality Among Bereaved Parents », *New England Journal of Medicine*, 1988, 319, 8 : 457-61.

LEVI P., *Si c'est un homme*, Julliard, Paris, 1987.

LÉVI-STRAUSS Cl., *La Pensée sauvage*, Plon, Paris, 1985.

LINDEMANN E., « Symptomatology and Management of Acute Grief », *American Journal of Psychiatry*, 1944, 101 : 141-48.

LOGEART A., « Non-lieu pour une jeune fille morte », *Le Monde* du 17-01-1990.

LOWENSTEIN W., INGOLD F.R., INGOLD S., « L'héroïnomane, la seringue et le sida », *Retrovirus*, 1988, t. I. 1 : 55-61.

LUNDIN T., « Morbidity Following Sudden and Unexpected Bereavement », *Br. J. Psychiatry*, 1984, 144 : 84-88.

MARMAR C.R., WEISS D.S., SCHLENGER W.R. et coll., « Peritraumatic Dissociation and Posttraumatic Stress in Male Vietnam Theater Veterans », *Am. J. Psychiatry*, 1994, 151 : 902-07.

MARTY P., *Les Mouvements individuels de vie et de mort*, Payot, Paris, 1976.

MARTY P., *L'Ordre psychosomatique*, Payot, Paris, 1980.

MOATTI J.-P., DAB W., BAJOS N. *et al.*, « Perception du sida et modifications des comportements sexuels », *Le Concours médical*, 1989, 111, 23 : 1971-76.

MONTAIGNE M. de, *Essais,* Christian Bourgois, Paris, 1978.

MORIN E., *L'Homme devant la mort,* Seuil, Paris, 1976.

MORIN E., *Vidal et les siens,* Seuil, Paris, 1989.

NACHIN Cl., *Le Deuil d'amour,* Éditions universitaires, Paris, 1989.

NORTH C.S., SMITH E.M., SPITZNAGEL E.L., « Posttraumatic Stress Disorder in Survivors of a Mass Shooting », *Am. J. Psychiatry,* 1994, 151 : 82-88.

ORGANISATION MONDIALE DE LA SANTÉ (département santé mentale), *Mesurer la qualité de vie,* Genève, 1993.

PARDOE J., « Grieving before Death », *Social Work Today,* Oct. 1984 : 28-29.

PARKES C.M., *Reactions to Bereavement,* M.D. Thesis, 1962, University of London.

PARKES C.M., « Psycho-social Transitions : a Field for Study », *Social Sciences and Medicine,* 1971, 5 : 101-15.

PARKES C.M., « Determinants of Outcome Following Bereavement », *Omega,* 1975, 6 : 303-23.

PARKES C.M., « Bereavement Councelling : Does it Work ? », *Br. Med. J.,* 1980, 281 : 3-6.

PARKES C.M., « Bereavement », *Br. J. Psychiatry,* 1985, 146 : 11-17.

PARKES C.M., « Orienteering the Caregiver's Griefs », *Journal of Palliative Care,* 1986, 1, 2 : 5-7.

PARKES C.M., BENJAMIN B., FITZGERALD R.G., « Broken Heart : a Statistical Study of Increased Mortality Among Widowers », *Br. Med. J.,* 1969, 1 : 740-43.

PARKES C.M., PARKES J., « Hospice Versus Hospital Care. Re-evaluation after Ten Years as Seen by Surviving Spouses », *Postgraduate Medical Journal,* 1984, 60 : 120-24.

PAUL N.L., PAUL B., « Death and Changes in Sexual Behavior », *in Normal Family Process,* Guilford Press, New York, 1982.

POLLAK M., *Les Homosexuels et le sida,* A.M. Métailié, Paris, 1988.

POLLAK M., Dubois-ARBER F., BOCHOW M., « Les modifications des pratiques sexuelles », *La Recherche,* 1989, 20, 213 : 1100-11.

PONS J.-C., BRIGAUDIOT C., CHAMBRIN V., « Une femme séropositive a-t-elle le droit d'être mère ? », *Retrovirus,* t. II, 1989, 4 : 123-34.

RAIMBAULT G., *L'Enfant et la Mort,* Privat, Toulouse, 1977.

RAINEY L.C., CRANE L.A., BRESLOW D.M., GANZ P.A., « Cancer Patients Attitudes Towards Hospices Services », *C. A. A. Cancer Journal for Clinicians,* 1984, 34, 4 : 191-201.

RAPHAEL B., « Preventive Intervention with the Recently Bereaved », *Arch. Gen. Psychiatry,* 1977, 34 : 1450-54.

RAPIN C.H. (sous la direction de), *Fin de vie. Nouvelles perspectives pour les soins palliatifs,* Payot, Lausanne, 1989.

RAYMONDET P., « Psychiatrie du sida », *Bulletin de l'Association Didier Seux,* 1991, 12 : 4-29.

REGNIER B., WOLFF M., CLAIR B., VACHON F., « De la réanimation des patients atteints de sida », *Retrovirus,* t. I, 1988, 2 : 70-72.

ROBERT M., *La Révolution psychanalytique,* t. I et II, Payot, Paris, 1964.

ROGERS M.P., REICH P., « On the Health Consequences of Bereavement », *New-England Journal of Medicine,* 1988, 319, 8 : 510-12.

SANDERS C., « A Comparison of Adult Bereavement in the Death of a Spouse, Child and Parent », *Omega*, 1980, 10 : 303-22.

SANDERS C., « Comparison of Younger and Older Spouses in Bereavement Outcome », *Omega*, 1981, 11 : 217-32.

SANDERS C., « Effects of Sudden Versus Chronic Illness Death on Bereavement Outcome », *Omega*, 1983, 13 : 227-41.

SCHLEIFER S.J., KELLER S.E., CAMERINO M., THORNTON J.C., STEIN M., « Suppression of Lymphocyte Stimulation Following Bereavement », *JAMA,* 1983, 250 : 374-77.

SEBAG-LANOË R., *Mourir accompagné,* Desclée de Brouwer, Paris, 1986.

SEBAG-LANOË R., « Les soins palliatifs dans les services de gériatrie en France », Enquête nationale. Communication au 1er congrès de l'association européenne de soins palliatifs, Paris, 1990.

SETHI B.B., « Relationship of Separation to Depression », *Arch. Gen. Psychiatry,* 1964, 10 : 486-96.

STROEBE W., STROEBE M.S., *Bereavement and Health,* Cambridge University Press, Cambridge, 1987.

STYRON W., *Face aux ténèbres,* Gallimard, Paris, 1990.

THOMAS L.-V., *Anthropologie de la mort,* Payot, Paris, 1975.

THOMAS L.-V., *Mort et Pouvoir,* Payot, Paris, 1978.

THOMAS L.-V., *Le Cadavre. De la biologie à l'anthropologie.* Complexe, Bruxelles, 1980.

THOMAS L.-V., *La Mort africaine,* Payot, Paris, 1982.

THUILLIER P., « L'homosexualité devant la psychiatrie », *La Recherche*, 1989, 20, 213 : 1128-39.

TOROK M., « Maladie du deuil et fantasme du cadavre exquis », *Rev. Fse. de PSA,* 1968, 4 : 231-51.

TOROK M., ABRAHAM N., « Introjecter. Incorporer. Deuil ou mélancolie », *Nouvelle revue de Psychanalyse,* 1972, 6 : 111-23.

TOSCANI F., « Overcoming Professional Opposition and Empathy », Communication au 1er congrès de l'association européenne des soins palliatifs, Paris, 1990.

TOUBIANA E., *L'Héritage et sa psychopathologie,* puf, Paris, 1990.

URBAIN J.-D., *L'Archipel des morts,* Plon, Paris, 1989.

VACHON M., LYALL W.A.L., ROGERS J., FREEMAN K., FREEMAN S.J.G., « A Controlled Study of Self-Help Intervention for Widows », *American Journal of Psychiatry,* 1980, 137, 1 : 380-84.

VACHON M.L.S., SHELDON A.R., LANCEE W.J., LYALL W.A.L., « Correlates of Enduring Distress Patterns Following Bereavement : Social

Network, Life Situation and Personality », *Psychological Medicine,* 1982, 12 : 783-88.

VARELA F.J., *Autonomie et connaissance,* Seuil, Paris, 1989.

VERSPIEREN P., *Face à celui qui meurt,* Desclée de Brouwer, Paris, 1984.

VERSPIEREN P., « Prélever des organes humains », *Études*, nov. 1992 : 459-70.

VOVELLE M., *La Mort et l'Occident de 1300 à nos jours,* Gallimard, Paris, 1983.

WACHSBERGER H., « Aspects somatiques des deuils compliqués », *Rev. Med. Psychosom.,* 1980, 22, 2 : 131-43.

WIDLOCHER D., *Les Logiques de la dépression,* Fayard, Paris, 1983.

WIDLOCHER D., « Le corps figé du déprimé », *Rev. Med. Psychosom.,* 1988, 1, 70 : 7-12.

WIRSCHING M., STIERLIN H., HOFFMANN F., WEBER G., WIRSCHING B., « Psychological Identification of Breast Cancer Patients Before Biopsy », *J. Psychosom. Res.,* 1982, 26, 1 : 1-10.

WOOL M.S., GOLDBERG R.J., « Assessment of Denial in Cancer Patients : Implications for Intervention », *Journal of Psycho-social Oncology,* 1987, 1 : 1-14.

YORKSTONE P., « Bereavement », *Br. Med. J.,* 1981, 282 : 1224-25.

ZISOOK S., DE VAUL R.A., CLICK M.A., « Measuring Symptoms of Grief and Bereavement », *Amer. J. Psychiatry,* 1982, 139, 1 : 590-93.

Table

Préface à la nouvelle édition 9

Préface de Rosine Debray 11

Avant-propos 15

PREMIÈRE PARTIE

Pas de deuil sans rituel

CHAPITRE PREMIER : Naissance de l'individu et refus croissant de la mort 23

CHAPITRE II : Les modifications des rituels de deuil 33

DEUXIÈME PARTIE

Deuil normal et pathologie du deuil

CHAPITRE PREMIER : Le travail de deuil 47

CHAPITRE II : Le deuil normal 53

- Les deuils de l'enfance 53
- Les étapes du deuil normal 56
- Le deuil et ses symptômes 66

CHAPITRE III : Complications et aspects psychiatriques du deuil 71

- Les deuils compliqués 72
- Les deuils psychiatriques 78

CHAPITRE IV : Les risques du deuil 89
Les variables physiques 92
Les variables socio-culturelles 100
Les variables psychologiques 103

TROISIÈME PARTIE

Deuil et institution médicale

CHAPITRE PREMIER : Impact du diagnostic et deuil de l'invulnérabilité 121
CHAPITRE II : Souffrances et douleurs dans le travail de deuil 141
CHAPITRE III : Réduire les risques du deuil 153
CHAPITRE IV : Le groupe familial en deuil 163
CHAPITRE V : Les soignants face à la mort et au deuil 191

QUATRIÈME PARTIE

Pour une meilleure connaissance du deuil

CHAPITRE PREMIER : Deuil et qualité de vie 219
CHAPITRE II : Deuil et dons d'organes 225
CHAPITRE III : Le sida : des deuils individuels aux deuils collectifs 235
CHAPITRE IV : Prises d'otages, terrorisme et catastrophes 257

CONCLUSION : Penser le deuil 267

Adresses des associations citées 271

Références bibliographiques 273

Dans la collection « Poches Odile Jacob »

N° 1 : Aldo Naouri, *Les Filles et leurs mères*
N° 2 : Boris Cyrulnik, *Les Nourritures affectives*
N° 3 : Jean-Didier Vincent, *La Chair et le Diable*
N° 4 : Jean François Deniau, *Le Bureau des secrets perdus*
N° 5 : Stephen Hawking, *Trous noirs et bébés univers*
N° 6 : Claude Hagège, *Le Souffle de la langue*
N° 7 : Claude Olievenstein, *Naissance de la vieillesse*
N° 8 : Édouard Zarifian, *Les Jardiniers de la folie*
N° 9 : Caroline Eliacheff, *À corps et à cris*
N° 10 : François Lelord, Christophe André, *Comment gérer les personnalités difficiles*
N° 11 : Jean-Pierre Changeux, Alain Connes, *Matière à pensée*
N° 12 : Yves Coppens, *Le Genou de Lucy*
N° 13 : Jacques Ruffié, *Le Sexe et la Mort*
N° 14 : François Roustang, *Comment faire rire un paranoïaque ?*
N° 15 : Jean-Claude Duplessy, Pierre Morel, *Gros Temps sur la planète*
N° 16 : François Jacob, *La Souris, la Mouche et l'Homme*
N° 17 : Marie-Frédérique Bacqué, *Le Deuil à vivre*
N° 18 : Gerald M. Edelman, *Biologie de la conscience*
N° 19 : Samuel P. Huntington, *Le Choc des civilisations*
N° 20 : Dan Kiley, *Le Syndrome de Peter Pan*
N° 21 : Willy Pasini, *À quoi sert le couple ?*
N° 22 : Françoise Héritier, Boris Cyrulnik, Aldo Naouri, *De l'inceste*

IMPRIMÉ EN FRANCE PAR BRODARD ET TAUPIN
1987 - La Flèche (Sarthe) - le 18-04-2000
N° d'édition : 7381-0837-X
Dépôt légal : mai 2000